公立学校の外国籍教員

教員の生（ライヴズ）、「法理」という壁

中島智子

権 瞳

呉 永 鎬

榎井 縁

明石書店

刊行に寄せて
私の経験、そしていくつかの視点について

田中宏

畏友の中島智子さんから「刊行に寄せて」の寄稿を頼まれ、原稿一式も届いた。私が愛知県立大学にいた 1979 年秋、お隣の三重県で在日コリアンが公立学校教員に合格したと地元紙が報道。でも、愛知では試験さえ受けられなかった。それが「公立学校の外国籍教員」問題と私との出会いだった。それ以来、問題は、「他人ごと」ではなかった。私の経験なり、思うことの一端を綴って責めを塞ぐことにした。

1

当時、愛知県立大学にも 10 数人の外国籍学生がいたが、すべて在日コリアンだった。在日コリアンの存在は、かつて日本が朝鮮半島を植民地支配したことに起因する。1910 年、若き石川啄木は、「地図の上　朝鮮国に黒々と　墨を塗りつつ　秋風を聞く」と詠んだ。

私が大学教員になって最初に書いた論文は「日本の植民地支配下における国籍関係の経緯——台湾・朝鮮に関する参政権と兵役の義務をめぐって」(『紀要(地域研究・関連諸科学編)』第 9 号、愛知県立大学外国語学部、1974 年) だった。「国籍」とは何か、その機能は何か、を考えていたこともあり、「公立学校教員と国籍」の問題に敏感に反応したように思う。

愛知県と名古屋市の教員採用試験の要項には、「日本国籍を有する者」に限るとあった。ある中学教師は、大学在学中の教え子の朝鮮人から、何故愛知では試験も受けられないのか、と問いただされたという。やがて、愛知にも「在日朝鮮人生徒の教育を考える懇談会」が生まれ、この問題に取り組むことになった。県教委の教職員課長との当時の会話を思い出す。課長は、以前は県立高校の物理の教師だったという。

田中「就職の時、ある企業が朝鮮人は雇わないといってきたら、課長さんは生徒のことを念頭に、差別はいけません、と論すでしょう」、課長「もちろんです」、田中「企業が、教育委員会だって朝鮮人は採用しないんでしょう、なのに、何でうちが採用しなければならないの…と反論したら、どう答えますか」。課長は

黙って下を向いていた。愛知では提訴になったり、弁護士会に申し立てたりして、ようやく 1982 年に道が開けた。全国的な状況などを、本書は纏めてくれている。

　私はある時、三重県で小学校教諭になった在日コリアンを訪ねて、話を聞いたことがある。彼女は、確か 2 年生の担任で、初日は黒板に名前を書き、振り仮名を振り、自己紹介をした。自分は日本で生まれたが、両親はお隣の韓国出身だと。子どもたちは不思議そうに聞いていたという。その後、学級文庫に韓国の虎退治の絵本を入れておいたら、ある時、クラスの子が、うちには韓国の虎退治の絵本があるんだぞと、自慢そうに話しているのを耳にしたという。本書には、さまざまな外国籍教員のライフヒストリーも紹介されており、問題の持つ「人間味」の側面を読み取ることができる。

2

　私は『紀要』論文以来、「国籍問題」にこだわってきた。在日コリアンは、日本による朝鮮半島併合により一方的に「日本国籍」とされ、また、日本の「ポツダム宣言」受諾により朝鮮植民地支配が幕を閉じるが、やがて一方的に「日本国籍」を喪失するとされた。そして、公立学校教員にもなれないことになる。「国籍」はきわめて人為的なものであり、そのことに十分留意する必要がある。もし日本の国籍法が「血統主義」でなく、アメリカなどのように「出生地主義」だったら、問題状況は一変することになろう。

　もう一つの問題が、「公務員に関する当然の法理」なるものである。本書が詳しく検証しているように、軟体動物のように変幻自在の「当然の法理」によって、外国籍者は、ある時は「公立学校教員」にはなれないとされ、ある時は「受験はできるが、合格しても常勤講師まで」とされる。もちろん、法改正一つあったわけではない。それに振り回される当事者の存在が見えているのだろうか。非差別、平等、人間の尊厳という「人権の原点」が忘れられてはいないだろうか。

3

　「締約国は、連盟員たるすべての国家の人民に対し、その人種及び国籍の如何により、法律上又は事実上、何らの区別を設くることなく、一切の点において均等公平の待遇を与うべきことを約す」

　これは、第一次世界大戦後のパリ講和会議（1919）に参加した日本政府代表・牧野伸顕が、新たに発足する「国際連盟」の規約に盛り込むよう提案した「人種差別撤廃」の文言である。当時、貧しい日本が送り出した日本人移民が、アメリ

カ等で受ける差別・冷遇の解消を願って、送出し国政府が「親心」から発信した
ものであるが、実を結ばなかった。

　第2次世界大戦後の「国際連合」は、1948年12月の総会で「世界人権宣言」
を採択し、その後は数多くの人権条約を採択し、「人権の主流化」に貢献して
いる。人権条約第一号は1965年採択の「人種差別撤廃条約」で、日本を含め
182ヶ国がすでに批准している。百年前の日本の提起が、今や実現しつつあると
いえよう。

　国連・人種差別撤廃委員会における日本政府報告の審査後に公表された「総括
所見」（2014年9月）には、次のようにある。すなわち、「（22パラグラフ）委員会は、
日本に数世代にわたり居住する在日コリアンが、……公権力の行使又は公の意
思形成の参画に携わる国家公務員に就任できるよう確保することを勧告する」と。
同委員会の席上、日本政府代表は、例の「当然の法理」の丁寧な「オウム返し」
により弁明に努めたが、国際人権の世界ではどうも通用しなかったようだ。歴史
の見張り番には、日本の姿はどう映っているのだろう。

　日本における少子高齢化の進行、人口の漸減の中、外国人人口・外国人労働者
の漸増が続いている。日本社会は、いまや外国人の存在なくしては成り立たなく
なりつつある。それは学校教育の現場でも例外ではなく、そこに「公立学校と外
国籍教員」についての本書の立ち位置がある。排除のための理屈ではなく、多種
多様な人々が、多文化・多民族共生社会を築くにはどうしたらいいか、そこにこ
そ知恵を絞るべき秋を迎えているのではなかろうか。

たなか・ひろし（一橋大学名誉教授）

はじめに

中島智子

　日本の公立学校で学ぶ者にとって、今日最も身近な「外国人の先生」といえば、ALT（外国語指導助手）かもしれない。しかし、本書で扱う外国籍教員は、日本の教育職員免許状（教員免許状）をもち、教員採用選考試験（教員採用試験）に合格した正規教員のことである。

　教員採用試験に合格して採用されるのは、一般に教諭、養護教諭、栄養教諭である。日本国籍を有しない者の場合、すべての都道府県・指定都市教育委員会が採用試験の受験資格を認めているが、合格してもその任用の職は、多くの自治体で「任用の期限を附さない常勤講師」である。この職は、学校教育法上では講師に当たり、主任や管理職に就くことはできないとされている。通常講師には期限があるが、この職では定年まで勤められ、給与や研修の機会、その他の待遇においても教諭と同等の扱いである。学級担任や教科担任等、児童生徒に対する教育指導面では教諭と同等の役割を担うが、校長の行う校務の運営に参画する職ではないと解されている。

　公立学校教員は地方公務員であるから、日本国籍をもたない者が公務員になれるのかという疑問を抱くかもしれない。しかし、地方公務員法や教育公務員特例法に国籍に関する規定はなく、教育職員免許法も同様である。ところが、政府は公務員に関する「当然の法理」を根拠に、外国籍者は教諭に就けないとしている。公立学校教員の任命権者は都道府県・指定都市教育委員会であり、その判断にもとづいて、過去に教諭として任用していたところもあり、現在も少数だが教諭としている自治体がある。

　その経緯を簡単に説明すると、1970年代半ばに東京都と大阪府・大阪市で採用試験実施要項の国籍要件が外され、合格した者は教諭として任用された。その動きは近畿圏や愛知県などに広がったが、1980年代になると文部省（当時）が外国籍者を公立学校の教諭には認められないとする通知を出すなどしたため、実施要項に新たに国籍要件を付すところや採用を見合わせるところが出てきた。ところが、1991年に日本と韓国の外相による「覚書」の中で、在日韓国人の公立学校教員への途を開くことが盛り込まれたため、文部省は採用試験の受験を認め、採用する場合は「任用の期限を附さない常勤講師」とする旨の通知（「91年3月通

知」）を出し、この措置はすべての外国人を対象とするとした。

　この通知が出された時点で、外国籍教諭が30人あまりいたが、それらの者は同通知の対象にはならないため、引き続き教諭であったものの、管理職への途は閉ざされていた。一方、1992年度から各地で新たに外国籍教員が誕生し、今日までに数百人を数える。

　しかし、その多くの者が就く職である「任用の期限を附さない常勤講師」ということについては、その意味やそれまでの経緯などを含めて、学校現場で周知されていない。当事者ですら、採用時に充分な説明を受けることは少なく、管理職の中でも認識が不十分で、管理職への昇進を勧められたことがあると話す外国籍教員もいた。同僚教員の認識も同程度である。また、学校教育法上の職は講師であるのに、対外的な場面では教諭とされることもあり、書類によってはどのように記載するのかが明確でない場合や、教職員紹介や名簿の配列上の位置など、日常業務や文書等において細かなことであっても多くの事柄で、外国籍教員当事者は判断に迷い、ストレスを感じる場面がある。職務上の制限があることは、学校運営においても支障が出る。3学級ある学年の担任が、中堅の外国籍教員（期限を附さない常勤講師）、初任の教諭、経験のある期限付常勤講師という場合、学年主任を誰にするのか、初任の教諭では保護者に納得してもらえないと校長が困ったというエピソードも聞いた。保護者は講師と聞けば、採用試験に合格していないと思われるという。

　私たちは、このような外国籍教員の実態と課題を把握するべく、外国籍（ルーツ）教員研究会を2012年4月に立ち上げた。（ルーツ）をつけたのは、日本国籍であっても外国にルーツをもつ教員も対象に含めたからだが、研究対象としては外国籍者に照準を合わせた。先行研究のほとんどない分野であるため、最初の2年間は、全国都道府県・指定都市教育委員会を対象に外国籍教員の実態調査を行い、外国籍教員を主たる対象とした聞き取り調査を実施した。

　調査を通じて、外国籍教員だけでなく学校現場や地方教育行政にとっても、「任用の期限を附さない常勤講師」という職が大きなネックになっていることを確信した。「91年3月通知」は、任命権者であるすべての教育委員会がすべての外国籍者に教員採用試験の門戸を開くという、それまでの方針を覆した「画期的」な側面を持つものの、任用の職が教諭ではなく「任用の期限を附さない常勤講師」としたことを、一体どのように評価すべきなのかという課題がもち上がった。そこで、「91年3月通知」を生みだした日韓外相覚書の成立経緯を調べるとともに、諸外国での扱いについて調査した。

8

　以上の成果は、二度のシンポジウムの開催と2冊の報告の作成を通して、調査協力者や関係者等に届けていたが、もっと多くの外国籍（ルーツ）教員やこの問題に関心を抱く関係者に届けたい、私たちだけでは力の及ばなかった分野については、教育諸科学はじめ他分野の研究者の協力を仰ぎたい、公立学校外国籍教員の存在やこうした問題があることは、広く日本社会に暮らす人びとにとって、国籍に関係なく知っておくべきではないのか、という思いが強まり、本書の刊行に至った次第である。日本社会の一部には公立学校外国籍教員の存在に否定的な反応がある。しかし、公立学校外国籍教員の存在と問題に関する情報と知見をしっかりと提供することが、私たちの使命であると考えた。

　本書は、外国籍教員の実態を扱った第1部（第1章～第3章）と、外国籍教員問題を多角的に検討した第2部（第4章～第8章）、及び終章で構成されている。
　第1部第1章では、6人の外国籍（ルーツ）教員のライフストーリーを紹介している。第2章では、私たちが聞き取りをした当事者の語りから、外国籍教員の実態を社会背景と採用世代から分析し、また教員生活の実際と課題をまとめた。第3章は、国籍以外の「マイノリティ」教員を取り上げた。
　第2部第4章は、戦後の公立学校外国籍教員任用の経緯をまとめている。第5章では、国公立大学外国籍教員任用問題を取り上げて、大学と高校以下での外国籍教員任用の違いに注目した。第6章では、教諭任用制約の問題を考えるために、外国籍者の公務就任権と公務員に関する「当然の法理」の検討を行った。第7章では、近年の教育のグローバル化対応の中で生じている「特性のある外国人」の教員採用を扱っている。第8章では、日本を相対化する視点を得るため、諸外国における外国籍教員採用状況の調査結果をまとめた。
　終章では、本書全体のまとめを行い、課題を整理している。
　全体としての構成を意識して執筆しているが、各章のどこから読んでもいいように説明が重複する部分もある。

　最後に、本書で使用するいくつかの用語について説明しておく。
　本書では、外国籍教員という用語を用いている。厳密にいえば、日本国籍を有しない教員となる。日本に在住する者の国籍には、日本国籍のみ、日本国籍と他国籍の重国籍、日本国籍以外の国籍、無国籍、がある。前者2つは日本国籍を有し、後者2つは日本国籍を有しない。本書で外国籍とするのは後者2つの場合である。外国人教員という用語もあるが、本書では「人」ではなくまさに「国籍」

が問題とされていることに問題関心をもつゆえ、外国籍を用いる。ただし、文脈によっては外国人を用いることがある。

　「任用の期限を附さない常勤講師」は、「付さない」とする教育委員会もあるが、本書では「91年3月通知」にしたがって「附さない」とする。なお、省略する場合には有期限の常勤講師と区別するため、〈常勤講師〉とすることがある。

　国籍条項と国籍要件については、一般に、法律に外国人を排除する明文規定がある場合には国籍条項、法律に明文規定はなく行政実例等で外国人を排除する場合を国籍要件とするとの説があり、本書もそれに従うが、新聞記事や各団体等資料では必ずしもこの用法ではないため、出典等によって異なる場合がある。

　在日する朝鮮半島出身者の呼称は、在日朝鮮人、在日コリアン、在日韓国・朝鮮人等さまざまある。本書では、歴史的経緯の記載には主として在日朝鮮人を用いるが、それ以外は当事者の使用や文献、文脈等によって複数の呼称を用いている。

　日本国籍を有しない者の国籍取得を意味する用語として、日本では帰化が法律用語として使用されている。しかし、帰化という用語には、漢語として権威あるものに服従するというニュアンスがあるとされる。諸外国では、国籍取得には、法律で定める要件を満たせば認められる場合と、要件を満たしても行政機関に一定の裁量が認められる場合（日本はこの例）があり、また、当該国の原語を適切に翻訳することはむずかしいため、本書では帰化を用いるが、文脈によっては国籍取得とする場合もある。

1　『公立学校における外国籍教員の実態と課題の解明』（平成24～25年度科学研究費補助金挑戦的萌芽研究）研究成果報告書（研究代表者：中島智子）2014年3月。
　　『グローバル化時代における各国公立学校の外国籍教員任用の類型とその背景に関する研究』（平成27～30年度科学研究費補助金基盤研究(c)）研究成果報告書（研究代表者：広瀬義徳）2018年12月。
2　田中宏（2013）『在日外国人 第3版──法の壁、心の溝』岩波新書。

公立学校の外国籍教員

——教員の生（ライヴズ）、「法理」という壁

目次

刊行に寄せて　田中宏　*3*
はじめに　中島智子　*6*

第1部　外国籍教員に出会う

第1章　外国籍（ルーツ）教員のライフストーリー（権瞳・中島智子・榎井縁）⋯⋯ *17*

はじめに　*17*
1　金相文さん──教諭として全うした教員生活　*18*
2　方政雄さん──定時制高校の教員として　*26*
3　コンダイア・クリシュナさん──ALT から高校英語教員へ　*35*
4　長尾雅江さん──国際理解を身近にできる授業実践を　*44*
5　リー・タイワーさん──多様な外国籍教員がいることが大切　*52*
6　シェルトン・ジョンさん──PTA 会長から民間人校長に　*59*

第2章　当事者の語りからみる外国籍（ルーツ）教員の世界（権瞳）⋯⋯⋯ *69*

はじめに　*69*
1　調査概要　*70*
2　外国籍（ルーツ）教員を取り巻く社会背景と採用世代　*72*
3　被教育経験・教員になるまでの道・教員となってからの経験　*77*
おわりに　*87*

第3章　マイノリティ教員の経験（呉永鎬）⋯⋯⋯⋯⋯⋯⋯⋯⋯⋯⋯⋯⋯ *90*

1　教員の多様性／多様な教員たち　*90*
2　マイノリティが教員になることを阻む社会構造的な問題　*92*
3　障害学生が直面する3つの壁　*96*
4　子どもにとってのマイノリティ教員　*100*
5　同僚との関係および職場環境　*105*
おわりに　*109*

第2部　外国籍教員問題を考える

第4章　公立学校外国籍教員の「教諭」任用問題 （中島智子） ················ 115

はじめに　115
1 　旧植民地出身教員の処遇　116
2 　国籍要件廃止と教諭任用の動き（1974年〜1982年）　119
3 　教諭任用をめぐる中央と地方の攻防（1982年〜1990年）　122
4 　国籍要件の廃止と〈常勤講師〉の固定化（1991年以降）　128
5 　「91年」後の外国籍教員数の増加と横たわる課題　130
6 　教諭は不可、講師は可の論理
　　　──「任用の期限を附さない常勤講師」という職　133
おわりに　138

第5章　国公立大学外国人教員任用法と
　　　　　公立小中高校等の教員 （中島智子） ················ 141

はじめに　141
1 　外国人教員任用問題に関する大学教員の動き　142
2 　国会での法案作成の経緯　144
3 　「任用法」成立のその後　151
4 　公立小中高校等の外国籍教員問題との関係　152

第6章　外国人公務就任権と公務員に関する
　　　　　「当然の法理」という制約 （中島智子） ················ 157

はじめに　157
1 　同「法理」はいつ生まれ、どのように変化してきたのか　158
2 　同「法理」をどのように考えるか──外国人の人権の視点から　166
3 　同「法理」が体現する外国人排除の構造　175

第7章　教育のグローバル化と外国籍教員 （中島智子） ················ *179*

はじめに　*179*

1　グローバル化への教育対応と教員採用の弾力化　*180*

2　英語能力を重視した特別選考と外国籍教員　*183*

3　ニューカマー児童生徒の教育支援と外国籍教員　*191*

おわりに　*196*

第8章　諸外国における外国籍教員の任用・雇用状況 （権瞳） ·········· *199*

はじめに　*199*

1　調査の概要と背景　*199*

2　国籍要件の要否状況　*203*

3　諸外国の状況と日本の位置づけ　*213*

おわりに　*217*

終章　外国籍教員研究の問題構成と今後の課題 （呉永鎬） ················· *227*

1　本書刊行の背景と問題意識──今、外国籍教員問題を語る意味　*227*

2　本書の知見と主張──研究史上の位置　*229*

3　外国籍教員問題を継続して考えていくために　*236*

おわりに（謝辞）中島智子　*245*

資料　*248*

第1部　外国籍教員に出会う

第1章 外国籍 (ルーツ) 教員の ライフストーリー

はじめに

権　瞳

　外国籍教員はどのような理由で教職を目指し、どういう思いで教育に携わっているのだろうか。ここでは、私たちのインタビュー調査に応じてくださったうちから6名を取り上げ、それぞれの生い立ち、教員になるまで、採用されてからの教員生活や教育への取り組みについて紹介したい。

　まずは、全国に先駆けて1970年代に教員採用選考試験における国籍要件を取り外した大阪市で、小学校教諭として採用された金相文さん（1981年度採用）、次に、「91年通知」によって外国籍者の採用試験受験が認められた年に受験し、翌年1992年度から兵庫県の高校教員として採用された方政雄さんのストーリーを取り上げる。お二人は在日韓国朝鮮人への差別が激しかった時代を経験された世代である。

　続いて、1983年に20代初めの若者としてインドから旅行で日本を訪れ、その後、英語の指導助手（ALT）を経て京都市の高校教員になったコンダイア・クリシュナさん（2004年度採用）、奇しくも同じ1983年に、しかし幼少の頃、中国から家族とともに渡日し、大阪府内の中国残留邦人関係の帰国者が多く暮らす地域で、2002年度に小学校教員として採用された長尾雅江さん、続いて、2005年に中学3年生で来日し、2016年度に大阪府立高校の数学教員に採用されたベトナム国籍のリー・タイワーさんについてである。

　そして、最後は、アメリカ人と日本人の両親のもとで沖縄に生まれ、主としてアメリカで育ち、成人してから再来日、2012年度から5年間に渡って、民間人校長として大阪府堺市の小学校に勤めたシェルトン・ジョンさんのストーリーである。

　金さんと方さん以外は、1980年代以降に来日しており、その点では、「ニューカマー」とも類されるが、来日の理由や、来日時の年齢、出身国は4人とも前述の通りさまざまである。またこのうち2名は日本国籍保持者でもある。本書の主

題は日本国籍をもたない教員に課せられる職の制約についてであるが、第1章では、外国にルーツをもつ日本国籍教員も含めて紹介する。

6名に対しては、外国籍（ルーツ）教員研究会メンバーが下記の通りインタビューを実施し、原稿をご確認いただいた上で掲載の許可を得た。

ご協力くださったお一人お一人に心より感謝を申し上げたい。

金相文さん：2017年10月7日、2017年11月22日
方政雄さん：2013年8月27日、2019年10月7日
コンダイア・クリシュナさん：2013年3月7日、2019年8月21日
リー・タイワーさん：2019年8月20日
長尾雅江さん：2019年12月24日
シェルトン・ジョンさん：2013年8月20日、2020年2月8日

1 金相文さん
──教諭として全うした教員生活

中島智子

金相文さんは、1982年3月に大阪市立小学校教諭に採用され、2012年3月に定年退職した。

大阪市は、全国で最も早く公立学校教員の国籍要件を廃して、1975年度から外国籍者を教諭として任用していた。1993年度の採用から、その職を教諭ではなく講師、職名を「教諭（指導専任）」としたが、それ以前に教諭として任用されていた場合は、職および職名ともに教諭のままである。

市内の在日朝鮮人集住地に生まれ育った金相文さんは、幼い頃小学校の先生になりたいと思ったこともあったが、外国籍ではなれるわけがないと思っていた。長じてその夢が叶ったものの、外国籍で教諭であるということは当たり前のことではなく、その生涯にわたってこの問題はつきまとっていた。

外国籍であっても教諭として定年まで勤め上げた金相文さんの教員としての姿や思い、外国籍教員の扱いに翻弄されようとも挫けず向き合ってきた足跡を紹介する。

在日集住地域での生育と日本の学校

金相文さんは、1951年に大阪市内の在日朝鮮人集住地域で生まれた。韓国籍で在日2.5世にあたる。家庭では日本語が使用され、名前も日本名だったが、自分が日本人ではないということはわかっていたという。

というのも、当時は小学校の名簿に50音順で日本人児童の名前が並び、その後に在日朝鮮人児童の名前が並んでいた。また、日本人教員の在日朝鮮人（児童）に対する差別的言動や態度も敏感に感じ取っていた。何かあると、「ここは日本の学校やぞ、お前ら朝鮮人はおとなしいしとれ！」と一喝されることがあったからだ。また当時は、朝鮮人児童の保護者は公立学校入学にあたり誓約書を書かされており、そのため「いつでも退学させられる」という意識があったという。

金さんの小学校時代は1958年4月から1964年3月である。この時期は、サンフランシスコ講和条約の発効（1952年）により「日本国籍」を喪失させられた在日朝鮮人には就学の義務はないとされ、公立学校への就学を希望する場合には、「日本の法令を遵守することを条件として」「事情の許す限り」で許可することとされていた[1]。

ただし、小学校時代にはよい教員との出会いもあり、「教師になるのもいいかな」と思ったこともあった。しかし、当時の日本の学校における排外的雰囲気は、そうした期待を否定するに足りるものだった。学校で「ここは日本の学校やぞ」という言動がくり返される中で、教師になるのもいいかなという思いはすぐに消えたという。それは、「なれないとわかっているから」で、なぜそう思ったのかについては、「嗅覚みたいなもん」だという。

こうして、「将来何かに期待をもつとしんどい」という思いを抱くようになっていった。

金さんが在籍した小学校には民族学級があり[2]、5、6年生の時に週1回通った。そこでは、40〜50人ぐらいの在日朝鮮人児童がいて、当時はハングルや地図の学習が中心だった。「金相文」（きむさんむん）という民族名を知ったのは、民族学級に入ってからのことである。この名前は、響きも漢字も好きだったという。

その当時の民族学級講師[3]から、「きみらは、朝鮮人の代表や」「きみらが悪いことしたら、みんな悪いと言われる。だから絶対悪いことするな」「日本人の2倍、

1　文部省初等中等局長通達「朝鮮人の義務教育学校への就学について」（1953年2月11日）。なお、日韓条約の締結に伴って出された1965年12月25日の文部次官通達により、「日本人子弟と同じ扱いで」公立小中学校への入学を認めるとされた。

2　1948年に朝鮮人学校閉鎖令が強行され、緊迫した事態に対処するために当時の朝鮮人団体と大阪府教育委員会との間で交わされた覚書にもとづいて、府内33校に民族学級が設置された。

3倍頑張れ」と常々言われていたことが、今でも印象に残っているという。

とはいえ、小・中学校時代は、まわりに在日朝鮮人の子どもが多くいたこともあり、金さん自身が直接的な差別を経験することはそれほど多くはなかった。

ところが、高校進学の際に、それを経験することになる。近くの公立高校を受験しようとしたところ、その高校の校長から朝鮮人は取らないから受験させないでくれと中学校の校長に言伝てがあったことを知らされた。その2、3年前に集団暴行事件が起こり、その中に金さんが在籍していた中学校の上級生にあたる在日朝鮮人生徒がいたということがその理由だった。

そのため別の高校に進学せざるをえなくなった。この経験によって「世の中こんなもんやな」と思い、高校時代は「死んだふり」して過ごしたという。

「民族」への目覚めと教員の夢

高校卒業後の進路について、家業を手伝う以外に夢を描くことはできず、大学の夜間部に進学する。

大学時代に金さんは朝鮮文化研究会の活動に参加するようになり、それを機に民族名を名のるようになった。大学卒業後、韓国の大学への留学をめざしてソウルで語学研修を受けていたときに、韓国情報部の取り調べを受けることになった。1975年頃のことである[4]。幸い3日間の拘束で解放されたが、留学を果たせずに日本への帰国を余儀なくされた。

金さんの人生は大きな転機を迎えた。

帰国後家業を手伝っていたときに、大阪市内の民族学級の合同サマーキャンプの運営にかかわるようになった。そこで知り合った日本人教員から、金さんは教員になることを勧められた。公立学校教員になるには国籍要件があると思っていたのだが、大阪市では国籍要件を外していて実際に何人か教員になっているということを知った。

当時結婚していた金さんは、家族を抱えながら家業で生計を立てることに不安を覚えていたため、封印していた教員への夢を叶える決意をした。

大学の通信課程で小学校課程の教員免許状を取得し、1980年に大阪市の教員採用選考試験を受験、合格して採用候補者名簿に登載された。しかし、採用の内示はなく、1981年6月から臨時講師として市内小学校で勤めることとなる。前年に合格した選考にもとづく採用期限は、1981年度（1981年4月〜翌82年3月）の1年間限りである。その夏にまた採用試験の時期を迎えたが、前年に力を振り絞って受験し、運にも恵まれて合格したと思っている金さんは、この年は受験し

なかった。もうダメかと思って完全に諦めていた年度末の 1982 年 3 月 26 日に内示があり、1982 年 3 月 31 日に教諭として採用された。

　金さんは、この時に採用されていなかったら、二度とチャンスはなかったという。というのは、1982 年の 9 月に「国公立の小・中・高の教諭等については従来どおり外国人を任用することは認められない」とする文部次官通知が出されたからである。これによって全国的にも採用が凍結され、自治体によっては国籍要件が復活するところも出ており、大阪市においてもその後の 10 年ほどは外国籍教員の採用はなかった。[5]

初任校での学び、信頼する同僚教員との出会い

　金さんは、定年までに小学校 5 校に勤務した。その中でも初任校が教員生活の基礎を形作ったという。それは、当時同和教育推進校[6]の中でも中核的位置にある学校で、「親を学校に呼びつけずに、家に行く」という家庭訪問や、「部落の子をどうするかっていうことと同時に、部落外のしんどい子も自分らの視野に入れなあかん」という集団づくりなどの実践をとおして、「子どもに向き合うとか、親とちゃんと話をするとか」という姿勢を身につけていった。大人や教員世界の論理ではなく、今その時の子どもにとってどうすべきかという視点を大切にするスタンスである。

　若く理念が先行しがちな金さんに、「正しいと言っているだけではダメだ。それを子どもに還元するには、いろんな人を巻き込んでいくことが大事だ」ということを有言実行していた同僚教員からは、特に多くを学んだという。

　実は、その同僚教員は祖父が韓国人で、その養子の子どもであったため血のつながりはないものの、その祖父に大変かわいがられたという背景があった。同小に勤めて 3、4 年経った頃に、その教員から「クラスの子にまだそれ（自身の背景）を自分は言えてない。相文さんみたいに、自分をちゃんと明らかにしたいと思う」と相談があったという。

3　金さんが在籍した民族学級の講師だった金容海さん（1926 - 2016 年）は、同小学校の民族学級の民族講師を 1951 年から 86 年まで務め、退職後は民団中央本部、大阪地方本部の役員として、民族学級の普及に尽力した。関連書籍として、金容海（1996）、イルムの会編（2011）がある。

4　この頃、留学や商用で韓国を訪れた在日韓国人が朝鮮民主主義人民共和国のスパイとみなされ、国家保安法及び反共法違反の嫌疑で逮捕・起訴されるという事件が生じていた。その後、再審で無罪判決が出されたものも多い。

5　大阪府では、1986 年度に 1 名（高校）の外国籍者が採用されている。

6　校区に同和地区を含み、種々の同和教育施策が実施された学校の大阪における呼称。

「いろんな人を巻き込んでいく」という手法は、その後の勤務校でも発揮されていく。職場での人間関係づくりを意識的に行うことによって、校内の教職員組合の対立を乗り越えたり、若手教員が職員会議で意見を言えるような関係をつくったりしていった。また金さんは、管理作業員や給食調理員のところによく顔を出しては話をしたが、それは教師だけが子どもを見ているという教師の思い込みを解き放つためだったという。

「一緒にいろんな話して楽しまないと、面白ない。学校には面白くできない部分はあるので。学校って、もうほっとったら、ほんまに硬くなってしまうんでね」と金さんは語る。

在日外国人教育には「プラス1」を

いろんな人を巻き込んで一緒にやっていくという手法は、在日外国人教育とのかかわりにおいても同様だった。

金さんは、在日外国人教育は学校として取り組むべきだと考えていて、そのため自身が校内分掌で在日外国人教育を担当したのは1度だけだった。外国籍教員が在日外国人教育担当の役割を担うと、その教員に任せきりになってしまいかねないという懸念や、外国籍（ルーツ）の子どもを不在視しがちな日本の学校を変えていくという観点に立てば、在日外国人教育は日本の学校で日本人（教員）こそが取り組むべき課題であるという思いがあったからだ。しかし、まったくかかわらないということではない。その真意を金さんは、「私が担当をやったら1のままで、プラス1にならん」という象徴的なことばで語る。在日外国人教育の担当になることによって、これまでかかわりや関心がなかった教員も在日外国人教育に関心を寄せるようになる。金さんはもとから関心があるから自身が担当になっても「1のまま」（関心がある人が増えない）だが、金さん以外の人が担当すれば関心を持つ人が増えて、「プラス1」になるというのである。

同じように、民族学級についても、民族講師任せにするのではなく、学校として取り組むことが重要であると考えてきた。在籍する子どもが民族学級に行くことに学級担任が関心をもち、民族学級の様子を見に行き、その子が教室に帰ってきたときに、クラスの取り組みとして周りの子にどんなことを話すか、それらを含めた実践が民族教育であるという。

金さんが勤務した学校のうち3校に民族学級があり、1校には着任後にできた。その1校で民族学級設置の要望があった時、反対する声もあった。

地域の懇親会で強力に反対するPTA関係者に、「お前は、民族学級をつくりに

来たんやろ。俺の目の黒いうちは絶対作らせへんからな」と凄まれ、「いやいや、私は民族学級作るよりも、クラスでちゃんとしたらいいと思ってるから」というと、「そうや、クラスでやったらええねん。なんで在日だけ集めんねん」とその反対者が同調するので、「もしクラスでやるにしても、料理と同じで、ごちゃ混ぜにして美味しいか」というたとえを出して、「在日の子が一週間のうちのたった45分、放課後集まって、ちょっとするくらい、なんで許されへんのん？」「民族学級の活動は料理の下味つけるみたいなもんやで」「（そうして）クラスに帰って、自分のことを発することによってはじめて、美味しい料理ができあがるのちゃうのん」などと言いながら、朝までしゃべって相手との関係を作っていった。

　こうした柔軟な思考や姿勢は、金さんの教育活動やその他の活動において随所にみられる。たとえば、金さんは、大阪市教委の地域人権教育推進委員会の事務局長を務めたことがあったが、人権研修の企画運営では在日コリアンのことだけでなく、同和問題とともに障害、ジェンダーやセクシュアリティなどさまざまなテーマを取りあげた。

在日コリアン教員の集い

　金さんは教員生活を通じて、民族教育運動や教員の国籍問題にも深く関与していた。

　まず、教員になろうと思った頃に、「民族教育をすすめる会」に参加するようになった。同会は、康昌己さん[7]が代表となって1978年4月から活動しており、大阪府内の公立学校で教諭として採用されていた在日コリアンの教員や教員志望者が集っていた。大阪府内では1975年度から外国籍教員の任用が続いていたため、在日コリアン教員が集い、さらに仲間を増やすための活動をする会が生まれていたのである。

　一方、1982年に民族学級講師を中心とする「民族教育連絡会」が誕生した。教材づくりや情報共有の他、民族学級の子どもの運動会や保護者会などへと活動が広がり、1984年11月に先の「すすめる会」と合流し、それを母体に民族教育の制度保障に関心のある民族団体の協議体である「民族教育促進協議会」が

7　康昌己さんは、1950年3月31日に大阪府教育委員会から中河内郡加美村立加美小学校教諭の発令を受け、同校の民族学級を担当した。当時大阪府内で民族学級が33校に設置され、36人の朝鮮人教員が採用されたが、教諭だったのは康さんともう一人だけである。康さんは、大阪第一師範学校（その後の大阪学芸大学、現大阪教育大学）を卒業し、小学校1級免許状と中学校2級免許状を取得していた。その後大阪市立中学校に異動し、天王寺中学校や昭和中学校では夜間学級を担当して、1991年3月に定年退職された（藤川2014）。

1986年に発足した。

　金さんは、同会の発足や活動の中心を担っていたが、その中に同胞教職員連絡会を作った。同胞とは、ルーツを同じくする仲間という意味合いがある。職場で外国籍教員が一人という日常の中、孤独感を感じたり、無理解な発言にであったり、相談できない悩みが生まれたりと他の日本人教員以上のストレスを抱えることがあるので、気晴らしや相談しやすい場とするとともに、在日コリアン教員には民族教育の推進役を担ってほしいという願いからだった。

教諭の金さんは「あってはならない」存在なのか？

　その頃、公立学校の外国籍教員には逆風が吹いていた。1984年実施の長野県教育委員会教員採用選考試験で合格した韓国籍の者の任用について文部省が「指導」に乗りだし、結局県教委は1985年4月に「期限を附さない常勤講師」として採用するという事態が生じた。

　当時、この長野県教員採用問題には全国的な議論と批判がくり広げられていた。この時、金さんは全国在日朝鮮人教育研究協議会とともに文部省交渉に出向いている。対応に出た文部省地方課長に、金さんが、「常勤講師と教諭のちがいは何か？」と聞いたところ、公務員に関する「当然の法理」をもちだして、「日本国籍を有しない者は公の意思形成に参画することができない、教諭はそれに当たるが常勤講師は補助的な役割だ」との回答であった。

　そこで、「私は大阪で教諭として採用されているのですが」というと、地方課長が「それは大阪の勇み足です」と答えたため、金さんが「あなたたちが本当に「当然の法理」を正しいというなら、私を辞めさせるべきじゃないですか」と切り返したところ、相手は無言だった。それで、「私はこれからも教育現場で、あなたたちが絶対にしてはいけないという「公の意思形成に参画する」ことになるが、どうするつもりなのか！」と問い糾したところ、「しかたありませんね」と応えたという。

日韓覚書と教員採用・管理職の問題

　1991年1月10日の日韓外相覚書で、在日韓国人の公立学校の教員への採用についてはその途を開くよう各都道府県を指導するとの文言が入り、同年3月の文部省通知で、すべての日本国籍を有しない者に教員への途を開くが、任用の職は教諭ではなく「任用の期限を附さない常勤講師」とする旨が示された。

　金さんは、覚書を交わすまでの両国間交渉の間、民族教育（民族学級）問題が

取り上げられるような活動に精力的に取り組み、その結果、課外で行われる韓国語や韓国文化等の学習に日本国政府として配慮するという一文が覚書に記された。しかしこの日韓協議の間、金さんにとって教員の採用問題はまったくの「死角」だった。すでに国籍要件が廃止され、教諭としての任用実績を有する自治体にとって、日韓協議は直接関係しないものと思われた。教諭から講師へと任用の職が後退するなどとは考えてもいなかったという。

　ところが、大阪府及び大阪市教委は文部省の強い指導を受けて、教諭任用を継続させることは難しく、だからといって「91 年」を境にそれまでと同等の資格をもつ者を教諭ではなく講師として任用することも理解をえられないと悩んだ末に、1992 年 6 月に、職は講師だが職名を「教諭（指導専任）」にするという決定を下した。金さんたちのように、それ以前に教諭任用されていた者は教諭のままだったが、そこに 1 つ落とし穴があった。管理職登用の途が閉ざされたのである。

　金さんの知人である韓国籍の教諭（1975 年度任用）が、1991 年に勤務校の校長の勧めで管理職登用試験を受験したが、合格しなかった。当時は受験者が多く 1 年目で合格することはほとんどなかったため、翌年再度受験するために願書を求めたところもらえなかった。この教諭から相談を受けた金さんは、自身の勤務校の教頭から願書を受け取れたことからこの教諭にも再度もらうように勧め、もう一人の韓国籍の教諭と 3 人で管理職試験を受験する意思を共同記者会見で表明した。[8]しかし、市教委は願書を不受理とした。

　「91 年」以前に教諭として任用された際には管理職登用について何も説明はなく、金さんたちには登用が制限されているという認識はなかった。また、年齢的にもまだ管理職は遠い存在だった。それがたまたま 1991 年度に初めて受験するケースが出てきたのである。しかも、その時は校長が推薦し、願書が受理されていた。翌年度になって当該教諭に何の説明もなく願書が渡されず、金さんたちが不受理をめぐって抗議するまで、市教委からの説明はなかった。

　その後何年経っても管理職問題が解決しないため、[9]金さんはやはり教職員組合と繋がるしかないと考えた。その頃、大阪府教職員組合の委員長から外国籍（ルーツ）教員の会を立ち上げるという話があり、一緒にやることになる。2009 年 11 月、「外国にルーツをもつ教職員ネットワーク」（ルーツネット）が結成され

8　「「教諭」採用の在日外国人管理職への登用を閉ざす　大阪市教委」『毎日新聞』大阪夕刊、1992 年 7 月 6 日付。
9　最初に管理職試験を受験した教員について、市教委は教育センターに新たに管理職の職として研究官を設置して同教員が受験、任用された。同教員はその後定年退職まで研究官の職にあった。

た。ルーツネットは現在も活動している。このように、外国籍や外国にルーツのある教員が集う場があるのは、大阪だけである。

　なお、金さんは、2012年3月で定年退職して4月に再任用されるときに、教育委員会教職員課に「まさか、再任用でかっこ指導専任（教論ではなく教諭〈指導専任〉という意味）になるんちがうやろな」と言ったら、「いや、そんなことありません」と返答されたという。そして、実際教諭として再任用されたわけだが、教員生活の最後まで、教諭でありながらその位置づけの不安定さにつきあわされたといえる。

おわりに

　金さんは教員を退職後、近隣市の国際交流協会の事務局長を務めた。外国人住民やその子ども、若者支援に早くから取り組む実績のある協会である。その傍ら、私たちが始めた外国籍（ルーツ）教員研究会のメンバーとして、外国籍教員の問題に関する調査や研究をともにしてきた。金さんは、「期限を附さない常勤講師」という理不尽な格差（差別的待遇）の是正を自らの現役中になしえなかったことを強く悔み、退職した今も胸中にしこりとして残っているという。

　公立学校教員の国籍の扱いが大きく変化した「1991年」を挟んで教員生活を続けた金さんは、外国籍教員の先駆者の一人であり、多くの人が知ることのない歴史の生き証人でもある。授業などの教育活動で子どもたちの前に立ち、同僚たちと学校づくりに励んできた日々は、教員として何も変わるところはないのに、教諭としてのその存在はあってはならないものとされてきた。

　このように最も先鋭的な境界線に立たされざるをえないからこそ、人と繋がることが大切にされてきたのであろう。同僚教員とも保護者とも地域の人たちとも繋がり、さらに外国籍教員の繋がりを作り出してきた。この先達の後を継ぐ者たちが期待される。

2　方政雄さん
──定時制高校の教員として

権　　瞳

2017年の春、長年定時制通信制教育に貢献したとして、方政雄さんは文部科

学省より「全国高等学校定時制通信制教育70周年記念功労表彰者」として表彰を受けた。1992年度に兵庫県で高校教員となった方さんは、およそ30年間、定時制高校の教壇に立ち、教育に尽力した。

　兵庫県では、1981年に教員採用選考試験における国籍要件が外されたが、方さんの採用までは公表された合格者はいなかった[10]。また、「91年3月通知」を受けて、兵庫県もその年の採用選考で合格した外国籍の者の職を、それまでの教諭から〈常勤講師〉に変更した。

　方さんは、ちょうどこの時期、91年の夏に実施された1992年度教員採用選考試験を受験したのだった。新聞報道によると、この年全国で少なくとも23人の外国籍者が第一次試験を受験している[11]。最終的に1992年4月には、兵庫県3人、愛知県1人、滋賀県1人が、「任用の期限を附さない常勤講師」として採用された[12]。方政雄さんは、この年、兵庫県で採用されたうちの1人であった[13]。

方さんの生い立ち

　方さんは、1951年に兵庫県で生まれた。父親は17歳の頃、母親は幼少時に、それぞれ朝鮮半島から日本にやってきて定住するようになった。家庭ではいつも日本語が話されていた。朝鮮人差別の厳しい時代で、多くの人がそうであったように、方さんも日本名を使い、朝鮮人ということがバレないよう過ごしていた。そうはいっても、書類上では日本人でないことははっきりとわかる。公立中学校への入学時、外国籍の子どもは、つまり当時はほぼ韓国・朝鮮人であるが、生徒指導室に呼ばれ、「日本の決まりに従います」といった内容の書かれた誓約書を渡されたのだが、方さんもやはり、書類に家で判子をついてくるようにと言われたことを記憶している。

　1967年に公立の工業高校に進学した。1950年代から1960年代にかけて、工業高校は、日本の高度経済成長期を支える役割を期待され、専門性の強化や拡大が取り組まれるなど、全盛期にあった。方さんも、実習作業着を身にまとい、専門的知識を学び、普通科の生徒たちには扱えない機械を使って作業することに、ちょっとした優越感を覚えた。しかし、自分の民族性については、ものごころがついて以来、ずっと卑下し続けたままであった。日本社会の中で、朝鮮人は、貧

10　実際には1990年度に1名が高校で採用されているが公表されていない。
11　「外国人教員　常勤講師問題の33都道県4市が門戸開く」『朝日新聞』1991年8月12日付。
12　「教育委員会　外国籍教員は常勤講師で採用」『朝日新聞』1992年10月5日付。
13　同年、他に中学校で2人（韓国籍、中国籍）採用された。

しく、常に支配され、劣った民族としてみなされているように思えた。なぜ朝鮮人に生まれたのかと恨めしく思い、朝鮮のことから一切逃げ、時には自ら朝鮮や朝鮮人の悪口を必要以上に言って貶めることで、自分を守ろうとしたと、当時を振り返る。

　転機は高校2年生の時に訪れた。1960年代半ばから、兵庫県では教育現場における部落差別問題への取り組みが始まったのと同時に、一部教師たちの間では、在日朝鮮人生徒についても目が向けられるようになっていた。そんな中で、学校行事として「在日朝鮮中央芸術団」の公演観賞が計画され、方さんもしぶしぶ参加せざるを得なかった。実は、高校入学当時に、教員から「日本名ではなく本名を名乗れ」と言われたことがあったが、反発し、絶対に嫌だと拒否していた。しかし、朝鮮の青年たちが主役となっていきいきと舞台に立つこの公演を観て、感動すると同時に「本名も名乗れずに、隠れ逃げ回っているひきょうで情けない自分」を見いだすようになった。

　ひとたび本名を名乗れば、朝鮮人だということが周りに知れ渡り、必ず差別されるだろうという恐れと、堂々と自分を出せない自責の念の間で苦悶し続けた方さんは、ある日の学校のホームルームで、突発的に「おれは朝鮮人や」と言ってしまう。クラス中がしんとなった。その後、二人のクラスメートから言われたことが未だに忘れられない。「おまえが言うたから溝ができた、言わんほうがよかった」「関東大震災のようなことがあっても、おまえをよう助けんけど、堪忍な」。言わなければよかったという後悔はあった。しかし、これがきっかけで、自分の民族性に真正面から向き合うようになった。名前も「方」と本名の日本語読みを使うようになる。

　同時に、日本社会の現実も突きつけられた。当時の工業高校は、卒業すれば就職先には困らないとされていた。生徒一人あたり、10社を超える求人があり、就職先は選び放題のはずであった。先生からは、「朝鮮人やから就職は難しいだろう」とは聞かされていたが、だからこそ、慎重を期して学校推薦であれば絶対に受かるはずの企業を受けることにした。方さん自身、いくら日本人でなくても真面目にしていれば受け入れてもらえるはずだと考えていたし、先生たちも、「頑張ったらいけるから」と励ましてくれていたのだが、結局、届いたのは不採用通知であった。どんなに頑張っても朝鮮人であるがために報われないという日本社会の現実を知り、大きなショックを受け、しばらくは放心状態の日々が続いた。

教員免許状の取得と兵庫での新生活

　高校時代における、民族、そして現実社会との出会いは、その後の自分の原点になったと方さんは語る。その後しばらくして、気持ちを切り替えた方さんは東京の大学に進学した。在学中は工学を専攻していたのだが、卒業後、朝鮮人でも教員になれる、という話を耳にした。よく調べてみれば、あと数単位ほど追加で必要科目を履修すれば工業の高校教員免許状が取れることがわかり、それならばと科目等履修生として再び大学に通い、免許状を取得することにした。今すぐに教員になりたいというわけではなかったが、将来なにがあるかわからないし、あと数科目の履修で済むのなら、一応取っておけばよいのではないか、と知人に勧められたのだった。

　教員免許状取得のための通学は 1 年間ほどで、その後は朝鮮奨学会[15]の職員としてしばらく勤めた。しかし 31 歳の頃、食堂を経営していた父親が倒れたため、父を助け、店を継ぐために、妻子を伴って地元、兵庫県に戻ることになった。

　バブルが膨らみ始める 1980 年代初め、食堂は忙しかった。1 年ほど経った頃、幸運なことに父親の体も回復し、それなら店を続けるよりは、二つ所帯の生活のためになにか仕事を、と方さんは町の電気工事会社で働くこととなった。10 代のころから電気工事の道に進んだ他の同僚たちに比べると、30 代で転職した方さんにとっては、仕事に慣れることがずいぶんと大変であった。それでも技術を習得し、いずれはこの仕事で独り立ちができればと考えていた。

高校で朝鮮語を教える

　3 月も終わろうとしていたある日、いつものように油まみれの作業着で仕事から帰ってくると、県立湊川高校の教員 2 人が家で待っていた。朝鮮語教員の 1 人が急に辞めることになったので、ぜひとも代わりに来て欲しいとのことであった。方さんが教員免許状を取得していて、朝鮮語もできるということを、どこからか聞いてきたようであったが、方さんはこの 2 人の教員とは面識もなく、ひどく驚き、戸惑った。朝鮮語ができるといっても、学習会や独学で学んだ程度で、体系的な学習や教授法を学んだわけではない。だが、辞任する教員の後任が埋められなければ今後補充はないだろうからぜひとも引き受けて欲しい、新学期まであ

14　1955 年、在日コリアンの舞踊家らによって結成。1974 年に「金剛山歌劇団」に改名し、朝鮮
　　半島や自作の舞踊、音楽を公演している。
15　日本の高校、大学、大学院に在籍する韓国人、朝鮮人生徒・学生に奨学金を給付する奨学育英
　　機関。1943 年に、日本政府より財団法人の認可を受けた。2012 年 8 月より、公益財団法人。

と少ししかない、と熱心に頼む2人を前に、それならちょっと様子を見てみよう、嫌ならいつでも辞めることはできると、引き受けることにした。すぐに学校を訪ねると、校長先生が「ああ、よく来てくれた」と握手で迎えてくれたことを思い出す。1985年のことであった。

　定時制高校である湊川高校は、正規科目として朝鮮語を置いた初めての公立学校であり、1973年からは詩人として知られる金時鐘[16]さんが実習助手として、そして、1976年度からは劉精淑さんが講師として加わり、朝鮮語を教えていた。

　湊川高校は、全日制の兵庫県立兵庫高等学校と同じ敷地内にあり、夕方5時過ぎから授業が開始される夜間学校である。様々な事情で全日制に通うのが難しい生徒が、兵庫県内から集まる。日中には仕事をするという理由もあれば、通常の高校生の年齢を過ぎてからの入学、不登校経験者、外国人なども混じる。1960年代後半から80年代にかけて、湊川高校は、解放教育[17]の先進校として知られていた。1969年には湊川高校の被差別部落出身生徒や在日韓国朝鮮人生徒が中心となり、差別的な教育への反対、学校教育の改革を求めて学校への糾弾を行ったが、この運動は兵庫県の他の高校にも広がった。湊川高校の教員たちはこれに応えるべく、生徒と向き合い、授業の改革を進めた。朝鮮語の導入もこの一環として実施された。ヨーロッパ言語、特に英語が外国語教育として当然視される学校教育において、日本と韓国・朝鮮の対等な関係を形成するための一手段として、朝鮮語を全生徒が学ぶべき必修第二外国語としてカリキュラムに位置づけたのであった（登尾2019）。

　このように、一般的な高校とは一線を画する状況下で設置された朝鮮語科目の担当者として、辞任する劉さんに代わって方さんが着任した。金時鐘さんが退かれる1988年までの数年間、方さんは金さんと共に朝鮮語を教えた。朝鮮語を教えることについては初心者である方さんは、金さんの授業観察を通して学び、また実践を経て次第に教授方法を身に着けた。

教員採用選考試験に挑み正規教員に

　一方で、通信制大学で社会科の高校教員免許状を取得するための勉強も開始した。当時朝鮮語は文部省が設定する「教科」ではなく、湊川高校が人権教育の一環として導入した「学校設定科目」に過ぎなかった。そもそも設置当時から、なぜ朝鮮語を勉強しなくてはいけないのかと反発する生徒もいたし、そんな生徒たちに朝鮮語学習の意義を語ることのできる、かつての解放教育を目指した教員も退職を迎えていく。そのような中で、今後も湊川で朝鮮語が必修科目とされ続け

るという保証はどこにもなく、教える科目がなくなれば仕事を失う。若ければなんとかなるかもしれないが、当時すでに 30 半ばを過ぎ、妻子を抱える方さんは、安定した仕事を維持したかった。方さんによれば、当時、非正規の常勤講師の立場では半年ごとに契約更新が必要で、この点からも正規の教員になることが望ましく思えた。そのため、社会科の教員免許状を取得し、さらには教員採用選考試験の受験についても検討を始めたのであった。

　当時、兵庫県で正規の教員になれる可能性は低いように思えた。兵庫県と神戸市は 1981 年に教員採用選考試験の国籍要件を撤廃していたが、その後、外国籍の教員が採用されたことはなかったからである。同じ近畿圏である大阪府と大阪市では 1974 年度実施の採用試験から国籍要件が撤廃されており、その後採用の実績もあった。そこで方さんは、大阪府の採用試験を受けようと準備を始めた。

　そんな矢先、91 年に日韓覚書が交わされ、その年の採用試験の国籍要件が全国で撤廃されるというニュースが飛び込んできたのである。結局、方さんは地元、兵庫県の採用試験を「工業」で受験することに決め、91 年の 3 月から必死に勉強を始めた。教員採用選考試験における受験年齢制限は、近年ではかなり緩和され制限を設けない自治体が増えている。しかし、方さんが受験した 1992 年度選考においては、普通科の上限は 35 歳で、唯一、需要の関係から工業だけが 40 歳を上限としていた。すでに四十路を迎える方さんにとっては、この試験を逃せばもうチャンスはなかった。

　必死の勉強の甲斐あって、1 次の筆記試験に合格すると、ひょっとしたらいけるかもと希望がわいた。2 次試験は集団面接と個人面接、模擬授業、そして実験実技であった。実験道具が故障するなどのハプニングもあったが、無事合格という嬉しい知らせであった。これで家族がご飯を食べていけると、方さんはほっとした。こうして、1992 年の春、兵庫県の公立学校での外国籍教員採用の第 1 号の 1 人として、湊川高校に、今度は期限付きではなく、「任用の期限を附さない常勤講師」として勤めることになったのであった。

16　金時鐘（きむしじょん）、詩人・思想家。1929 年、朝鮮生まれ。1948 年に済州島の民衆蜂起「4.3
　　事件」に南朝鮮労働党の一員として参加。1949 年に渡日。1973 年 9 月〜 1992 年、兵庫県立湊
　　川高校で社会科、朝鮮語を教える。
17　部落解放教育とは、差別をなくし、部落内外の人々が部落差別から解放されるような社会をつ
　　くろうとする教育を指し、行政用語である「同和教育」と比べ、主として部落解放運動の側で
　　用いられた。略して「解放教育」ということもあり、その場合、部落解放以外の社会的諸差別
　　からの解放も含んで広義の意味として使われることがある（『部落問題・人権事典(2001)』参照）。

湊川高校での取り組み

　方さんが朝鮮語講師として勤め始めた1985年、湊川高校には150名ほどの生徒が在籍していた。前述の通り、定時制には、社会的弱者とされる人たちも含め、多様な背景をもつ生徒が通っていた。これは方さんが退職するにいたるまでずっと変わっていない。80年代は、外国人生徒といえば韓国・朝鮮人であったが、2000年になると、ベトナムやブラジル、フィリピンなどからのニューカマーの生徒たちも増えた。湊川高校では新学期に一クラス20人ほどの全員の家庭訪問をすることが当然のように行われており、時には生徒たちが昼間に働く職場を訪問することもあった。経済的な困難を抱えている家庭も多く、訪問することで生徒たちの事情を身をもって理解することができた。

　方さんは、工業、社会科に加え、2003年には韓国・朝鮮語の教員免許状も取得し、湊川で工業基礎や現代社会、朝鮮語、そして国際理解の授業を担当した。朝鮮語については、語学の修得だけではなく、語学を学ぶことで、韓国・朝鮮を知り、「在日」について理解し、差別や偏見をなくしていきたい、という願いをもって携わった。同時に、生徒たちが朝鮮語を学習することを通して、日本語や日本文化について相対的に学び、日本社会への理解を深めることを目指した。1998年から10年間ほどは韓国への修学旅行も実施され、朝鮮語を必修科目として学習する生徒たちの言語使用の実践の機会になっていたという。また、学外でも人権教育に関する講演を多数行ってきた。

　自分の被差別体験から、同胞である韓国・朝鮮人のためになにかしたいという強い気持ちが、まずはあったという。しかし、それだけではなく、経済的困難とその連鎖によって問題行動へと走る生徒たちを前に、差別や貧困の痛みを知る外国籍教員として、差別を乗り越えていける力をつけることが大事だと生徒たちに知らしめるのが自分の役割のひとつと考えた。

　テレビドラマではあるまいし現実にはそう簡単に問題解決とはいかないけれど、と方さんはいう。しかし、そうであっても、給食をともに食べ、声をかけ、家や職場を訪ね、生徒たちに歩み寄り、痛みを共有し、信頼関係を築き、誠心誠意対応していく、そのような教員であろうとしてきた。特効薬などない教育の世界では、誠実に生徒に向き合うしかないということが、湊川の先輩教員たちの教えであり、また方さん自身が教員生活を通して大切にしてきた信条である。

外国籍教員としての気負い

　方さんは定年を迎えるまでずっと湊川高校で過ごした。異動の話も何度かあっ

たが、湊川にとどまり続けた。その間に、大学院に通って専修免許状を取得する
など、キャリアアップにも努めた。

　方さんは非正規の期限付き講師と正規教員である〈常勤講師〉の両方を経験し
ているが、正規教員となってからは、それまで更新時に毎回要求された健康診断
を自己負担で受けずともよくなった、また、当時は非正規であれば持てなかった
担任をもてるようになったと述べる。正規教員となった最初のうちは、責任感も
増し、強いプレッシャーを感じた。とにかく、「朝鮮人・韓国人はだめだ」と後
ろ指を指されるようなことがあってはならない。教育委員会から「採用したけど
もだめやった」などと思われたくない。自分ひとりの問題ではなく、「民族を背
負って」いるという意識をもって、言動や身だしなみにも気を遣い、教師として
誠実にやっていこう、と強く決意していた。

　最初の頃は、必要以上に気負いすぎていたかもしれないと方さんはいう。「パ
ン・ジョンウン」と名乗る方さんが家庭訪問に訪れると、保護者たちは「なぜ
韓国人が？」というような顔を見せたように思われた。実際に、学校に電話がか
かってきて「日本語わかるんですか？」と問われることもあった。しかし、保護
者や生徒の信頼を得ていきたい、方先生のクラスでよかったと思われたい、その
ために必死にがんばった。外国人であるという理由で、生徒や保護者からクレー
ムがあったり問題が起きたりすることはなかった。

主任にもなれない

　一定の経験を積んだ中堅教員にもなれば、後輩となる同僚に指導や助言を行う
立場となり、主任などを担当するようになるのが一般的なコースであろう。当然、
教頭、校長などに登用される可能性もある。正規教員になって15年目の2006年
3月に、55歳の方さんも当時の校長から「生徒指導部長」を引き受けるよう依頼
された。卒業を迎えるクラスの担任であるためためらわれたが、校長から強く要
望されたために、最終的には受けることにした。

　しかし、「任用の期限を附さない常勤講師」である外国籍教員は、主任を含め、
管理職に就くことはできないことになっている。「91年3月通知」には、「公権
力の行使または公の意思の形成への参画に関わる公務員となるためには日本国籍
を必要」とし、講師は教育指導面においては「教諭とほぼ同等の役割を担う」が、
校務の運営については「常に教務主任や学年主任等の主任の指導・助言を受けな
がら補助的に関与するにとどまるものであり、校務の運営に「参画」する職では
ない」とされ、「主任に当てることはできない」と記されている。

　湊川高校の「生徒指導部長」は主任にあたるため、校長（前述の校長は3月末で定年退職）が同年の9月に兵庫県教育委員会に問い合わせたところ、問題ないという回答であった。ところが、年が明けて1月になると、教育委員会からやはり指導部長はだめだという連絡が校長にあり、方さんは校長から部長職を降りるようにと伝えられる。方さんからすると、依頼されて引き受けた職を、今度は思い当たる落ち度がないのに一方的に解任される形となることは心外であり、抗議した。しかし、兵庫県教育委員会は、主任手当が国庫から出る限りは「91年通知」を無視することはできないため、外国籍教員の主任手当の付く主任（法令主任）への登用は不可能であるとくり返した。その後の話し合いを通して、方さんは主任手当の付かない（非法令主任）、2学級以下の学年主任は担当したが、それ以外の管理的職務に就かないまま退職を迎えた。

管理職への壁

　方さんは2011年度に、兵庫県教育委員会から「人権教育を中心に据えた特色ある学校作りに貢献した」として、優秀教職員表彰を受けた。そのことで、多少なりとも外国籍教員の存在が認められたのではないか、兵庫県外国籍教員第1号としての責任を果たしたのではないか、という気持ちになれた。2012年の3月に退職し、その後、再任用の期間を経て、2017年に湊川高校から離れた。在任中は、日本国籍を取得して管理職になろうという気持ちにはならなかった。安易に国籍変更をして管理職に就いてしまうと、「行政との政治的な関係の中で、なにか絡め取られてしまうのではないか」という漠然とした不信感があったからだとのことである。

　方さんは、日本人と同じ条件で選考され、一生懸命働き続けてきても、「主任」にすらなることはできないという、外国人の悲哀をつくづくと感じたという。ある程度の年齢になり、周りがそれなりの役職に就くのを見ながら、自分はずっと「補助的」な立場でいなければならない辛さ。また、自分だけではなく、たとえば、他の外国籍教員らが、年若い、知識も経験も浅いと思われる「主任」の下に置かれている様子を見ることも心が痛んだ。これによって、外国人はいくらがんばっても日本人より下なのだという構図を、生徒たちが学校で間接的に摑んでしまうことも憂いている。

おわりに

　方さんは、こうした現状を同僚にもわかってほしいし、話したいとも思った

が、ベテラン教員になってからも、なかなか言い出すことはできなかった。外国籍の教員だけでなく、生徒を大切にするという湊川のこれまでの教育の在り方も、2000年頃を境にどんどんと変わってきたように思えたし、コミュニケーションの取り方にも世代間ギャップを感じるようになった。

　ただ、若い同僚を無理解だと責めるわけにもいかない。学校現場の忙しさは増すばかりで、出張ひとつにしても計画書や報告書など細かい記載が求められ、教員たちは書類作成のためにパソコンだけに向きあう状態である。生徒たちに関する問題も多様化、複雑化しており、日々喫緊の課題に追われて、同僚教員たちはその対応で精一杯である。そのような中で、外国籍教員の問題を切り出すことはためらわれた。教育委員会とも退職の間際まで外国籍教員の処遇改善をめぐる問題について話し合いを重ねたが、大きな進展はなく、無力感が残った。

　それでもやはり、生徒たちや後に続く外国籍教員のためにという思いは強い。2017年に届いた「全国高等学校定時制通信制教育70周年記念功労表彰者」の通知を、方さんは大変複雑な思いで受け取った。しかし、「これからの後輩の為に前向きにとらえよう」と考え直し受賞することにした。外国籍教員も日本の教育に貢献しているぞと、知らしめたかったからである。

　柔道で鍛えてこられたからか、精悍な雰囲気、どんなときにもぴしっと背筋の伸びた姿勢、しわひとつない綺麗なシャツが印象的な方さんである。しかし、朝鮮人差別が厳しかった時代をどっぷり体験され、そのためか、力強さばかりではなく、大きな温かさと、そして時折そっと寂寥感も覗く。きっとありのままの姿を見せながら、さまざまな事情を抱える生徒たちに、歩み寄り、正面から向かい合ってこられたのだろう。

　「努力すれば報われる」と生徒たちを励まし続けてこられた方さんが、管理職に就くことのないまま退職されたことは残念であった。しかし、兵庫県で最初に採用された教員の一人としての方さんのこれまでの歩みは確かな功績を残し、次へと繋げられていくことは疑念の余地がない。

3　コンダイア・クリシュナさん
──ALTから高校英語教員へ

権　瞳

　2010年以降になると、「グローバル人材」という用語があちこちで散見される

ようになる。グローバル社会の中で活躍できる人材の育成が必要であるとみなされ、持ち合わすべき能力の一つとして、高い水準の語学力、特に英語力があげられている。グローバル人材育成推進会議の中間まとめによれば、高い英語能力の育成のためには、初等中等教育における英語教育を充実させることが肝要であるとされ、そのために外国人教員の採用促進についても述べられている。こうした動きの中で、各自治体では、教員募集に際して、英語母語話者や外国語指導助手（ALT, Assistant Language Teacher）経験者を採用するために、特別選考等の実施などを行うようになっている（第7章参照）。

　本章で紹介するコンダイア・クリシュナさんは、1984年に京都市の中学校や高校でALTとして雇用され、2004年から正規教員として英語を教え始めた、その先駆者的な存在である。

ひとり旅で日本へ

　南インドの港町、チェンナイ出身のコンダイアさんは、1983年に初めて日本を訪れた。インドの大学を卒業したばかりで、就職も決まっていたが、社会人になる前のしばらくの間、旅をすることを選んだ。学友たちがイギリスやアメリカを目指す中で、他の人とはまったく違うことがしたい、違う国に行きたいと考え、一人で冬の京都に降り立った。1月のことであった。寒い冬も初めての体験で、日本語はできず、周りに英語を話せる人も少なかったために、意思疎通は容易ではなかったけれども、20歳を過ぎたばかりの若いコンダイアさんにとっては、見るものすべてが珍しく、わくわくすることばかりであった。京都の寺や神社、町並みや自然の美しさ、人びととの交流。プレッシャーもなく、自由で楽しい毎日が続いた。

　すっかり日本が気に入り、もう少し長く滞在したいと考えるようになったが、お金は尽きる。そこで始めたのが、知り合いから勧められた民間の英会話学校の講師であった。1983年の日本は、経済的には成長安定期にあり、日本企業の海外進出や外資企業の増加に伴って、英会話学校も急速に広まっていた時代であった。英会話講師の求人は多く、給料も良かった。それまで英会話講師になることなど考えもしなかったが、とにかく生活費を確保するためにと働き始めた。

京都市のALTに採用される

　ちょうどその頃、京都市が欠員を埋めるためにALTを数名募集すると聞き、コンダイアさんも採用のための面接試験を受けることにした。英会話講師以外の

教師経験はなく、自信はなかったのだが、合格したとの知らせが届いた。

　コンダイアさんの第一言語は英語である。地元ではタミール語やテルグ語（アーンドラ・プラデーシュ州およびテランガーナ州の公用語）が話される一方、家庭や学校ではもっぱら英語のみが使われていた。日本の教育機関で歓迎される「英語ネイティブスピーカー」であることはまちがいないが、だからといって英語を教えられるとは限らない。大学の専攻は商学であり、家族や親戚もみなビジネス業界に携わっており、教育関係者はいない。始めたばかりの英会話学校でのわずかな経験を除いては、これまで英語教育の経験も関心もまったくなかった。しかし、アルバイト感覚の英会話学校の仕事はともかく、公立学校での仕事は、「ちゃんとした仕事」に思えた。日本の学校の英語教育に携わるのだと思うと、やはり準備が必要だ、生徒たちの英語教育に貢献しなくてはならないし、英文法も教える必要があるかもしれない。生真面目な性格のコンダイアさんは英会話学校を辞め、準備を始めた。

JET と ALT

　日本において、英語母語話者を高校や中学校に配置し、英語担当教員の助手として活用するという方策は、1970 年代半ば、当時の文部省が発足させた英語教育改善調査研究協力者会議で審議されるようになった。その結果、1977 年には、アメリカから英語教育の助手を招待して英語教育の向上を目指す、米国人英語指導主事助手制度（MEF: Monbusyo English Fellow）、また、1978 年にはイギリスの出身者を招聘する英国人英語指導教員招致事業（BETS: British English Teachers Scheme）というプログラムが設立された。現在の ALT の多くは、「JET プログラム（語学指導等を行う外国青年招致事業 The Japan Exchange and Teaching Programme）」によって招致されているが、この JET は、MEF と BETS を発展的に継承させるものとして、1987 年に開始された。「外国語教育の充実と地域の国際交流の推進を図る事業」として、プログラム参加者の招致対象国には、前身のプログラムのアメリカおよびイギリスに加え、オーストラリアとニュージーランドが追加された。JET に欧米以外の英語圏から参加者を招致し始めたのは 1995 年度以降である。その後、南アフリカ、ジャマイカ、フィリピン、インドなど非欧米諸国出身の ALT も現れた。しかし、現在にいたるまでも、インド出身の JET 参加者は相対的に少ない[19]。

18　グローバル人材育成推進会議「グローバル人材育成推進会議 中間まとめ」2011 年（平成 23 年）6 月 22 日。2010 年 9 月 7 日の閣議決定により開催された政府による政策会議。

　このような状況を考えれば、インド人のコンダイアさんが 1984 年度に京都市で ALT として採用されたのは、まったく奇遇なことであったといえるだろう。京都市は、全国に先駆けて ALT を採用し、英語クラスの補助的な教員として各学校に派遣しており、ALT の出身国も多様であった。コンダイアさんが採用された頃、他には、アメリカ、イギリス、カナダ、ニュージーランド、また、しばらくしてからはジャマイカ出身の英語ネイティブスピーカーを迎え、13 人ほどが ALT として採用されており、週 3 日の勤務条件で、京都市内の数校を順に訪れ、英語授業の補助を行っていたとのことである。

ALT としての仕事と経験

　コンダイアさんは 4 月に最初に訪れた中学校の廊下が、まるで二条城の鶯張りのように歩くと音を立てたことが忘れられない。インドでは、6 歳のころから厳格で伝統的な全寮制の学校で教育を受けたコンダイアさんにとっては、日本の公立学校は未知の世界であり、この廊下の音と同じくらいに衝撃的であったのが、生徒たちの騒ぎようであった。校舎に入るやいなや、廊下でも教室でも、うわーっと歓声があがり、「先生、触ってもいい？」「握手したい！」と大騒ぎである。

　「外国人」が学校にいるということが珍しかったのか、行く先々のどこの学校でも同じような生徒たちの反応であった。好奇心の目で見られているとはいえ、歓迎されているようではある。いやな気持ちはしなかった。一校を訪れるのは、一学期に一回程度であるので、授業はほとんど自己紹介だけだが、毎回訪問するたびに生徒たちのにぎやかな歓迎が待ち受けていた。

　当初はこうした生徒たちの活況も楽しいものではあったが、次第に困惑の思いも出てきた。着任前の想像とはまったく異なり、英語教育に貢献するというよりは、毎回にぎやかに騒ぐ生徒と遊んでいるだけになっていないだろうか。このままでよいのか。どうすれば生徒たちが話を聞き、英語に興味をもつようになってくれるだろうか。

　その当時、ALT の業務については事前に一律の研修はなく、教材が配布されるわけでもなく、どのように ALT が授業に関わるかは、各学校やその学校の担当者に委ねられていたように記憶している。おそらく受入先の各学校にとっても、学期に一度しかやってこない ALT の活用を具体的に検討することは難しかったのではないだろうか。とにかく、このままではよくないと考えたコンダイアさんは、ゲームやクイズなどを組み入れることで、生徒の興味を英語学習に持ってい

けるようなレッスンプランを作り、授業に取り入れるようになった。とはいうものの、限られた訪問機会を考えれば、3、4 種類のレッスンプランがあれば十分であった。

京都市立西京商業高校の専属 ALT に

　翌年の 1985 年からこの状況に変化が訪れた。京都市の高校制度改革によって、西京商業高校は 1985 年 4 月に新しく 4 学科を設置することになった。そのうちの一つが国際経済科で、この学科の英語カリキュラムに「ビジネスイングリッシュ」という科目を導入することになったのだが、この科目をチームティーチングで行うために、ALT のコンダイアさんに声がかかったのである。

　はっきりしたことはわからないが、商学部出身であったことが西京商業高校に配置された要因かもしれないとコンダイアさんは当時を振り返る。「ビジネスイングリッシュ」のチームティーチングは、英語の教員ではなく商業科の先生たちと行われた。商業科の先生たちは、英語教育自体は自分たちの専門でないからと、教材作りやクラス運営をコンダイアさんに任せた。前年 1 年間の、ごく限定的で補助的な英語クラスの助手という立場とはうってかわって、より主体的に創造的に授業に関わることで、コンダイアさんには次第に「先生としての自覚」が芽生えた。教材を作ったり、様々なアイデアを出したりする仕事は非常に楽しく、その様子を他の ALT は皆うらやましがったという。

　同じ年の 2 学期になると、同校から教育委員会に、コンダイアさんの週 3 日の勤務日すべてを西京商業高校の配置にして欲しいという希望が出され、その後しばらくは、主として同高で ALT として勤めることとなった。テニスが得意なコンダイアさんは、アシスタント顧問として部活の手伝いも行った。

　1987 年に JET プログラムが導入されると、全国の公立学校では JET から派遣される ALT を採用するようになっていく[20]。しばらくすると、京都市も、これまでの市独自の ALT と並行して JET 派遣講師を任用することとなった。市の ALT 制度とは異なり、JET プログラムでは、応募要件はもちろん、勤務条件もあらかじめ規定されている。条件等の詳細についての決定権は事業主体である任用団体にあるとされてはいるものの、本規程から大幅に逸脱することはできない。ALT

19　フランス語、ドイツ語、中国語、韓国語などの英語以外の外国語指導助手として、それぞれを主要言語とする国から招致することもある。

20　文部科学省令和 1 年度「英語教育実施状況調査」参照。現在では、ALT は、JET プログラムだけでなく、直接任用、派遣契約、請負契約など様々な形態があり、JET によるものは、全体の25% 程度である。

は週5日の勤務が条件で、兼業は禁止、任用期間は1年間で、再任用の回数は原則2回、特に優れたものについては最高4回までが可能とされている。NON－JETと呼ばれる市の独自採用のALTと、JET派遣のALTで勤務条件が大きく異なるのは望ましくないなどの理由からか、この頃市教委が両者の勤務条件を統一させたために、任用期間、給与体系などの条件が合わなくなったとして古くからのALTの多くが辞めていった。

教育センターへの配属

　そんな中、コンダイアさんは1996年に京都市の教育センターに配属されることになり、ALTの身分のまま、CLT（Chief Language Teacher）や、教育アドバイザーという肩書きで、市のALT全体の統括主任となった。一方で、西京商業高校からは、継続して英語教育にあたってほしいという依頼もあり、1週間のうち1日は同校に出向いていた。

　CLTやアドバイザーとしての仕事内容は、JETプログラムで派遣されてきたALTの統括全般である。受入時のオリエンテーション、住居の手配、契約、研修、親睦イベントの企画や実施、諸問題への対応や処理、各学校からの相談や要望に応えるなど、奔走する毎日であった。日本語ができないALTたちにとっても、各学校にとっても、京都での生活が長く、英語と日本語が堪能で、京都の学校にも詳しいコンダイアさんはアドバイザーとして適任であったに違いない。コンダイアさんもこの仕事をしっかりと遂行しようという強い思いで携わった。

　しかし、ALTのコーディネートは思い通りにいくというものではなかった。せっかくALTが英語教育や異文化交流に貢献したいと期待や意気込みを持って渡日してきたにも関わらず、いつまでたっても、現場の日本の学校では補助的で、親善大使のような役割しか求められず、それゆえにだんだんとALTたちがやる気をなくしていく様子を見ることが、歯がゆく思えた。改善を求めて現場の先生たちと会議を重ねても、JETプログラムの条件や学校の規則など、組織的な問題が壁となることも多々あり、容易には解決できない。そして、双方がようやく慣れて上手く行き始めた頃には、最長で5年という任用期間満了でALTたちが帰国してしまうのであった。

　このようなALTをめぐっての初期から見られる課題は、現在においても積み残されたままのようである。複数の学校をかけもちして、それぞれの現場で求められる曖昧で補助的業務を行うだけでは、子どもたちへの十分な教育効果は期待できないし、ALTのやる気も失われる。しかし、ALTの立場では学校行事にも

参加できず、生徒との関係もなかなか築けない。コンダイアさんとしては、ALT
を常勤講師として任用し各学校に配置することで、より責任感をもって教育に
関与させることができ、それによって児童・生徒たちにとっても、よい学習体験、
そしてその結果を生み出すことができると考えている。残念ながらこの希望は未
だに実現には至っていない。

　結局、教育センターには7年間配属されていた。この頃に、コンダイアさんは
英国バーミングガム大学の遠隔教育プログラムを利用して、TEFL（外国語として
の英語教授法プログラム）の修士課程も修めた。英語教育に関わる以上、英語の教
授法をきちんと学び、資格を取りたいと考えたためである。

正規の英語教員に

　こうして7年間にわたって教育センターの仕事に従事するうちに、コンダイア
さんには、授業や部活の指導に戻りたい、教員やALTのための支援業務ではなく、
生徒たちの教育に関わりたい、学校現場に入りたいという気持ちが次第に増して
きた。そのため2003年には、臨時免許状[21]を取得し、グローバルリーダーシップ
育成をめざす新学科、「エンタープライジング科」を開設した西京高校[22]に常勤講
師として勤めることになった。

　しかし、教育現場に戻ることはできたものの、家庭がある身で、臨時免許状で
の契約更新に頼らねばならない身分は不安定で、将来の心配も大きかった。そこ
で、教育委員会の関係者らにも相談し、2003年度中に特別免許状[23]の取得を目指
すこととなった。取得に際しては、筆記試験、模擬授業、数回にわたる面接試験
が行われ、合格したコンダイアさんは、はれて2004年の4月から「任用の期限
を附さない常勤講師」として任用されることになった。京都市の初めての高等学

21　教育職員免許法によれば、臨時免許状とは、「普通免許状を有する者を採用できない場合に限り、
　　欠格事項に該当しない者で教職員検定に合格した者に授与する免許状」で、授与を受けた都道
　　府県内に限って、3年間有効で、更新は可能とされている。また、「相当期間にわたり普通免
　　許状を有する者を採用することができない場合に限り、（中略）その有効期間を6年」とする
　　ことができるとされている。
22　京都市立西京商業高等学校は、2003年に京都市立西京高等学校と改称（2002年に商業科生徒
　　の募集停止）し、エンタープライジング科（未来社会創造学科）を創設した。翌年2004年に、
　　京都市立西京高等学校附属中学校を開校し、併設型中高一貫教育を導入した。2015年度から
　　2018年度まで、スーパーグローバルハイスクール（SGH）に指定。SGHとは、2014年度から
　　実施された、国際的に活躍できるグローバルリーダー育成を行う高校および中高一貫教育校を
　　文部科学省が指定する制度。質の高い教育課程等の開発・実践、体制整備に支援を受けること
　　ができる。指定期間は5年間。
23　特別免許状制度とは、1988年の教育職員免許法の改正により制度化された、大学での養成教
　　育を受けていない者に、各教育委員会が実施する教育職員検定によって免許状を授与する制度。

校の外国籍教員で、初の特別免許状教員であった[24]。

　コンダイアさんが英語教員としてのキャリアアップを志向し、正規教員として採用されるに至った背景には、京都市の公立学校改革・改編の動きも要因としてあるだろう。先に述べたとおり、西京高校は2003年にグローバルリーダー育成を目的とした新学科の設置、翌年には付属中学校を開設し、併設型中高一貫教育を導入するなどの変革期にあった。先進的な取り組みとしてグローバル人材育成を目指す新カリキュラムを担う形で、コンダイアさんの採用が実現したと考えられる。

　ただし、正規の教員ではあるものの、外国籍教員であるために、教諭ではなくあくまでも〈常勤講師〉としての採用ではあった。コンダイアさんは、採用時に外国籍だと「任用の期限を附さない常勤講師」としての採用になりますので、といったような説明があったことは記憶している。ある時、書類に「教諭」と記載されていたので確認に行くと、「別に大丈夫。教諭と同じようなものだから」というような返事が返ってきたという。基本的に京都市では、「任用の期限を附さない常勤講師」の場合は、便宜的に「教諭」という名称が使用されているようである。

高校での教育実践

　コンダイアさんは西京高校では、英語コミュニケーション力だけではなく、ライティング、プレゼンテーション能力、そして論理的思考能力を向上させるためにさまざまな工夫を凝らした教材を作成し、指導にあたった。漠然と英語力を向上させるというのではなく、グローバルな問題について、自ら考え、議論し、発信できる英語力育成を目指した。また、テニス部顧問として部活動の指導も行った。生徒たちが確実に英語力を伸ばしていく様子が感じられた。クラブ活動でも徐々に優秀な成績を残すようになったことも嬉しいことであった。

　2017年度に、西京高校から紫野高校に異動となる。西京高校には期限付き講師時代も含めて16年間勤務したので、そろそろ異動かもしれないとは考えてはいた。紫野高校は自由を尊重する校風で知られ、2003年度はスーパー・イングリッシュ・ランゲージ・ハイスクール[25]に、2013年は京都の公立高校では初のユネスコスクール[26]に指定されるなど、さまざまな取り組みも行っている。2014年に新設された専門学科であるアカデミア科には進学コースもあるが、コンダイアさんは赴任2年目に、普通科のスタンダードクラスを担当するようになった。定年までに、公立学校の教員として英語が苦手な生徒の力をつけることに力を入

れていきたいと考えたからだという。生徒たちの様子からは次第に手応えを感じられるようになった。部活動は、テニス部顧問に加え、教員になって初めて ESS (英語サークル) の顧問も担当した。

おわりに

これまでの公立学校での教員生活をふり返ると、まずは深い感謝の気持ちが浮かぶとのことである。ALT から〈常勤講師〉になるまで、さまざまな人びとに支えられてきたことに対する感謝である。

コンダイアさんは、これまで職場の中で外国人であるからといって困った記憶は特にはないという。担任として保護者に会うと、最初は驚いて身構えられることもあるが、話しているうちにだんだんと緊張も溶け、自然なやり取りができるようになった。時に子どもたちから、「先生の手はなんで外側が黒くて、手のひらは白いの?」などと言われるが、そのくらいである。しかし、外国人であることのプレッシャーは常に感じており、いくら実績があったとしてもミスは決してしてはいけないと強く意識し、言動に注意を払ってきた。

生徒たちからは、「先生、校長先生にならへんの?」などと言われるが、管理職には特に関心はない。日本での生活が、母国での生活期間より長くなり、日本語も流暢で、京都の文化にも慣れたとはいえ、行政などとの交渉においては、日本人でなくては上手くできないのではないかと思える。しかし、自分自身は管理職に興味はなくとも、優秀な人であれば国籍に関わらず管理職になってもおかしくないのではという気持ちはある。日本の少子化、経済状況、高齢化などを考えれば、今後は日本も今まで以上に外国人を受け入れていかざるをえないであろうし、職場としての教育現場も、国籍に関わらず人材を受け入れていかなくては、今後日本が成長していくことはできないだろうと考えている。

コンダイアさんは、今のところは日本国籍を取得する予定はない。インドの国籍法も変わってきているとはいえ、これまでのところ、インドも日本も重国籍を

24　京都市教育委員会によると、外国籍教員については、「91 年」以降、1997 年度 (1996 年度採用試験実施) から毎年募集を行っている。初採用は 1999 年度 (1998 年度採用試験実施) で、韓国籍 1 名である。朝日新聞の 2008 年の調査によると、調査時までに 10 人の採用が報告されている。

25　スーパー・イングリッシュ・ランゲージ・ハイスクール (SELHi) とは、2002 年度から 2009 年度までおこなわれた文部科学省の事業で、英語を使える日本人育成のための教育実践とその研究を目的に、英語教育を重点的に行う高校を指定した。指定期間は 3 年間。

26　ユネスコスクールとは、ユネスコ憲章に示されたユネスコの理念を実現するため、平和や国際的な連携を実践する学校、およびその国際ネットワーク。

認めていないため、日本国籍を取得すればインド国籍を放棄せざるを得ない。インドには家族や親族がいるため、放棄するつもりはなく、今はこのままでと考えているとのことである。

　2019 年にお目にかかった時は、定年まであと 4 年ということであった。しかし、2021 年 3 月末付で紫野高校を早期退職、現在は京都市内の私立学校で教鞭を取っている。

4　長尾雅江さん
──国際理解を身近にできる授業実践を

榎井縁

　外国籍教員は、歴史的な経緯から韓国・朝鮮籍が多いのが現状であるが、ニューカマーといわれる 70 年代以降日本に渡ってきた外国人の中から、教員の道を歩んでいく者も見られるようになっている。

　長尾雅江さんは、1980 年代日本人の祖母に呼び寄せられた、ニューカマーの子どもたちの中でも先駆けの時期に来日した中国人である。雅江さんが育ち今も教員をしている大阪府門真市は、中国残留邦人が引き揚げてくる際、生活保障の場として指定された規模の大きい府営住宅があり、大阪府の中でも、1990 年代以降中国帰国者たちが集住する地域があるという特徴をもっている。当然、中国帰国児童生徒を受け入るため国が指定した小中学校があり、外国人生徒を特別受け入れる枠が高校にもつくられるようになった。

　しかし、雅江さん自身は中国帰国者ではなく、来日した時に周りにそうした人たちはいなかった。

ダブルの母・中国の文革と日本への移住

　雅江さんは、1978 年 11 月に中国天津市に生まれた。名前はシュエ・ウエン（薛雯）。父は中国人、母は日本人と中国人のダブルである。中国人である母方の祖父は戦後まもなく大阪にやってきた。仕事は中華民国の公職だったようだ。日本人の祖母と知り合って結婚し、母は大阪市の天王寺で 1949 年に生まれた。

　祖父の仕事が 5 年の任期を終えた 1951 年、祖父、祖母、母を含むきょうだい 3 人は、家族で中国に帰ることになった。祖父は中国で公務員として働き、祖母

は経理の仕事をしていた。祖母は60歳で退職し、自分のきょうだいがいる日本に帰りたいと希望し、祖父と日本に再度渡った。雅江さんの生まれる前の話である。

　雅江さんの家庭は、中国では周りに比べてかなり裕福で、一人っ子であったため、親の愛情をたっぷり受け、欲しいものは何でも買ってもらっていた。母と父は、中国の文化大革命の際に農村地帯に送られた先で出会っている。それぞれのきょうだいたちも大学の教員や医者などだったため、文革中の話については、みなあまりしゃべりたがらず、その時代の親たちのことについては、ほとんど何も聞けていないという。

　文革の時代の知識人たちの中にこの家族たちはいたのだろう。父方の長男にあたる伯父は大学教授として国のトップの仕事をしていたが、それ故、国の秘密を守るため自由の制限も課されていたという。両親が中国での比較的裕福な生活を捨て日本に行くことを決意したことにはこうした時代の背景もあったと推測される。

　もちろん祖母が日本人であったという影響も少なくない。雅江さんが生まれた時に、すでに祖母は日本にいて、幼少の頃、日本からぬいぐるみを送ってもらった記憶があった。初めて日本に行ったのは4歳の時で、家族で半年間日本での生活を経験したが、この時両親は日本で暮らすことを決めたのだろう。その後雅江さんが小学校に上がるのを機に、家族は完全に中国の生活を処分して日本に来た。5歳と11か月、1983年10月23日だったという。

幼稚園の先生との運命的な出会い

　一家は祖父母の家で同居する。祖父は、いわゆる中国帰国者ではないため国の支援など一切受けていなかった。来日3日目、雅江さんは近くの寝屋川市立幼稚園に通うことになる。当時、制服などを買うお金もなく、卒園した子どものお古の制服やかばん、遠足にはリュックでなくスーパーのビニール袋などを代用したので、中国での生活とくらべると、屈辱的であった。また、はじめてのお弁当に持たせてもらった水餃子はからかいの対象となるなど、泣いて過ごす日が続いた。

　決定的なダメージとなったのは、同居していた唯一中国語が話せて遊べる同じ年のいとこの突然死である。そのいとこは、ストレスが溜まった結果、来日半年

27　日本政府の「中国残留邦人等の円滑な帰国の促進及び永住帰国後の自立の支援に関する法律」（1994年4月）公布以降、帰国援護対象者の範囲が拡大し、残留邦人たちが二世三世を呼び寄せ、就学年齢の子どもも多く含まれた。

ほどした時に、目の前で亡くなった。幼いなりにショックを受けすごく落ち込み「日本に来なければよかった」「中国に帰りたい」と強く思うようになり母にも訴えた。しかし、母は子どもを亡くした同居する叔母を気遣い、雅江さんを特にいたわることもしなかった。このとき、子どもながらに本当に独りぼっちになってしまったと感じていた。

　そんな時、幼稚園の一人の先生が「イッチワン、イッチワン」と話しかけてきた。初めは何を言っているのかわからなかったが、よく聞くと中国語の「一起玩！（一緒に遊ぼう！）」だった。何とか雅江さんを励まそうと、その先生は一生懸命に中国語を覚え、話かけてきたのだ。泣きながらその先生に抱きついたことは、今でも鮮明に覚えている。この時、日本で初めて心を開くことができたと感じた。それから「あの先生のようになりたい」と強く思うようになる。先生になる夢はこの日から少しずつ膨らみ、大きな目標となり、以降先生の掛けてくれた「イッチワン」の一言が、ずっと雅江さんを支え続けることになる。

　小学校に入学した後も貧しい生活が続き、先生にもらった粘土ケースを筆箱にし、鉛筆は落とし物をもらい、制服、体操服、上靴も古いものをもらった。そして、1年生の時から支援学級（当時の養護学級）に通うことになる。当時、外国人の子どもは他に誰一人おらず、日本語がわからないこと、何か気にくわないことがあると人を噛んだこともあった。そうしたことがあったからかもしれないが、支援学級に在籍することについてきちんとした説明もなかった。支援学級には3人の児童が在籍しており、一人はダウン症、一人は筋ジストロフィー症で、特別な支援が必要だと思われなかった雅江さんは、支援学級担当の先生から直接何か対話して指導された記憶はない。ひたすら「じゃあこっちのプリントやって」と渡されたあいうえおのプリントをするような、学級では手のかからない子だった。原学級には図工の時間などに時々戻るだけだったという。

悔しかったら勉強しなさい

　小学校2年生の最後、原学級で文集を書くことになり、将来の夢は小学校の先生と書いた。すると、同級生から「おまえが先生になったら、だれでもなれる。おまえが先生になったら日本は滅びるわ」と言われた。泣きながら家に帰って母に言うと、「人間にはそんな情けない涙はない、悔しかったら勉強しなさい」と、自ら夜間中学を探し、そこに雅江さんを連れて一緒に通うようになった。初めは母の横で、退屈なので学校の宿題をしたり、九九などを唱えていた。家では注意をされることもなかったが、夜間中学の先生は「いや、それは違う「はちはち」

じゃないよ」などだんだんと勉強を見てくれるようになり、昼は小学校へ、夕方は夜間中学で学ぶという生活をするようになった。人生の中でも一番勉強をした時であった。それは、自分をあざ笑った同級生を見返したかったし、どうしても教師になりたいという思いが強まったからだ。雅江さんの教師への夢はその後も一度もぶれることはなかった。夜間中学の楽しみはそれだけではなく、補食のパンと牛乳が夕食だった時期もあった。

　次々と子どもたちの家族を呼び寄せた祖母の家は手狭になって、雅江さんの家族は家賃の安い住居を求めて2回引っ越して小学校を変わる。5年生の3学期と6年生を過ごしたのが、後に勤務初任校となる門真市立小学校である。この小学校では、前学校で5年間支援学級に通っていた雅江さんを支援学級に入れることはしなかった。通常学級の担任の先生は、勉強ができなければほぼ毎日残し、泣こうがわめこうができるまで帰らせないという指導をした。さらに国語と社会の時間は、校長室で校長先生と勉強するように指示をした。その先生との根比べをしながら毎日を過ごす中で、徐々に勉強に自信がつくようになる。雅江さんは小学校時代の6年間、1日も休まずに学校に通った。

　しかし、問題なく日本語が話せるようになったころから、生い立ちを隠し、両親の存在を疎ましく思うようになった。中学ではテニス部の活動に打ち込んだが、反抗期でもあったため、母を恨んだ。母が中国人だったら日本に来ることもなかったし、こんな目にあうこともなかったと思い、「こんな辛い思いをしているのは、すべてお母さんのせいや。お母さんさえおらんかったら……」と目の前で言ったこともあった。

　高校1年生の時、10年ぶりに一人で中国に帰る機会を得た。その時、これまでの自分を振り返り、自分が中国人ではないと嘘をついたり、両親の存在を隠したりしていることはもしかしたら差別なのではないかと気づかされる。日本に戻って、母に今まで自分のしてきた数々の酷い振る舞いについて謝ると、母は初めて涙を見せて「ありがとう」といった。雅江さんの家族はこの頃、全員で日本国籍を取得することになるが、中国人としての自覚がなくなったというわけではない。むしろ中国人としてのアイデンティティは大学進学とともに強く意識されるようになっていった。

中国文学科から教員へ

　雅江さんの教員になりたい気持ちは終始変わらず、大学受験の際も教育大学を受けた。同時に、中国を深く理解するため中国文学科のある大学も受けた。もと

もとクラブばかりやっていて勉強をあまりしていなかったので、教育大学には受からないと思っていたため、どちらも受かった時にずいぶんと悩んだ。教師になりたいなら教育大学へストレートに入るのが近道だといえるだろう。ただ、当時は自分の生い立ちを誰にも語れない状況にあった。自分の生い立ちを隠して、自分に嘘をついて生きている人間が教師になったら、いろんな子どもたちのことをまともに見られるのか、自分の生まれた国のこともほとんど知らなくていいのかと思い悩み、あえて中国文学科の方を選んだ。

　とはいえ、教員になることも諦めなかった。教員免許は在籍科で取得できる中学校・高等学校教諭の「国語」と同時に、在学中に通信教育課程での免許併修制度を利用して、小学校教諭の免許も取得した。4年間で3種の教員免許を取得することは大変ハードであったが、両親が働いてなんとか学費を出してくれたこともあり、在学中にそれをやり遂げる決意があった。

　大学4年生の時に大阪府の採用試験を受験したが、倍率も高く厳しい時代背景もあり、不合格であった。その一方、中国文学科では、卒業論文（『目的語をともなう場合の【了】について』という文法学の研究）で優秀賞を受賞し、指導教員からは大学院への道をすすめられた。しかし、門真市の小学校で3年生の担任ができるという定数内講師の話があり、大学を卒業してすぐに講師になった。

　1990年代の後半ごろから、大阪府の門真市には多くの中国帰国者が家族とともに渡日し、小中学校に編入するケースが増えていた。その中で、雅江さんも大学時代から通訳として市内の学校に手伝いに入っており、現場の先生たちとのつながりができていた。その頃の門真市の学校の先生たちの間では、門真市の小中学校を出た中国出身の雅江さんの存在はすでによく知られていたのである。

講師時代の苦い思い出

　2001年最初に講師を務めた小学校には、苦い思い出があった。中国から来たこと、講師であること、大学を出たばかりであることもすべてオープンにして、初めて3年生の担任に臨んだ雅江さんは、4月、算数の授業参観の後、初めての保護者懇談会で、次のように問い詰められた。「大学出たてなんですね。採用試験受かってないんですよね。中国人なんですか？　日本語大丈夫ですか？」授業の中での児童とのやりとりの様子を見た後にもかかわらずである。「わたしたちの子どもは先生の練習台じゃないんです。担任を変えてもらおうと思って来ました」と驚くような発言が続けられた。

　小3の子どもたちが親にどのように伝えているかわからないし、人間関係がで

きていない中で何でも言うことがいいのか、ありのままの自分であったとしても、中国出身や大学を卒業したばかりの講師だとしゃべってしまった言葉が一人歩きをすることもありえることを雅江さんは痛感した。保護者の前で土下座をして、「わたしは教師になろうとして一生懸命勉強してきました。確かに採用試験は通っていません。子どもへの指導が間違っているなら、今すぐ担任を降ります」と言った。そして「自分の生い立ちや出身国を根拠に降りろといわれるのは、納得ができないので時間をくれませんか、私なりに精一杯やらせてもらいます」と言うと、保護者たちは黙って出て行ってしまった。

　その年、採用試験に合格し、3 月末に新任校が決まった時には、この保護者たちが、雅江さんを同校に残してほしいと署名活動を行ったという。今でもこの元保護者たちには、「先生あの時って笑い話や」と言われるようだ。

往復書簡「子どもと学級と人権文化」

　ここで、教育実践者としての雅江さんについて紹介しておきたい。2007 年 4 月から 1 年半に渡って、「子どもと学級と人権文化」という連載が、東京都新宿区立大久保小学校日本語国際学級担当の善元幸夫さんとの往復書簡の形で 18 回ほど『解放教育』の紙面に掲載された。[28] 当時大久保小学校は日本一外国にルーツをもつ子どもが多く、善元さんは子どもの学びを中心に据える授業実践者として著名なベテラン教員である。その善元さんと教員 6 年目の雅江さんが書簡形式で経験を交流させているのである。

　最初に雅江さんが紹介した『わたしの町大好き』という小学校 2 年生の校区探検の取り組みで、仕事体験としてお好み焼き屋や歯医者、郵便局やスーパーなど 18 か所に保護者も含めた 30 人の助っ人を得てくり出す嬉々とした子どもの姿が報告されている。また国語の『さけが大きくなるまで』の授業では、本物を子どもたちに見せたいと中央卸売市場で 90 センチの鮭を安価で譲ってもらい、2 年生全員でみたり、触ったりして子どもと共に授業を創り共に楽しむ姿が生き生きと描かれている。

　また、善元さんの「偏見、差別をこえる教育とは」という韓国人への差別的な発言を乗り越えていくための 3 年以上にわたる取り組みを受け、雅江さんが自身の国際理解教育の実践について語っているものもある。自分自身が日本に来たと

28　この節では 2007 年 4 月 No.473 号から 2009 年 4 月 No.490 号まで『解放教育』に連載された往復書簡「子どもと学級と人権文化◆ WEST&EAST」①〜⑱までを参照した。当時は橋本雅江さん（旧姓）として掲載されている。

きに誤解された文化や習慣の違いをあげて、雅江さんは保護者に国際理解について次のように話している。「普通のクラスづくりが国際理解です。国際理解は身近なところにある」「一つ一つの家によって常識は違っていて、こうでなければならないというのはなく、それが違いを認めることだという。ただ、一つ一つぶつかりながらも互いのルールを決めていくこと、同じように大切な人間だから、日本に来てよかったと思ってもらいたいから、という気持ちで外国から来た人たちとも接することが国際理解だ」と。

外国にルーツをもつ子どもの指導という点については、雅江さんは2校目への異動後、日本語学級の担当となりJSL（第二言語としての日本語教育）の研究を全国での研究会に発表しに行ったこともある。日本語学級では、日本語をはじめとする勉強はもちろんのこと、ありのままにルーツを受け入れ誇りをもって自分の気持ちを素直に出せる「かけ込み寺」であることを目指した。

雅江さんと善元さんの間では、自由競争の中で生きる外国人の親たちの多忙が、子どもたちの母語や母文化を失わせるのではないかということや、どうすれば母語保持もでき日本語習得もできるのかという理想と現実の中での葛藤についても多くのやりとりが行われている。

往復書簡の最終回（2008年9月）では、幼稚園の時の恩師との再会について書かれている。「彼女こそが私の教師生活の原点」「日本語が全くわからない私に下手な中国語で必死に話かけて下さった」「とっても下手な中国語でしたが、とっても愛情があふれた言葉で話して下さったおかげで私も教師をめざして、今がある」と。

そして文章の最後を、「日々、子どもたちに向き合って一つ一つ共に考えていきたいです。教師を続けていく限り、悩みはつきません。夢にまで出てくることも多々あります。けれどもこの仕事ほどやりがいのあるものはありません。これほど感動できる仕事もありません。」と括っている。

中国ルーツの教員として

2019年から勤めている現在の小学校は4校目の勤務だ。5、6年生という高学年を受けもつことがほとんどだというが、中国ルーツのことは年度初めに必ず話す。

まずは、だいたい特技のところで紹介する。「先生が得意なことは、中国語しゃべれることです、お肉をいっぱいたべることです」と言うと、「何で中国語しゃべれるの、中国語しゃべって」という子が出てくる。そこで「実は中国で生まれて」と言うと、子どもたちに自然と入っていく。先生が示すことで、ルーツ

をもつ子どもたちも、特技というプラスの面として感じてほしいからだ。

　前述したとおり門真市の中ではほとんどの教員が雅江さんの存在を知るようになっている。中国の子どもに関わる問題が生じると電話で相談を受けたり、保護者や教職員の相談にのったりしている。

　とはいえ、現在の中国帰国者の子どもたちは、雅江さんの頃と比べると、生活スタイルや物の考え方とのギャップも感じられる。貧しくて学用品が買えなかった自分の時とは違い、今では家にテレビが何台もあって、子どもになんでも買い与えているように思われる。また保護者は仕事のために夜遅くまで帰宅することができず、子どもの勉強に関わる余裕もないように映る。そういう姿は自分の頃とはずいぶん違う。

　長女からの学びと周りの支え

　教師8年目に雅江さんは長女を出産する。ところが、子どもに国の難病指定を受けている重い病気があることがわかり、それでも仕事をし続けますか、と主治医に問われた。子どもはその後、14種類もの点滴、大量の輸血、酸素のチューブをつけて生死をさまよいながら2年間入退院をくり返すことになるが、医者の話を聞いて退職願いを書くことにする。

　当時の校長は、雅江さんが中学時代の社会科の教員だった。校長が「あなたがどんな思いでどれだけ苦労して教師になったのかを僕は中学校から見てきた。どうしようもなくなった時、いつでも辞められる」と府の教育委員会にかけあった結果、産休明けから病院と行き来しやすい交通の便のよい小学校に転勤することになった。そうして教員を続けて来られたのは、管理職や職場の仲間からの理解と協力があったからだという。

　この長女の就学にあたっては、支援学校をすすめられたが、教育委員会や小学校と何度も話をして地域の学校に進学した。雅江さんはその体験から義務教育であるにもかかわらず、なぜ入学に際して何度も足を運んで頭を下げてお願いしなくてはならないのか、親の立場から不条理であることを実感したとのことだった。

　おわりに

　雅江さんは、自分が傷ついてきたこと、傷つけてきたこと、嫌な目にあったこと、辛い目にあったことがどんなにたくさんあったとしても、それ以上に自分を救ってくれた人の存在が大きかったから、死なずに生きてこられたと確信している。そうした人と人の出会いとそれに感謝することの大切さを伝えるポジション

こそが教員だという。先生は日本にきてよかったよ、日本はいいところやよっていうことがいえる、そして、いろんなひとがいていいんだよということを小さいうちから伝えられるのが教員かと。大人にはどんなに言っても入らないけれど、子どもは自然に受け入れられる柔軟な考えをもつことができると雅江さんは信じている。

「自分が体験を通じて学んできた人権を、日々の生活の中で子どもたちに伝えていけるのは、この仕事じゃなければ、多分どの仕事でもないと思います。良い仕事だと思います。ブラックですけれども（笑）」

雅江さんの踏ん張りに加えて、雅江さんを受け入れた門真という地域が、護り、育て、本当に天職といってもよいような教員人生を歩ませているかのように映る。雅江さんは将来の夢として、研究機関などで教員養成にかかわる仕事がしてみたいと考えている。自分だからこそできること、貢献できることがあるとの思いは強い。

5　リー・タイワーさん
——多様な外国籍教員がいることが大切

榎井縁

1975年のベトナム戦争終結以降、急速な社会主義化や紛争から逃れるために140万以上の人々がインドシナ半島のベトナム、ラオス、カンボジアから脱出した。日本でも1979年に難民受け入れを決定し、1981年からは本格的にインドシナ難民の受け入れと定住支援を実施した。難民としての受け入れは2005年に終了し、現在は家族の呼び寄せ等のみとなっている。[29]

リー・タイワーさんは1980年代末にベトナムに生まれ、定住難民として来日していた伯父を頼って2000年代に中学校3年で来阪した。その頃大阪府では、ニューカマーの生徒の高校進学を配慮し、要件を満たせば特別な試験を受けて入学することのできる「特別枠」が府立高校に設けられていた。ワーさんは、地域の支援者たちの助けを借りながら高校に入り、高校でも手厚い支援を受け、大学に進学、そして高校教員となった。[30]現在は母校で外国人生徒等を指導する教員としても奮闘している。

中学 3 年での来日・編入

　ワーさんは、1989 年 6 月にベトナム南端の下町で生まれた。その後、小中学校をベトナムで過ごし、2004 年 4 月ベトナムの中学 3 年を中退するような形で来日し、八尾市立中学校 3 年に編入した。

　来日時、日本語はまったくできず何もわからない状況であった。しかし受け入れの中学校ではこうしたベトナム人のケースを多く扱ってきたこともあり、ベトナム語の通訳をつけたり、近くの保育所で常駐で通訳をしていたベトナム人の先生の指導を受けられるようにしたり、日本語の取り出し授業をするなど手厚い対応をした。また特段行くところもなかったので、ほぼ毎日、トッカビという地域の外国人支援団体に通い、ベトナム語のできるボランティアやベトナム人の子とベトナム語をしゃべったりゲームをしたりしながら、高校受験のための勉強を進めた。

　ニューカマーとして来日し、日本語もわからない状態で中学 3 年に編入してすぐに高校進学の準備に取りかかることは一般的には驚くべきことかもしれないが、その地域ではすべての子どもの進路保障に力を入れていたこともありワーさんもその一人として扱われたのだろう。高校進学に関しては、実は本人の意志はもちろん、すでに来日していた両親も希望していたという。

　大阪府教育委員会では 2001 年から外国人生徒に特別枠を設けて入学選抜を行うことがいくつかの高校ではじめられ、受験科目は英語、数学、作文で作文は母語で書くことができるようになっていた。ワーさんは、英語と数学の受験対策勉強を重ね、2005 年、特別枠校である全日制普通科単位制の長吉高校の 5 期生として入学した。

高校への進学・外国ルーツの友人や外国籍教員との出会い

　長吉高校は 1974 年に地元の要請により設立された高校で、創立時から人権教

29　現在急激に増えているベトナム人は、研修・留学等の在留資格で日本に働きに来る人であり、定住難民とは別である。

30　ベトナムでは名字やミドルネームでなく名前を普通呼ぶ。本稿でもリー（名字）タイ（ミドルネーム）ではなく、ワー（名前）を使用することとする。

31　特定非営利活動法人トッカビ。1970 年代地域の在日コリアンの子ども会としてスタートし、ベトナム、中国など新たな外国にルーツをもつ子どもも含めた異文化ルーツの人びとの支援活動を行っている。ワーさん編入の初日からここのスタッフが中学校での通訳や日本語指導に関わっていたこともあり、その日からトッカビに通ったという。

32　「特別枠」とは特定の高校に条件つきで帰国生徒・外国人生徒を対象とした入学枠を設け、特別な試験を課すものである。大阪府の場合は原則小学 4 年生以上に編入した生徒に英・数・作文で選抜する高校が現在 7 校ある。

育を柱とし、社会的に弱い立場の生徒や課題を抱える生徒を支援してきた。そして、2001年に単位制への改編とともに特別枠校となった。大阪の特別枠校の特色は、選抜試験に留まらず、入学後の日本語指導、母語保持、外国人生徒たちの居場所づくりなど、かれらを特別に支援するためのカリキュラムと人的配置がされていることにある。長吉高校でもワーさんが入学する頃は、特別枠で入ってきた外国ルーツの生徒たちが、次々と大学進学等を果たし、どちらかといえば偏差値が低い学校とされてきたにもかかわらず、生徒の一割程度を占める外国ルーツの生徒たちが活発に学校生活を送っているという雰囲気があった。

　高校時代は楽しい思い出しかない、とワーさんはいう。楽しかったと思う友人たちとの出会いがあり、そのつながりは今でもずっと続いている。日本語がわからない子どもかどうかという線引きはされず、一人ひとりを大切にしてもらった経験からだと思われる。当時、中国、韓国、ブラジル、ボリビア、ペルー、タイ、フィリピン、台湾といった多様な外国人生徒がいた。その全員が「多文化研究会[34]」に当たり前のように入って、日本語の勉強や受験対策などを一緒にやったり、特に2年の夏は一緒に大学のオープンキャンパスをめぐったりした。とりわけ、そこで真剣に勉強している先輩たちの姿は、自分たちの将来を考える上で刺激になった。

　ワーさんは、二人の外国籍教員との出会いが強く印象に残っているという。一人は在日コリアン二世の教員である。長吉高校は、大阪府立高校で2番目に早く外国語科目としての「朝鮮語」を開講しており、その教員が担当していた。さらに朝鮮語の授業だけではなく、在日コリアン生徒のクラブ活動を担当するとともに、2004年以降はニューカマー韓国人生徒の指導にもあたるようになり、「多文化研究会」にも関わるようになっていた。そしてもう一人は、特別枠校にネイティブ教員[35]として配置された呢喃先生である。呢喃先生の教育熱心で、自分というものをしっかりもっていて、その上で日本社会に溶け込んでいける姿が、ワーさんにとって外国人でも教員になれると思った最初の外国籍教員との出会いであった。

　ここで中国出身の呢喃先生のことについても触れておきたい。呢喃先生は、80年代後半に私費留学生として大阪の大学院で学んだ後、東大阪市や大阪市の中国帰国生徒の多い学校に頼まれて臨時免許状で手伝うようになった。しかし、どこの学校でも中国語や日本語の指導の手伝いで数時間程度という非常勤の雇用形態であったため、正規の教員として扱われたことはなかった。そうした中でも、いつか高校で中国語を教えることができればと、中高の中国語の免許状を大学の

二部に通って取得した。常勤講師でネイティブの先生として初めて高校に雇用された
のが、2001年長吉高校であった。その後2010年に府が高校で初めて中国語
教員の採用試験を行い、合格した呢喃先生は大阪府の職名である「教諭（指導専
任）」として任用されることになった。こうして長吉高校が特別枠校になってか
ら現在に至るまで「ネイティブ教員」として外国ルーツの子どもの指導にあたっ
ている。

外国ルーツの子どもの支援と教職への道

　長吉高校では、校内分掌に外国人生徒のサポートを行う「人権文化部」があり、
その担当教員たちが、一人ひとりの生徒の進路指導にも早い時期からあたってい
る。ワーさんは高校入学後も日本語の力が十分についていなかったため、得意な
数学の力で入れる大学を目指した。公立大学の推薦入試は落ちてしまったが、帰
国生枠で受けた私立大学に合格。試験は数学と英語のどちらか一科目と小論文と
面接だったが、日本語での小論文はかなり難しかった。毎週末に外国ルーツの子
どもの指導にあたる担当教員が高校に来て、マンツーマンで論文の指導があった。
もしその指導がなかったら何も書くことはできなかったという。数学と日本語以
外の科目の勉強ができなかった自分を、長吉高校の先生が信じ、伸ばしてくれた
からこそ大学進学が実現できたのだと、ワーさんは感謝している。

　大学に入って変わった環境といえば、周りが日本人ばかりになったことだ。ま
た授業が難しく、レポートで「自分の考えを述べよ」という設問に対しては、ど
のように勉強すればよいかわからず、そういう時には長吉高校の先生たちに度々
相談して、高校に赴いて大学の勉強の仕方を教えてもらった。教職課程を選択し
たのは、教員になろうと強く思ったからというよりは、日本語の勉強のためとい
う意味が強かった。

33　ワーさんは大阪府では定員内不合格を出さないから当時の入試で定員割れしていたのではない
　　か、と語っていたが、実際その年は定員12人に19人が受験し7人が不合格となっている。言
　　語が問題なだけで、数学も英語もベトナムと比べて簡単だったというワーさんの実力での突破
　　であったと思われる。

34　外国にルーツを持つ生徒が所属するクラブの名称。大阪では特別枠校に必ずこうしたクラブや
　　研究会がつくられ、日本語や教科を指導したり、母語母文化を学んで発表したり、母語を使っ
　　た社会貢献をしたりといった活動を展開している。ワーさんは現在このクラブの指導を担当し
　　ている。

35　大阪府の特別枠校には外国ルーツの教員が一人ずつ配置されている。このネイティブ教員（長
　　年民族講師と呼ばれてきた）は子どもたちの母語をはじめとするアイデンティティ保障、生活
　　相談や保護者への連絡など子ども全般の指導を担っている。当初は常勤講師であったが、2010
　　年より中国語教員の採用試験がはじまり、それに合格することによって現在は特別枠校7校中
　　ネイティブ教員が配置されている6校の全員が教諭（指導専任）となっている。

　しかし、大学2年生の時に地元のトッカビから勉強会を手伝ってほしいと声が
かかった。そこでベトナム人の中学生たちの勉強を見ることになったが、そこで
ある出会いがあった。それは、本人は高校進学を希望しているけれども、親に働
くようにいわれて進学を諦めようとしている中学3年生の女の子であった。自分
の中学時代を思い出し、何とかしないといけないと、親を説得するために話した
り、本人とも高校を見学に行ったりした。ベトナム人コミュニティの中では、労
働を後回しにして教育に投資することに意味を見出す人は、当時はそう多くな
かったのである。働きかけを継続し、最終的に女の子は高校進学を果たすことが
できた。さらにその後高校を卒業し、病院で働きながら看護学校で勉強を続けて
いくことになるのである。

　ワーさんは改めて、自分も含め、コミュニティの古い価値観に縛られずに、高
校や大学に進学して世界観や価値観が変わっていくという教育の力というものを
実感した。そして、教員として、こうした経験を活かしてベトナムの子どもたち
をサポートしたい、先生になりたいと強く思うようになった。

　このような思いをもつことができたのも、高校に外国人の先生がいることがあ
たりまえで、その存在に敬意と憧れを抱いていたからだ。改めて教職課程に真剣
に取り組むことになる。レポート数も激増したが、その間日本語で書く力をつけ
ることができた。ゼミの専門は情報、プログラミング、情報教育などだったため
に、その中で教職課程を専攻したのは中国の留学生を含めて4人だった。

　情報と数学の高校免許状をとるために、ワーさんは母校の長吉高校に教育実
習に行く。2010年、呢喃先生が「教諭（指導専任）」になった年である。母校に
とっては外国人教育実習生第1号だったので、温かく迎え入れられた。同校は
当時、単位制高校で学年制と異なりクラス指導などもないため、実習生の指導
教員の授業をまんべんなくもたせてもらったりした。しかしその評価は、日本語
がまだわかりにくくもっと頑張れという厳しいものだった。教員採用選考試験は
翌4年生の時に大阪府で受けた。その時も長吉高校の先生に面接の練習をして
もらったり、エントリーシートの書き方を教えてもらったりしたが、簡単ではな
かった。

　その後、講師をしながら、教員採用選考試験に4回チャレンジし、2015年に
合格、2016年度母校である長吉高校に着任した。

長吉高校の着任・単位制からエンパワメントスクールへの変化
　長吉高校は現在も特別枠校として継続しているが、2015年度より普通科単位

制からエンパワメントスクール[36]（総合学科）に改編された。ワーさんは長吉高校への着任については、できれば母校にはもっと力をつけてから来たかったと思っている。校務分掌で人権文化部に所属して「多文化研究会」の担当もしているが、外国人生徒の指導には呪喃先生はじめ外国人生徒の指導を長年行ってきた先生が中心となっているため、ワーさんは担任を任されている学級で日本人生徒と関わることのほうが多い。

　また、常勤講師として関わってきた4年間は外国人生徒の指導にはほとんどあたることがなかったため、この学校で初めて指導することとなった外国人生徒を日本人生徒を指導するようにしても通用しないということを認識したり学んだりすることとなった。

　また、学校のルールも変わったため、昔の自分がこうだった、というのも通用しない。単位制の時には学校のルールは厳しくなかったために、勉強ができなくても髪を染めたりピアスを開けたりして自己主張しながら居場所を見つける子どもがいた。しかし総合学科となると担任制で集団指導をしなくてはならなくなり、頭髪や遅刻などをチェックするようになった。また、カリキュラムが理系や難関大学の進学に対応しづらくなったため、強い意志をもって学ぼうとする外国人生徒が受験しなくなってきた。その結果、グループをまとめていく層の生徒がいなくなり、リーダー格の生徒も出てこなくなり、低いモチベーションをいかに教員があげるのかということが課題になってきている。人権文化部の先生たちとは、こうした限界の中で個別指導していくしかないという話をしているという。

　ワーさんを悩ませるのは、日本生まれ日本育ちの外国人生徒たちである。日本に来たばかりの子であれば「日本の社会で生きるにはこれぐらいやらないとあかん、ちゃんと勉強しなあかん」と強くいうことができるが、日本生まれ日本育ちの子どものアイデンティティが揺れたりすることについては、ワーさんには実感としてはわからない。そこは、もうぶつかって反応を見てやっていくしかないと思っている。

外国籍教員が存在するということ

ワーさんは長吉高校の5期生だが、8期生（中国籍）が長吉高校の英語の常勤

---

[36]　エンパワメントスクールとは、大阪府教育庁が打ち出した「学び直し」をコンセプトとする学校づくりの施策で、進路多様校における中退率や進路未決定率の高さを改善するために打ち出された。一年次で英数国のモジュール授業などを行い、中学校での学びをカバーするようなカリキュラムが組まれている。

講師から2019年教員採用選考試験に合格、2020年度より生野高校で教鞭をとっている[37]。また、11期生（フィリピン籍）も他の特別枠のある高校で英語の常勤講師をしている。長吉高校の卒業生が教員を目指す背景には、やはり外国籍教員が長吉高校に見える形でたくさんいること[38]、そして、教員になることを目指す外国ルーツの生徒を卒業後も全面的にバックアップする管理職も含めた教員集団がいることがなんといっても大きい。

　ワーさん自身の経験も含め、教員を目指す外国ルーツの子どもたちは、周りからのロールモデルという言葉に大きな期待とプレッシャーを感じる。ワーさんが教員となって実感しているのは「（外国籍教員が）おるとおらんとは全然違う」ということだ。本当に教員としてやっていけるのか悩んでいた時「あんたがおるから違うんや」と声かけをしてもらった。その時は何もわかっていなかったが、自分もやっぱり呪喃先生と在日コリアンの先生がいなければ、先生になれるということをまず知らなかったし、なれるとしてもなっている人がいなかったら、目指す勇気もなかったと思う。

　自分にもロールモデルがいたように、これから、フィリピン、中国、ベトナム、ネパールといった生徒たちが教員を目指すことができる可能性をなくさないため、ゼロにしない、というところに自分はいると思う。外国籍教員が単に増えればいいということではなく、ゼロにならないことにこだわる。外国籍教員との関わりの中で、日本の社会しか知らない生徒や保護者が異なる文化や人びとを受け入れるきっかけになるかもしれないし、名前を通称名に変えることの多い思春期の子どもたちに、肯定的な影響を与えることができるかもしれない。

　おわりに

　ワーさんの辿ってきた道は、大阪の外国につながる子どもたちを受け入れている「特別枠」校が、次世代の外国籍教員を生み出す可能性を有していることを示している。また、ワーさんが大学に進み、教員になったことで、地域のベトナム人保護者たちにも変化がみられるようになった。それまで早く就職して働くことを重視していた親世代が、子どもの教育に投資し進学することに意義を見出すようにもなったのである。

6　シェルトン・ジョンさん
——PTA 会長から民間人校長に

権　　瞳

　シェルトン・ジョンさんは、大阪府堺市立の公立小学校に、民間人校長として 2012 年 4 月に着任した。このいわゆる民間人校長制度は、2000 年に学校教育法施行規則が改正され、緩和された資格要件のひとつとして、教員免許状や「教育に関する職」[39]の経験がなくとも校長に任用できるようになったことで導入されたものである。堺市の公募による小学校の民間校長登用はこの年が初めてであり、シェルトンさんはその第 1 号のうちの一人となった。[40]

　シェルトンさんは、小学校から大学まではアメリカの教育を受け、成人を過ぎてから日本に定住したというバックグラウンドのもち主である。そんなシェルトンさんが、再来日してから、日本の教育システムの中で校長として 5 年間の任期を全うするまでの様子を紹介しよう。

沖縄で生まれアメリカへ

　シェルトンさんが生まれたのは、1961 年、アメリカ統治下の沖縄、コザであった。母は沖縄出身の日本人、父はアメリカ人である。海兵隊員であった父の仕事の都合で、4 歳の時には家族 3 人でテキサスに移るが、その後も、オクラホマ、イリノイ、カリフォルニアと 1 年毎に基地を転々とした。ロサンゼルス近郊での生活が一番長いとのことである。父の沖縄再配属時には家族も伴ったため、小学校 6 年生から中学 2 年生までは再び沖縄で過ごし、基地内の学校に通った経験がある。しかし、基地の中でも家庭でも英語が話されていたため、日本語が使われ

37　「英語」の教員であるが、「中国語」の免許状も所持しているとのことである。

38　現在在日コリアンの教員が 2 人、中国の教員が 2 人、リー・タイワーさんを含めると 6 人の外国籍教員が在籍しているが、いずれも 30 代前後だという。

39　「教育に関する職」とは、学校教育法施行規則第 20 条で規定されており、学校教育法第一条に規定する学校等の教員（常勤に限る）、事務職員、少年院や児童自立支援施設および外国の官公庁において、教育事務又は教育を担当する国家公務員又は地方公務員等を指す。

40　教員出身ではない校長は、①民間人等、原則、教員免許を持たず、「教育に関する職」に就いた経験がない者と、②教員免許状をもたないが「教育に関する職」に 10 年以上就いた経験がある者とに大別することができる。堺市の場合、この②にあたる者が、2007 年度と 2011 年度にそれぞれ 1 名ずつ小学校校長に任用されている。また、2008 年度に民間企業出身の 1 名が堺市立の高等学校校長として登用されている。2012 年度は、シェルトンさんともう 1 名、合計 2 名が小学校の民間人校長として任用された。

るのは母親に叱られる時くらいであった。

　シェルトンは姓、ジョンが名である。沖縄にある基地の学校に通っていた頃は、国際結婚によるダブルのクラスメートが多く、みな日本の名前も持っていた。うらやましく思ったシェルトンさんが母親に「僕には日本語の名前がないの？」と尋ねると、「つけようか？　じゃ、「おさむ」は？」と提案され、1週間ばかり「おさむ」と名乗っていたこともある。

成人して日本へ

　日本には、25歳の頃、宣教師として2年間東京に派遣されてやってきた。それまでは一切日本語が話せなかったが、派遣前に米国各地からやってきた宣教師の卵たちとともに、3か月間、朝から晩まで英語をまったく使わない生活を送り、日常会話程度の日本語が使えるようになっていた。

　東京での宣教生活を終えると、一旦アメリカに帰国したが、自分のルーツがある日本への興味は尽きず、厳しい戒律がある宣教師としての日本滞在時には許されなかった自由な体験を求め、日本に戻るための準備を始めた。そして、1989年、平成になったばかりの7月に再来日、今度は大阪にやってきた。日本を再訪したいと母に相談したところ、大阪の堺に住んでいる叔母が、「よかったら大阪に来たら？　こっちのほうがジョンにあってるよ」と声をかけてくれたのだった。

　大阪では、市内の英会話学校で英会話教師として勤め始めた。宣教師時代に布教活動の一環として教会で無料英会話教室の講師を務めた経験が役に立った。今回も長く日本にいるつもりはなく、1、2年もすればアメリカに帰ろうと計画していたが、帰国を2か月後に控えたある日、たまたま目にした日英バイリンガルの従業員を募集する企業に応募したところ、すぐに採用が決まり、その海外貿易部で働くことになった。そして結局、この時から今に至るまで、日本に定住することとなったのである。

日本への定住と英会話学校の開設

　英会話講師時代に出会った日本人女性と結婚し子どもも授かった。そしてだんだんと地元にも溶け込んでいった。

　大きな転機となったのは地元での英会話学校の開校である。企業での勤めを辞めた後、企業や会社員を対象とした英会話学校を大阪市内のビジネス街で1998年に自分で設立した。しかし、不景気もあって経営に苦慮していたところ、シェルトンさんの子どもの友達の保護者から、子どもたちに英語を教えてほしいと頼

まれたのだった。それまで大人を対象とした英会話しか教えた経験がなかった
シェルトンさんは、自信がないからと断ったが、ぜひにと、安く借りることのでき
きる教室まで探してきてくれる熱意に、ついに応えることにした。そうして10
人程度の子どもたちを対象に始めた英会話学校は、次第に生徒が増え、2年もし
ないうちに100人にまで膨らんだ。

　英会話学校では単に英語を教えるだけではなく、子どもたちが楽しめるように
さまざまな工夫を凝らした。毎年ハロウィーンともなれば、前もって近所の人た
ちにお菓子を託し、「子どもたちがやってきたら渡してもらえませんか、受け入
れの印として、この小さなおもちゃのかぼちゃを飾って下さい」と頼んで回った。
仮装した30人から80人の子どもたちが、かぼちゃを探して歩く様子は、ちょっ
としたパレードのようであった。こうして、この地域で、シェルトンさんの名が
子どもたちや保護者たちの間で知られるようになっていった。

PTA 会長として教育に関わる

　このような評判を聞きつけてか、2006年のある日、シェルトンさんの子ども
の通う小学校から、PTA 会長を引き受けてくれないかと声をかけられた。後に
親しくなった校長先生から聞かされたのだが、学校側も当初は戸惑いがあったよ
うで、「外国人のPTA 会長？　そんなんいいんですかね？」と町内の関係者にも
相談したということである。しかし、関係者からは「シェルトンさんは大丈夫。
しっかりしてるし、子どもにも人気があるし、地元の評判も悪くない」と後押し
もあったため、学校も正式に依頼することを決めたということであった。

　通常、PTA 会長には町内行事への参加も求められるが、この地域でも地元に
深く根付いた伝統文化である地車祭りがある。伝統的な地元の祭りに、はたし
て「外国人」をどこまで参加させてよいものか、最初は議論にもなったようだが、
最終的には、まあいいのではないかと皆から許可を得て地車祭りにも参加するこ
とができるようになった。

　PTA 会長の任務につく前のシェルトンさんは、心のなかでは自分自身を「外
国人」と見ていた。家庭内では妻や子どもたちのために日本語を話したが、その
他の友達はみなアメリカ人かカナダ人であり、英語を使う機会が圧倒的に多かっ
た。だが、PTA 会長を引き受けたことで環境が一変する。PTA 会長としての学
校との連携、地域の人たちとのつき合い、祭りの仕事が生活の中心となり、英語
母語話者である友達と過ごす時間がめっきり減った。こうした生活が続く中で、
いつしか心の中まで「日本人」になった気がしたという。

　小学校の PTA 会長を 5 年間務め終えた直後の 2011 年度には、続けて中学校の
PTA 会長を引き受けることになった。また、2008 年度から 10 年度までの 3 年間
は堺市 PTA 協議会会長も兼任し、その後 1 年は顧問として残留した。PTA の仕
事としては、学校行事、町内行事での挨拶はもちろん、会議や研修会や講演会へ
の出席や講演、校門前での子どもの出迎えなど、積極的に参加した。2011 年には、
PTA 会長を務めていた中学校で、初の試みとして、地域住民がボランティアで
各教科を教える「コミュニティ・スクール」が開設されたが、そこにも英語の講
師として協力した。
　このように、シェルトンさん自身が子をもつ親となり、子育てを行う中、PTA
の仕事を通じて、自分の子どもだけではなく学校や地域の子どもたちを、地域全
体で大事に育てていきたいという思いを実現させる取り組みを続けた。

民間人校長への応募

　こうした経緯とそこで培った人間関係があってであろう。2011 年 8 月に、堺
市小学校校長会の会長から、民間人校長の公募があるから考えてほしい、という
電話があった。多くの自治体においては、このころまでは民間人校長任用といっ
ても、企業推薦や教育委員会からの異動のような形式が一般的であり、堺市につ
いても、それまでに任用されていた小学校の民間人校長は「教育に関する職」経
験者であったし、2008 年度採用の高等学校校長も民間企業からの推薦であった。
したがって、公募による民間人校長の採用は 2012 年度分が初めてで、シェルト
ンさんはこれに応募して採用されることになった。当時、校長会では周囲に民間
人校長として適任者がいたら声をかけることになっていたということで、シェル
トンさんに声がかかったのだった。
　校長という職については、一抹の不安はあるものの、PTA での経験を通して、
子どもたちの教育のために何かしたいというシェルトンさんの気持ちは強かっ
た。子どもの教育について、なにもかもを人任せにする保護者も多いと感じてお
り、現在の教育課題を改善していくためには、保護者の考え方を変える必要があ
る。PTA の会長として訴えていくことには限界があり、校長として関わること
ができるのであれば、学校を保護者として外から見る経験に加え、内側からもっ
と明確に問題が見えるようになるだろう、そうすれば教育問題解決のためにより
的確な貢献ができるようになるのではないか。そのような思いを抱き、応募して
みることにしたという。
　2012 年度の募集枠は 2 名で、ここに 20 〜 30 人の応募があったという。堺市

教育委員会では、任期付校長（民間人校長）に、民間企業や行政機関、研究・教育機関における経験、リーダーシップやマネジメント能力、「地域協働型教育による学校づくり」を推進できる資質を求めている[41]。

　ジェントルさんについては、おそらく、英会話学校の運営と教育経験、地元でのPTA会長としての実績から適任と評価されたのであろう。年齢も応募時にちょうど資格要件の50歳手前であったし、おそらくそれまでの会話のやり取りによって、シェルトンさんが日本国籍を有していることも教育委員会にとっては既知であったようで、選考時に確認されることもなかった。

　実は、シェルトンさんは日本に来た当初は、自分が日本国籍を保持していることを知らなかった。英会話教師時代は毎年ビザを更新していたし、結婚後でも2、3年毎の更新が必要だった。38歳くらいの時、パスポートの更新にアメリカ領事館に行った際、窓口で、沖縄生まれならもしかすると日本国籍があるかもしれないから一度調べてみてはどうか、と助言を受けた。そこで沖縄に連絡して調べてみると日本国籍が残っていたのである。

　民間人校長採用試験の1次審査は課題レポートで、「教育へのビジョン」に関するテーマが与えられた。10月初旬に面接試験があり、大変緊張したものの、質問についてはすべて自信をもって答えることができたという。こうして採用が決定した。任期は毎年更新制で最長3年間、特に必要と認められた場合は5年間までという条件であった。就任までには3ヶ月間の研修が実施された。

　民間人校長としての試み

　堺市立はるみ小学校は、統廃合によって2005年に新たに開校し2007年に新校舎が完成した、「ホテルのようにきれい」な学校であった。2012年4月、シェルトンさんは第4代目の校長としてこの学校に赴任した。この仕事を始めるにあたり、せっかくの民間人校長なのだから、型にはまらない校長でありたいと考えた。トップダウン式ではなく、相互に信頼と尊敬を抱くことを通してボトムアップの意思形成によって、学校を運営したいという理想があり、これを実践しようと努力した。笑いがあり、自分の意見を述べることができ、失敗を許し、失敗から改善していく職場を作っていきたいという理想だった。

41　閲覧可能な「平成26年度（2014年度）堺市立小学校任期付校長募集要項」以降、令和3年度の募集要項にいたるまで、堺市が校長に求める人物像や資格として、民間企業、教育機関等での経験、「優れたリーダーシップとマネジメント力」「地域協働型教育による学校づくりの推進」という項目が継続して記載されている（堺市教育委員会ホームページ参照）。

　承知していたことではあったが、着任するやいなや、校長とPTA会長では立場や視点がまったく異なることに気づかされた。PTA会長の時には、子どものことを中心としながらも、主たる対象はなんといっても保護者であったが、校長となると、まずなによりも子どもである。PTA会長の時は、学校の出来事については「近所」から傍観しているに過ぎなかったが、校長の立場ではその内部に入り込む、そのように大きな違いがあったとシェルトンさんは語る。

　教員たちの苦労も直ちに肌で感じることができた。教員のほとんどは、優秀で、子どもたちのために自分を捨てて犠牲を払って仕事をしている。シェルトンさんは、校長の責任としてこのような教員たちを守らなければならないと固く決意した。着任1か月後のある集まりで、「先生たちのことをできるだけ守ります」ということを述べると、「すごく嬉しい」と涙を浮かべる教員もいたが、それほどに現場の教員たちの負担は大きかった。

　特に教員が苦慮していたのは保護者への対応で、時間外や学校外で起きた子どものトラブルの解決までもが要求されることであった。大半の保護者たちは、学校に対してあたたかく、協力的であったが、わずかではあるが難しい保護者もいた。そうした保護者に教員が夜遅くまで何時間もかけて対応し、精神的にも疲れ果てていく様子を目の当たりにしたシェルトンさんは、いくつかの改革を試みた。

　一つは、校長赴任後2年目のことだったが、「学校通信」で保護者に対して「協力のお願い」をしたことである。そこでは、学校外、時間外で起きた問題については、子ども同士、保護者同士で解決していただきたい、ということを訴えた。保護者からは概ね理解を持って受け止められたようであったが、一部の保護者からは「ここはアメリカではない、日本なのだから」というように、学校や教員の仕事の範囲に線引きをしたいとするシェルトンさんの考えを、文化的な違いとして批判されたこともあった。しかし、多少は成果があったのか、この通信以降、クレームの電話が減ったように思われた。

　もう一つは、学校弁護士を置くことを、教育委員会や市長に働きかけたことである。学校で起こるさまざまな問題について速やかに解決するためには、教育委員会を通さなければならないことが多い。しかし、そうすると長い時間を要することとなり、解決が遅れてしまう。そのために、シェルトンさんは、各学校に、せめて各区に1名の弁護士を置くことを提案した。最終的には当時、市に1名の顧問弁護士が配置されることにはなった。残念ながら、市に1名となると使い勝手は良くない。シェルトンさんも在任中に弁護士に相談に行ったことはあるが、なにかあるたびにすぐに相談するというわけにはいかず、利用に二の足を踏んで

しまう。せっかくの新制度ではあったが、当時のシステムでは学校のためになるとはいい難かった[42]。

　英語ネイティブスピーカーであるシェルトンさんが校長に任用された理由には、教育委員会に小学校英語教育の強化への期待があったのではないか。全国的に小学校英語教育への関心が高まる中で、シェルトンさん自身もそう考えたという。しかし、当時はまだ、英語教育を推進することが全教員の間で合意されていたわけではなく、そのような様子を理解したシェルトンさんは控えめな導入にとどめることにした。

　就任当時、はるみ小学校には、英語が堪能な教員が他に4人配置されていた。こうした有志の教員とともに、給食時の英語のワンポイントレッスンを週に1回実施してみたり、校長室で子どもたちが順番にシェルトンさんと給食を食べる機会を設けたり、自発的に英語で話しかけてくる子どもたちと英語での会話を楽しむということを行った。他にも、先の4人の英語が堪能な教員のうち、2016年度に退職し、海外青年協力隊として派遣された元教員と協力して、ウガンダの子どもたちとスカイプを用いて交流したり、ハロウィーンには英語だけで行われるイマージョン授業を実施したこともある。このように、英語教育については全校的に強化するというトップダウンの方法ではなく、個別の取り組みによって、普段の学校生活で自然と英語で話す環境作りにとどめたのであった。

　同様に、各教員の授業見学をして授業に口を出すということはあえて控えた。できるだけ教員の自主性や自由を尊重したかったためである。退職後、同校の教員たちから、「シェルトン校長の時代は自由がありよかった」というような感想を聞かされるため、このような姿勢がある程度評価されていたのではないかと考えている。実際のところ、日本の学校の授業は専門ではないので教頭に任せるなど、校長と教頭が役割を分担して異なる目線で協働していたことが、「風通しの良さ」に繋がったようだとのことである。

制度・組織の「固さ」への失望と民間人校長の意義

　先に述べたとおり、堺市の民間人校長の任用期間は1年間で、勤務実績等により、1年毎に任期更新することになっている。シェルトンさんは、民間人校長の

42　全国的には、文部科学省が、2020年度から各都道府県および政令指定都市などに、約300人のスクールロイヤーを配置する方針を明らかにしている。大阪府をはじめ三重県や千葉県、岐阜県可児市、東京都江東区などは、国の対応を待たずに地方教育行政が独自に配置をしてきた。ただ、現状は各学校、せめて各区に1名というシェルトンさんの思いとは大きく乖離した配置数で、その配置増や常勤化を求める声は他にもある。

「武器」はこの1年単位の更新制であり、だからこそ意見が言いやすいと考えていた。やりたいことは山ほどあったが、もし自分のやり方が通らなければ更新しなくてもよい、という構えである。閉鎖的で同調圧力の強い雰囲気・秩序を開放的で自由な方向へと変えていく契機に、シェルトンさんは民間人出身としての立場を活用できると考えていた。

　ところが校長経験を通してわかったことは、思っていた以上に組織や制度は固く、柔軟な対応ができないという現実であった。改革の必要性を唱える教育委員会ではあるが、その旧態依然とした考えによるトップダウンの体制に立ち向かうことは難しかった。[43]着任当初は、組織を変えたいという強い意気込みをもっていたシェルトンさんだったが、強固な壁を突きつけられスランプに陥ったこともある。学校を良くしたいという思いから、意見が通らないのなら「辞めてやる」というようなことは何度か口に出したこともあり、4年目にはとうとう退職の意向も示した。しかし、教育委員会からは続けてほしいと促され、最終的には5年間の任期を務め上げた。

　5年間続けられたのは教頭先生のおかげだと、シェルトンさんは感謝をしている。シェルトンさんがしたいと考えることを、「校長の好きにすればよい」と常に励まし、サポートしてくれたという。また、PTA時代に知り合った教員たちを通して、教職員組合とも継続的に関わりがあり、困ったときには随分と力になってくれたそうだ。校長時代を振り返り、あまり成功といえるようなことはできなかった、とシェルトンさんは語る。しかし、退職後しばらくして、久しぶりに当時の教頭と話す機会があり、「これまで出会った中で一番の校長先生」と言葉をかけられた。お世辞であろうと謙遜するが、校長としての働きを間近で見てこられた立場からの評価であるといえるだろう。

　シェルトンさんは、民間人校長の制度は、ひとつはこれまでの旧態依然とした教育体制では解決できない状況に、外からの視点を取り入れることで学校組織を活性化していくために導入されたはずであり、これを実践することこそが民間人校長の存在意義だと考えている。そこに企業経験による経営感覚が期待されることもあるだろうが（大澤2008）、シェルトンさんにとっては、なにより大事な適性とは、子どもや教員を大事に思えるかどうかということである。

43　民間人校長へのアンケート調査では、教育委員会に対して疑問点や改善を要すると答える校長らが有意に多かったことが指摘されている（須藤2018）。

おわりに

　シェルトンさんは、校長職の国籍要件については特段考えもしなかったようである。もともとご自身が日本国籍を保持しているため問題とならないのだから当然であろう。しかし、少なくとも自覚する範囲内において、学校現場で在職中にアメリカ人か日本人かというようなことは、話題になったり問題になったことはないという。先に述べたように、保護者から「ここは日本だから」というような、文化の違いを理由として批判的なことを述べる声はあったが、それ以外には思い当たることはない。「外国人」のような名前や外見であっても子どもたちは PTA 会長の時代から当たり前に受け止めてくれていたし、地域も学校もはじめは少し戸惑いを見せたかもしれないが、あとは普通に受け入れてくれている。教育委員会の人と話す際には、もしかすると気を遣っているからかもしれないが、「外国人だから」というようなことは言われたことがない。シェルトンさんにとっては、管理職として学校に関わる上で重要なことは、国籍や何人であるかということではなく、「子どものために何かしたい」という気持ちであるという。また、日本社会では、企業でも日本人だけで成り立っていくものではないという時代において、学校もまた同様であると考えている。

　現在、シェルトンさんは、英会話教師を続ける傍ら、Total Teacher Training という、小学校教員向けの英語研修事業を運営している。また、今後、有志とともに、フリースクールを運営してみたいという抱負もある。PTA 会長として外から、そして民間人校長として内側から日本の教育システムに触れ、さまざまな試みに手応えを感じながらも、組織や制度を変えることの困難も身をもって経験したシェルトンさんは、新たな教育の場を創るために進もうとしている。

〈参考文献〉

イルムの会編（2011）『金ソンセンニム──済州島を愛し、民族教育に生きた在日一世』新幹社

大澤篤史（2008）「民間人校長制度の現状についての一考察──公立高等学校民間人校長に対する聞き取り調査から」『教育経営研究』No. 14

金容海（1996）『本名は民族の誇り』碧川書房

国籍問題研究会編（2019）『二重国籍と日本』ちくま新書

須藤崇夫（2018）「民間出身の高等学校長への調査をもとにした学校経営に関わる一考察」『教育情報研究』Vol. 34 No. 1

登尾明彦（2019）『原初の、学校──夜間定時制、湊川高校の九十年』みずのわ出版

藤川正夫（2014）「外国籍教員の任用問題の構図」『公立学校における外国籍教員の実態と課題の解明』（平成24〜25年度科学研究費補助金挑戦的萌芽研究）研究成果報告書（研究代表者：中島智子）

部落解放・人権研究所編（2001）『部落問題・人権事典』解放出版社

善元幸夫・橋本雅江（2007〜2009）「子どもと学級と人権文化◆WEST&EAST」①〜⑱『解放教育』No. 473〜479明治図書出版

第2章　当事者の語りからみる　外国籍（ルーツ）教員の世界

権　瞳

はじめに

　第1章では個性豊かな6人のライフストーリーを紹介したが、これは私たち、外国籍（ルーツ）教員研究会が聞き取った話のごく一部に過ぎない。

　私たちは、公立学校に採用された外国籍、無国籍、外国にルーツのある教員に対して、生い立ち、被教育経験、教職を志望した理由にはじまり、どのような教育を目指し、実践しているか、職場での児童生徒、同僚との関係などを中心に聞き取り調査を実施した。

　インフォーマントからはプライベートなことまで、細部に渡って詳しくお話しいただくことも多かった。ある方は物静かに淡々と、ある方は苦労も苦労とは思わせないユーモラスな語り口で、時には痛みも滲ませながら、それぞれのもち味でもって語られた。子ども時代、青春時代の思い出、葛藤や困難、そして希望など、ひとつとして同じではない、貴重なストーリーである。教職を目指しての努力、子どもたちへの思い、教育実践などについては、すべてを紹介できないのが甚だ残念である。

　本章では、主として、この聞き取り調査から得られた語りをもとに、外国籍（ルーツ）教員の実態をまとめた。先述のとおり、本書の中心課題は、公立学校の教員任用において国籍によって教育への参入が阻まれる状況を巡っての議論である。外国にルーツがあるが日本国籍者という場合は、任用という制度面ではなく教育におけるエスニシティの承認と排除という別問題を有しているため、本来は分けて議論することが必要であろう。

　しかし、この聞き取り調査においては、そもそも「外国籍教員」のみに限定して協力者を求めることは困難であった。個人情報である教員の国籍は公表されておらず、名前や外見では外国籍かどうかが判明するわけもない中、協力者を得るためには、人づてに情報を得るほかない。そして、調査の中でどこの国籍を保持しているかという基本情報について確認を行った。調査中に国籍変更手続きが進

行中という人、日本国籍であるがルーツのある民族名を名乗る人もおり、現在の日本において、個人が有する国籍というものが固定的な属性ではないこと、また、国籍とエスニックアイデンティティの関係が不可分ではないこともうかがわれた。

　現状ではほとんどすべての自治体が、教員採用選考試験合格者に対し国籍を基準として、教諭採用か「任用の期限を附さない常勤教師〈常勤講師〉」採用かを決定しているわけである。本章では、このように外国籍教員のみが受ける制約とその妥当性についての検討材料とするためにも、外国籍保持者（無国籍者含む）だけに限らず、外国にルーツをもつ日本国籍保持者も含めて取り上げ、その全体像を概観する。なお、本章では両者を指す場合、「外国籍（ルーツ）教員」とし、外国籍保持者・無国籍者特有の課題を述べる際には「外国籍教員」として区別する。

1　調査の概要

　私たち外国籍（ルーツ）教員研究会では、①全国自治体に対する郵送調査と教育委員会への訪問調査、②外国籍（ルーツ）教員や関係者に対する聞き取り、③教員採用選考試験実施要項の収集と分析、④その他の資料調査を実施した。本章では、①と②で得られた情報を主として用いている。

　①については2012年9月から10月にかけて、全国都道府県・指定都市教育委員会に郵送調査を実施し、外国籍教員の任用実績、配置されている学校種、学校教育法上の職名、給与等級、国籍、性別について質問用紙による回答を求めた。回収数は61通（回収率91％、有効回答59通）であった。

　また、2012年11月から2013年10月にかけて、任用実績のある13自治体教育委員会を訪問し、外国籍教員の採用から配属、異動までの手続きについて聞き取りを行った。

　この調査によると、2012年4月段階で任用されている外国籍教員は少なくとも257名であることが明らかとなった。回答が得られなかった教育委員会（長野県、愛知県、千葉県、東京都、福井県、鳥取県、山口県、名古屋市）があるため、実際の教員数はこれよりも多いと考えられる。得られたデータから判明する男女比、国籍、校種別に占める割合、学校教育法上の職、実際の職名、および地域別の人数は表1のとおりである。

　一方、聞き取り調査は、12名からなる研究チームによって行われた。2011年度にパイロット調査を実施後、2012年から13年にかけて、およそ50名に対し

表 1　都道府県・政令指定都市の外国籍教員任用状況（2012 年）

総数	257 人（男性 94 人、女性 136 人、性別無回答 27 人）		
国籍＊	韓国朝鮮、中国、ベトナム、バングラデシュ、ネパール、ブラジル		
		人数	校種別割合	参考：国公立学校に勤務する教員の割合（2012 年『学校基本調査』より）
校種＊	幼稚園	0 人	0%	1.2%
	小学校	110 人	43.8%	48.0%
	中学校	68 人	27.1%	19.0%
	中等教育学校	0 人	0%	0.1%
	高等学校	53 人	21.1%	22.5%
	特別支援学校	20 人	8.0%	9.2%
学校教育法上の職	指導教諭、教諭、講師、養護教諭、非公表の職		
職名	指導教諭、教諭、教諭（指導専任）、講師、養護教諭、非公表の職名 2 種類		
地域別人数	北海道・東北 8 人、関東・甲信越 18 人、中部 4 人、近畿 214 人、中国 5 人、四国 0 人、九州 8 人		

＊ 教育委員会が公表可とした国籍のみ掲載
＊ 合計数が総数と異なるのは、校種の別を記載していない自治体があったため

て実施、それ以降も、多様なインフォーマントの情報を得るために、機会を得られれば聞き取りを実施し、2020 年 3 月までに、合計 64 名の公立学校教員（退職者含む）に対して聞き取りを行った。内訳は表 2 の通りである。これ以外に私立学校教員や、インフォーマントの同僚や関係の深い「日本人」教員、およびアイヌの元教員からも聞き取りを行ったが、人数が限定的であるので、表 2 には含めていない。

　インフォーマントについては、地域、年齢、採用年、性別、校種、国籍など、できるだけ多様な属性をもつ教員を求めた。しかし、無作為に協力者を募集することができるものではなく、在日外国人教育に関わる人たちからの紹介など、人づてに協力依頼を行ったため、偏りは否めない。

　郵送調査からもわかるように、もともと外国籍教員が近畿地方、中でも大阪に集中していること、母数として韓国朝鮮の国籍やルーツを有するオールドカマー・オールドタイマー[3]の教員が多いことも、結果としてインフォーマントの属

1　最新の調査によると、2019 年現在、公立小中高、および特別支援学校の外国籍教員は、全国で 473 人という報告もあるが、期限付き講師が回答に含まれている可能性があるため注意を要する（在日本大韓民国民団中央本部・人権擁護委員会 2020 年）。

表 2　外国籍・ルーツ教員聞き取りインフォーマント内訳（2011 年〜 2020 年）

国籍	・外国籍のみ 47 人、無国籍 1 人、日本国籍 16 人（うち 1 人重国籍） ・外国籍の内訳：韓国朝鮮、中国、台湾、インド、バングラデシュ、アメリカ、無国籍（ベトナムルーツ） ・日本国籍の場合は、国籍変更、ダブル、クォーターなどの外国ルーツがある。
性別	女性 27 人、男性 37 人
採用 自治体	東京都、横浜市、川崎市、三重県、滋賀県、京都市、奈良県、大阪府、大阪市、堺市、兵庫県、神戸市、広島県、鳥取県、福岡市
校種	小学校 30 人、中学校 18 人、高校 14 人、盲学校 2 人
採用年	1991 年以前 11 人、1992 〜 1999 年 8 人、2000 〜 2009 年 32 人、2010 〜 2012 年 13 人
年齢	1949 年〜 1959 年生 10 人、1960 年代生 11 人、1970 年代生 24 人、1980 年代生 19 人

＊国籍、校種などは、聞き取り時の本人による情報を記載

　性が均衡を欠く要因である。また、明確な理由は不明であるが、把握できる総数としては女性の外国籍教員が多いにもかかわらず、聞き取り調査のために得られたインフォーマントの半数以上が男性であった。

　外国籍や外国にルーツがあることが当事者にとって不利益となることも考えられる現在の日本社会において、あえてそれを明らかにする調査協力者は限定される可能性がある。また、得られる情報にもある程度の偏りは推測される。実際、調査協力者の中で国籍や民族性について話すことに消極的な方は、非常にわずかであった。

　このような偏りや制限はあるものの、調査に協力いただいたインフォーマントの語りは、自治体ごとの採用数からだけでは到底知り得ない情報を与えてくれるものであり、外国籍（ルーツ）教員の実態を理解するための貴重な資料となった。

2　外国籍（ルーツ）教員を取り巻く社会背景と採用世代

　教員たちの経験や教育観における共通点、相違点等を捉えるには、出生時期による世代別（出生コーホート）に比較することが一般的であろう。しかし、外国籍教員の場合は、国籍要件によって任用可能とされた時期が限定されるために、出生による世代に加えて、いつ採用されたかという「採用世代」別の比較も必要となる。

　本章では、教員採用選考試験における国籍要件と任用条件の変遷（第4章図1を参照）をもとに採用需要の変化をまじえて、大きく3つの採用世代に区分し、出生世代に触れながらも、主として採用世代を軸に、実態を整理することとした。
　まず、公立学校教員任用に課せられていた国籍要件が撤廃され、その後文部省の指導によって再び要件が復活し任用が凍結されるまでの、1970年代から1980年代に採用された世代を「採用第一世代」とする。そして、1991年の「日韓覚書」に基づいて出された「91年3月通知」によって再び国籍要件が撤廃された1992年以降、1999年までに採用されたグループを「採用第二世代」とする。1990年代は日本における教員採用数が少なかった時代である。その後、大量採用期を迎えた2000年以降、2012年（本調査の対象者の採用年度としては最近となる）までに採用されたグループを「採用第三世代」とする[4]。

（1）1970年代〜1980年代に採用された「採用第一世代」

　公立学校教員採用においては、1974年以降、大阪府市や東京都をはじめとするいくつかの自治体で国籍要件が廃止された。しかし、1983年には政府見解によって日本国籍が要件であることの確認がなされ、膠着状態が「91年通知」まで続く（第4章参照）。この時代に採用された外国籍（ルーツ）教員を、「採用第一世代」と呼ぶことにする。
　日本の公立学校教員の需給面では、1970年から1990年までの約20年間は、第二次教員大量採用期にあたる。しかし、外国籍保持者の採用は極めて少なく、1991年時点では、採用第一世代の教員数として31名のみが確認されている[5]。本調査では、そのうちの11名に聞き取りを行うことができた。

2　郵送調査の各自治体からの回答には、「韓国籍、朝鮮籍、韓国・朝鮮籍」などがあったが、表を含め、本章ではまとめて「韓国朝鮮」と表記する。在日コリアンの国籍としては大韓民国と、朝鮮民主主義人民共和国の二つがあると考えられがちであるが、朝鮮半島が二つの国家に分断されるのは1948年で、植民地時代の朝鮮半島出身者はすべて、日本国籍を保持する「朝鮮」出身者として登録されていた。1965年の日韓条約批准の後、外国人登録の記録を「朝鮮」から「韓国」に変更する者が激増したが、変更しなかった場合はそのまま「朝鮮」と表記された。聞き取り調査対象者の中には、国籍をそれぞれ「朝鮮」、「韓国籍」とする人が混在する。また、「朝鮮」から「韓国籍」に変更した人もいた。なお、本人や文書からの引用については、そのままの表記を用いる。
3　1980年代以降来日した外国人を「ニューカマー」と呼ぶのに対して、第二次世界大戦前・中に日本に居住する旧植民地出身者とその子孫を「オールドカマー」「オールドタイマー」という。自分の意思で「来」日したわけではないということから、「カマー」ではなく、後者の「タイマー」が用いられることがある。本章では、植民地下の渡日状況を踏まえつつ、まとめてオールドカマーと称する。
4　各採用世代の国籍要件をめぐる国と地方教育委員会の対応については、第4章を参照。
5　第4章表4参照。

　この採用世代のうち、1949年から1960年代半ば生まれのインフォーマントたちは、若干の例外をのぞいて、1950年代から1970年代にかけて日本で幼少期から青年期を過ごし、学校教育を受けた。当時の外国人といえばその90％以上が旧植民地下にあった朝鮮半島出身者、台湾、そして中国出身者である。[6]

　当時、日本での外国人差別は厳しく、外国人は日常的に差別や偏見にさらされていたほか、国民健康保険や国民年金への加入、児童手当の受給、住居、進学、結婚、就職などのあらゆる局面で制度的・社会的差別が存在していた。多くのインフォーマントから、差別され傷ついた記憶、自分のマイノリティ性に対する嫌悪感や親への恨み、自己卑下、差別を避けるために自らの民族性をひた隠していた経験などが述べられた。

　採用第一世代は、すでに「教諭」として採用されたにも関わらず、「91年通知」によって〈常勤講師〉へと「格下げ」されたとも思われる経験も共有している。また、勤務する学校現場において、外国人児童生徒が自分たちのようなオールドカマーから、次第にニューカマー中心へと変わっていく過渡期を実体験している。

　採用第一世代の教員は2020年現在、すでにその多くは現役から退いている。前章で取り上げた金相文さんはこの第一世代の例である。

（2）1992年〜1999年までに採用された「採用第二世代」

　〈常勤講師〉という制限付きではあるが、「91年通知」によって国籍要件が撤廃された1992年以降、2000年に入るまでに採用された外国籍教員を「採用第二世代」とする。

　日本では、1970年代半ばから、就職差別や外国人登録における指紋押捺制度、社会保障や公務就労における国籍要件などをめぐり、外国人に対する差別の撤廃・権利保障獲得運動が巻き起こり、その成果も徐々に見られるようになる。制度的差別が完全に解消されたわけではなかったが、1970年代後半から80年代に学校教育を受けた採用第二世代のインフォーマントらの間には、この時期の「国際化」と経済成長の勢いも伴ってか、前世代に比べれば、将来についてどこか前向きで明るい期待が青年期に共有されていた。

　1980年代は、オールドカマー以外の外国人が目立つようになった時期である。旅行など、短期滞在の訪日外国人や、1983年に開始された「留学生10万人計画」によって留学生も増え始めた。1972年に日中国交正常化されたものの消極的であった中国残留者の帰国支援も、80年代になってようやく本格化された。

　日本でのインドシナ難民の受入については、1979 年に定住支援を行う決定がなされ、1981 年には難民条約への加入により進行した。
　それぞれ事情は異なるが、ライフストーリーで取り上げたコンダイアさん、シェルトンさん、長尾さんが 1980 年代に来日している。
　教員採用に関しては、日韓協議の結果として 1992 年度以降、80 年代は途絶えていた外国籍者の採用が再び行われることになった。国籍要件がある、あるいは要件は課さないが採用実績がなかった自治体では、これを機にようやく任用への道が開かれた。
　前章で紹介した 1951 年生まれの方政雄さんは、被教育経験としては採用第一世代の教員たちと同じ経験を共有しているが、ちょうどこの時期、「91 年通知」によって地元の自治体でも採用される可能性を知り、兵庫県での教員採用試験受験を決意したのだった。
　私たちの調査では、採用第二世代のインフォーマントは 8 名しか得られていない。この世代の協力者が限定的であった一因は、1990 年代が教員需要の低迷期であって、どの自治体においても新規採用数が少なかったことにあると考えられる。
　また、インタビューからは、1991 年を境として国籍要件がなくなったということを知ったという方さんのような人は例外的で、多くがなお外国人は教員になれないと思い込んでいたということも明らかになった。
　このように全国的な採用数の低さと情報不足も要因となり、順当に行けば 1960 年代半ばから 1970 年代半ば生まれであれば、大学等の教職課程を修了し、90 年代に採用されるはずが、本調査の 70 年代生まれのインフォーマントの大半は 2000 年以降の採用である。

（3）2000 年以降に採用された「採用第三世代」

　2000 年から 2010 年代にかけては、特に都市部を中心に教員大量採用の傾向が見られた。本調査における 1970 年代生まれの多く、そして 1980 年代生まれのインフォーマントがこの間に採用されている。この 2000 年以降の大量採用期に採用された教員を「採用第三世代」とする。

6　1952 年に日華平和条約が締結されると、台湾人は日本国籍を喪失、中華民国国民として、中華民国籍（表記は中国）保持者になる。1972 年に、日中国交正常化によって、日本が中華民国と断交した後は、中国の一部としてみなされるようになり、入管管理局では「中国（台湾）」として取り扱われた。法務省の統計では、2011 年までは台湾を中国に含んでいた。

　本調査では、採用第一世代、採用第二世代に当たるインフォーマントの国籍・地域は、韓国朝鮮、台湾、中国のみであった。しかし、「採用第三世代」にはより多様な国籍をもつニューカマーが登場する。

　80年代から徐々に増え始めたニューカマーは、1989年に出入国管理及び難民認定法が改正されたことで急増した。公立学校でも、中国、およびブラジルやペルーなどの南米出身者、フィリピンの国籍やルーツをもつ児童生徒が次第に顕在化するようになった。1990年代に教員を目指していたが正規採用されていなかった外国籍教員は、この頃、非常勤講師やボランティアとして学校教育に関与した際にニューカマー児童生徒に出会った経験について触れており、外国人児童生徒の構成が変わりゆく様子を目の前で体験したことを物語っていた。

　日本社会の中の外国人の人口構成は、2000年以降、すっかり様変わりした。2020年現在の在留外国人数の統計では、中国籍保持者の人口が最も多く、韓国朝鮮籍は全体の3割程度、次いでベトナム、フィリピン、ブラジルとなった。オールドカマーの韓国朝鮮籍保有者は、日本国籍取得の増加や日本人との結婚により大幅に減少し、韓国籍保持者の内訳を見れば、留学、結婚、就職などで日本に定住するようになったニューカマーの比率が大きくなりつつある。国際結婚によって、日本国籍ではあるが外国にルーツをもつという人口も増加している。[7]

　このような人口構成の変化は教員世界にも確実に現れている。ニューカマーについては、国籍だけでなく、来日時期や事情もさまざまである。前章で紹介したとおり、子どもの頃家族で渡日し、日本の大学の教職課程を経て教員となった長尾雅江さんやワーさんのようなケースもあれば、留学生として日本の大学や専門の教員養成施設で学び、公立の小学校、盲学校で採用されている例がある。[8] コンダイアさんやシェルトンさんのように外国での高等教育を終えてから80年代に来日し、その後しばらくし、2000年代に教員や民間校長として採用されたケースもある。さらには、日本生まれのニューカマー二世世代も、採用第三世代の教員として教育現場に参入し始めている。

　日本に住む外国籍者の出身地が多様化し始めただけでなく、重国籍、あるいは無国籍という人びとも現れた。日本の重国籍者数は、2008年時で約50万人とする見解があり、現在ではさらに増加していると推定できる（大山2009）。日本では国籍唯一の原則が前提とされているが、現実には国際社会の国籍法の違いによって重国籍者の発生は避けられない。[9] すでに2011年時点で、国連加盟国196国中の72%は重国籍を容認しており（United Naitons 2013）、今後日本の制度改正も求められている。

　また、無国籍状態のままに置かれている人びとが日本にも存在する。[10]国連難民高等弁務官事務所によると、無国籍者は世界に約 1200 万人存在するとされる。日本にも相当数存在するが統計がないため正確な数は不明である。国籍・市民権という「権利を持つ権利」を剥奪されていることで生じる問題は大きく、こちらも今後の取り組みが必要である。

　採用第三世代は、このような日本社会構成員の国籍の多様化、複雑化により、日本国籍＝日本人という図式を揺るがす世代であるともいえよう。

3　被教育経験・教員になるまでの道・教員となってからの経験

（1）被教育経験

　本調査の対象者であるオールドカマーは、大多数が日本生まれの在日二世以降で、初等・中等教育のすべてを日本国内の日本の学校で受けている。ただし、朝鮮学校や韓国系の学校、中華学校など、民族学校で教育を受けたという人も珍しくはない。

　1960 年代から 70 年代に日本の学校で教育を受けたインフォーマントは、一貫してそこでの経験を差別的であったと記憶している。戦後、日本の公立学校は在日韓国朝鮮人らを受け入れ始めるが、植民地時代からの支配と抑圧の関係はそのまま残され、学校は差別を再生産する場として機能していたという。学校では、韓国朝鮮人であることはあたかも恥ずべきことであるかのように「刷り込まれ」、そのため「劣等感を募らせた」ということがインフォーマントから口々に述べられた。

7　1984 年の国籍法改正で、それまでの父系優先血統主義から、父母両系血統主義に改正され、父親が外国籍でも子どもの日本国籍取得が可能になった。さらに 2008 年の改正では、未婚の日本人の父親と外国籍の母親の間に生まれた子にも日本国籍が認められるようになった。このため、国際結婚による国際児の日本国籍保持者が増えた。

8　筑波大学理療科教員養成施設は、日本唯一の理療（東洋医学的療法のうち、あん摩・マッサージ・指圧、鍼、灸の総称）担当教員養成機関である。留学生としてこの施設を卒業し、盲学校理療科教員になったケースが数件ある。初めて採用されたのは、1996 年卒の韓国籍保持者で、2001 年〜 2005 年までは毎年 1 名の採用が続く。国籍は、中国籍、バングラデシュ籍が認められており、他は不明である。私たちの調査では、中国籍とバングラデシュ籍の 2 名にインタビューを実施した。詳細は、中島（2018）を参照。

9　日本では国籍選択制度が採用されており、重国籍者は原則として 22 歳（2022 年 4 月からは 20 歳）までにいずれかの国籍選択が求められ、日本国籍を選択した場合は外国籍を離脱する必要がある。ただし、選択や離脱については努力義務にとどまっており、実際には重国籍を維持したままの人も多い。

10　「無国籍者の地位に関する 1954 年の条約」第 1 条第 1 項では無国籍者を「いずれの国家によっても、その法の運用において国民と認められない者」と定義している。

　当時の教員は、韓国朝鮮人・中国人の子どもたちがまるで見えないかのようにふる舞い、「(戦争中に)中国人を殺した話ばかり」をしたり、あからさまに蔑みの態度や言動を見せたりした。そうでなければ、「言いにくそうに」あるいは「こっそりと」対応するというのが、この世代のインフォーマントらが学校で出会った教員らの典型であった。公立学校のこのような環境で教育を受けさせることを心配した親たちが、経済的に無理をしてでも子どもを私立学校に送ったという例もある。

　1970年代生れ以降の世代になると、次第に肯定的な学校時代の思い出が語られるようになる。特に関西地方の複数のインフォーマントからは、子どもの頃から自分のエスニシティやルーツを隠すことはせず、むしろ「人と違うこと」を自慢に思っていたり、学校の授業や課外活動で楽しみながら韓国朝鮮の歴史や文化について教わり、学ぶようになったことが語られた。「(直接的には)差別を受けた経験がない」と考える者も珍しくなかった。他方、関西以外のオールドカマーのインフォーマントからは、より若い世代の間でも、引き続き、学校での差別体験、抱いた劣等感、民族性を否定した経験などが述べられている。

　ニューカマーの被教育経験も、オールドカマーの経験と重なるところが多い。日本語が不自由であるために、学習面で困難や屈辱を感じたこと、学校の中で居場所を見いだせないような体験、自分のエスニシティを否定し、親を恨んだり恥じたりする、などである。しかし、少なくとも一部地域においては、オールドカマーの子どもたちへの経験が生かされ、外国にルーツのある子どもたちを受入れ、支援する活動が定着し、上手く機能していたことがうかがわれた。

　例として、大阪での取り組みがある。1950年代半ば、日本の公立学校での外国人差別は放置されていたとはいえ、少数派ではあるが外国人多住地域にある公立学校の日本人教員らを中心に、「朝鮮の子どもたちの教育をなんとかしなければ」という問題意識は存在していた。そして、60年代の同和教育における学力保障や進路保障に対する取り組みとともに、在日韓国朝鮮人教育にもさらに目が向けられるようになった。

　1970年代に入ると大阪各地で在日外国人の子どもの民族的自覚や自尊心を向上させるための取り組みを行う教員たちの会が発足した。それによって外国人多住地域の公立学校において本名指導や授業実践が実施されるようになったり、課外活動としての民族学級や民族クラブなどが、学内や地域でも作られた。

　こうした取り組みは現在にも引き継がれている。たとえば、前章の、ベトナムから来日したワーさんの語りに登場した「トッカビ」は、1974年に大阪・八尾

市で設立された団体で、差別を受ける在日の子どもの民族教育を目的として開始され、自治体ともタイアップしながら、現在ではニューカマーの教育支援を含めた活動を続けてきている。

　関西地方を中心に、肯定的な被教育経験を語るインフォーマントが見られるようになったのも、こうした活動の成果といえるだろう。

　採用第三世代の教員らは、採用前にこのような活動にボランティアとして携わった経験者が多い。さらに、1980年代生まれ以降では、自分たち自身が子どもの頃、公立学校で民族学級や国際クラブ、民族的あるいは多文化・異文化に関するイベントに参加し、支援を受けた経験をもつ者が現れた。

（2）教員志望動機と採用に至るまでの経験

　インフォーマントたちが教員を志すに至った動機はさまざまで、日本の教員一般を対象とした調査結果[12]と大差ない。出会った教師に影響を受けていたり、子どもが好きであったり、好きな教科を教えたい、という動機もあれば、成り行きで、という回答や、将来の安定のためというのが理由のこともある。

　しかし、外国籍（ルーツ）教員の間では、「自分と同じような境遇の子どものために役に立ちたい」「社会的弱者のために役に立ちたい」「日本人の生徒にとっても、いろんな人が日本社会には生きているということを理解してもらいたい」という、自己のマイノリティ性と関連づけられるような動機についても、世代を超えて発せられていた。

　採用第一世代の教員たちは、当時、国籍要件を置かないとする自治体で採用試験を受験した。しかし、国籍要件がないからといって、日本人と同等に扱われるという保障はなかった。願書が受理されない、採用試験の合格を記した人事記録を紛失され再受験を求められる、試験に合格しても採用の知らせがない、面接官が露骨に顔を背けるなどという嫌がらせとも思われる扱いを受けたことも報告されている。

　そのような逆境の中でも教員を志そうとする、なにかしら熱い思いがあったのかといえば、必ずしも全員がそうであったわけではない。そもそも公立学校の教員にはなれないと考えていたし、なろうとも考えていなかった人もいる。

11　ここでいう「民族学級」は、1948年の阪神教育闘争後に設置された「覚書民族学級」とは異なり、1972年、大阪市立長橋小学校での設置をはじめとする、子ども、保護者らの要望を受け、教員らによって学内で自主的に設置されていった課外学級を指す。

12　たとえば、HATOプロジェクト（2016）。

　1980年に採用されたあるインフォーマントは、もともとは出身の民族学校教員を目指していた。差別の再生産と同化教育の場に思えた日本の学校に勤める気はなかったためである。ところが知人から、「日本の公立学校に通う朝鮮人の子たちが荒れていて大変」だから、日本の学校で教えるよう説得され、方向転換したという。別のあるインフォーマントは、教員になることに消極的だったが、日本人の大学教員から、「国籍要件のために外国人が教員になれないという時代、教員採用試験を受けるか受けないかは個人的な問題ではない。夢を諦めていた人たち、後世の人たちのため、就職差別の門戸を一つ開くためなのだ」と諭され、難題を乗り越え、その自治体の採用第一号となった。

　こうして外国籍者への教員採用への扉が開きかけたと思われた矢先、1983年に、公立学校への外国籍教員任用を認めないという政府見解が出され、翌年84年には、長野県で教員採用選考試験合格者の内定取り消しが行われたのだった。この事件は当時、新聞報道などでも大きく取り上げられた。

　1980年代の採用凍結期においても国籍要件がない自治体はあった。しかし、採用試験を受けたインフォーマントからは、採用試験要項に「日本国籍を有しない者は採用されない」という記載があったこと、願書を受け付けてもらえなかったことが報告されている。教員になるために、自治体に対して国籍要件撤廃を求め、裁判を起こし、過大な労力や費用をつぎ込み、支援者と共に長い時間をかけて闘わなければならなかったインフォーマントもいる。

　「91年通知」は、このような状況下、外国籍の教員志望者には大きなターニングポイントとなったはずである。にもかかわらず、国籍要件が撤廃されたことは、当時の外国籍者には十分に伝わっていなかったようである。長野県の内定取り消し事件の衝撃や、親や親族から、「外国人は公務員にはなれない」「日本人と比べて不利に決まってる」と聞かされ続けていたことが理由かもしれないが、教職課程をもつ大学等が情報をまったくもっていなかったことも一要因であったようだ。

　採用第二世代が少ないのは、このような背景も多少なりとも関連しているのかもしれない。「どうせ教員にはなれない」と諦め、ようやく外国籍者にも門戸を開き始めた民間企業に一旦就職し、その傍らに民族学級や国際クラブのような教育に関わる活動にボランティアとして参加していたところ、外国籍教員の採用についての正確な情報を得て、教職を再度目指したということが、複数名のインフォーマントから述べられている。

　もう少し若い世代になると、学校で実際に外国籍教員に出会い驚いたことが語られ、出会いを通して自分も教員になれるということを知った、というケースが

現れる。ワーさんの高校の例のように複数の外国籍（ルーツ）教員を生みだした背景には先駆者のロールモデルとしての影響も考えられるだろう。

　採用第一、第二世代と比べれば、第三世代は、外国籍を保持しているかどうかに関わらず、積極的に自らのマイノリティ性を公表することに不安を感じなくなっているようである。採用試験での面接をチャンスと捉え、自分のエスニシティを長所としてアピールするほどである。また、採用第三世代は、多くの外国人児童生徒を抱える自治体や教育現場から、「多様な文化的背景を持つ教員が必要」と、歓迎される経験も有している。

（4）教育観と実践、期待される役割

　外国籍（ルーツ）教員の教育実践が、日本人教員と大きく異なるという実態は見あたらない。教育観が国籍によって大きく異なるということも見られない。どのインフォーマントからも、授業や校務をこなし、児童生徒の成長に役立ちたいと考えながら教育活動に取り組んでいる様子が語られた。違いがあるとすれば、国籍ではなく教員歴が影響しているようである。

　たとえば、シェルトンさんやコンダイアさんのように、出身国での被教育経験が長かった場合は、教育方法や考え方などに文化的な違いを見出すこともある。しかし、出身国の価値観を優位なものとしてむやみに押し付けるようなことはせず、現場の状況を尊重しつつ、自分の経験で良いと感じたものを取り入れようとしたということもこの二人からは語られた。

　採用第三世代のうち、特に若手のインフォーマントは、「教科指導、学級経営、生活指導、クラブ指導」などに懸命に取り組み、日々の業務に追われている様子を語った。理想の教師像や教育は、「自然体でいられるクラス作り」「子どもがのびのびできるような学級作り」「一人の教師として教師の仕事がしっかりできること」「信頼できる先生として生徒と良い関係を作りたい」「厳しくてあったかい先生でありたい」ということがあげられた。

　中堅以降のインフォーマントからは、何より「自然体で」子どもに向き合う中で、「頼られる先生」「寄り添える教師」になりたい、「違いを認め合えるクラス作り」「痛みや違いを共感、共有できる社会を作るための教育をしたい」「人権教育を大事にしたい」という回答があった。経験を積んだことで力みが抜け、余裕もうかがわれる語り口調が、若手との違いを感じさせた。

　世代を超えてうかがわれたのは、自分がマイノリティとして経験してきたからこそ「気づくこと」ができるという自負を持っており、多様な文化的背景を持つ

子どもたちの存在に目をやり、歩み寄りたい、助けてやりたいという思いであり、多くのインフォーマントから類似の内容が述べられた。

　また、これを具体的、直接的な教育実践を通して行うというよりは、どちらかといえば間接的に、自らの「存在を通して」示していきたいとするインフォーマントが、採用世代や年齢を問わず多かった。多くの外国籍（ルーツ）教員は、自分が教壇に立つことを通して、外国籍やルーツのある子どもたちに対して、「希望を与えたい」「職業選択の幅を広げてやりたい」という気持ちを持っている。そしてそれは、自分の同胞だけにではなく、他の文化的背景やマイノリティ性を持つ子どもたち、また、マジョリティである日本人の子どもに対しても向けられており、多様な文化的背景を持つ人がいることは「自然なこと」なのだということをわかってもらいたいと考えているようである。

　「自然であること」の考えは人によって異なり、自分のマイノリティ性を表明はしないものの受入れており、尋ねられれば答える、ということが「自然」と捉える場合もあれば、ともすれば不可視化してしまうマイノリティ性をあえて表出することによって、「ありのまま」でいようとし、日本国籍であっても名前を「民族名」で名乗る、授業開きなどで自分のルーツを語るというインフォーマントもいる。

　管理職や同僚らから、外国籍（ルーツ）教員として一定の役割が期待されていると感じることはある。外国人の子どもの担任、校務分掌での外国人教育担当、異文化理解に関わる業務などが任される時である。特にニューカマーの教員に対しては言語能力を生かした指導が期待され、「中国語ができる人が必要だから」と声をかけられた例がある。

　日本人同僚から期待される役割に、外国籍（ルーツ）教員はできるだけ応えようという態度で臨みはする。しかし、マイノリティにかかわる教育をマジョリティ側が自分たちの課題と捉えずに、外国籍（ルーツ）教員の役割と見なすことへの疑問や批判も発せられた。本来、こうしたことは、マジョリティ側の役割、課題でもあるのに、そうした議論が欠如していることを疑問視するものである。また、日頃は、学校では外国籍（ルーツ）教員のマイノリティ性をもち出さずにいてほしいという無言の期待、あるいは同調圧力を感じるのに、マイノリティの子どもや多文化・異文化理解の話となれば、外国籍（ルーツ）教員に期待されるというご都合主義への批判もあるだろう。

（5）子ども、保護者との関係

　外国籍（ルーツ）教員と児童生徒との関係については、どの採用世代のインフォーマントも、大きな問題を感じていないようである。

　採用第一世代が1980年代に中学校の生徒から「チョン先生」「チョーセン」などと侮辱されたこと、もっと後の世代が、「韓国帰れ」「チョウセンカエレ」と言われたり、ノートに書き付けられたということは報告されている。また、2000年代後半、テレビやインターネットを通して、朝鮮、韓国、中国に対して、ネガティブな言動が広まると、子どもたちからも侮蔑的な言葉が投げつけられたというインフォーマントもいる。

　それでも、大部分においてはどの世代も、子どもとの関係にさほど大きな問題は見いだしておらず、子どもは、教員が外国人あるいは外国にルーツがあると知っても「ああ、そう」「そうなんや」と自然に受け止め、興味をもつのか、最初はいろいろな質問を受けるが、日常においては、子どもとの関係の中で、自分が「外国人の教員」だと意識することもないという。

　保護者についても同様である。日本人（と思われる）保護者から、何件か排除的なクレームを受けたり、「偏向教育をしているのでは」と非難されたり、家庭訪問時に「先生は選べないから」と嫌みを言われたことは報告されている。「日本語ができるのか」と批判されたニューカマーのインフォーマントもある。

　しかし、全体としてはそのような保護者は少数のようである。最初は外国人や外国にルーツがある教員が担任であることを不安がる保護者も、面談などで言葉をかわすことによって、打ち解け、安心感を得るようである。それどころか、「いろんなことを子どもに教えてあげてください」「先生で嬉しい」「がんばって」「子どもら、喜んでます」と歓迎され励まされる経験も報告されている。

　いくつかのネガティブな経験もあるが、日本人の子どもや保護者とは概ね良好で、とりたてて問題のない関係が保てているようであるのに対して、外国人や外国にルーツのある子どもや保護者との関係は両価的で、より複雑であることが世代を問わず多くから指摘された。

　子どもが外国籍や外国にルーツがある場合、親近感を覚えて、喜んで自分のことを打ち明けてくる場合もある。自らのルーツを開示しただけで、複数の児童生徒から「私もやで」「お父さんもなんや」と告げられ、これほど外国にルーツのある子どもがいるのかと驚いた経験を持つインフォーマントは多い。

　一方で自分のルーツに触れられたくない、関わってほしくない、周りにばらさないでほしい、という思いをもつ子どもに拒絶された経験を持つ人もいる。保護

者も同様で、うちとけて自分のルーツを明かす保護者もあれば、拒絶するような
反応も報告されており、インフォーマントの中には、自分の経験も思い出しなが
ら、あえて距離感を保って接するなど配慮する様が見られた。

（6）職場環境・同僚・管理職との関係

　職場環境には、学校の置かれている地域事情に加え、同僚や管理職との関係が
強く作用すると考えられる。外国籍（ルーツ）教員と同僚、管理職の関係は、職
場によりさまざまであるが、同僚、特に管理職が、このような教員への理解と知
識をもつ場合は、自分の国籍やエスニシティについて気負わず表明し、職務に取
り組むことができるが、そうでない場合は強いストレスとなるようである。

　多くの日本人同僚は、なにも知らないか、無関心である。外国籍や外国にルー
ツがある教員がいることも、「任用の期限を附さない常勤講師」という職がある
ことも知らない場合が多いが、知ったとしても、「ややこしい話はできるだけ避
けたい」というような反応を見せることがある。外国人であるがゆえに起きた
問題を話すと、「それはおかしいな」と同意はしてくれるものの、どこまでも他
人事でしかないように思えてしまうことも度々である。時には、「あまり自己主
張しないほうがいい」「自分から国籍やルーツのことをいちいち言わない方がい
い」「自分は嫌韓流だから」「外国籍教員はいらない」など露骨な拒絶を受けたと
いう経験も語られた。

　校長、教頭などの管理職者も同様である。外国籍（ルーツ）教員について知識
をもち、ルーツを開示したり、民族名を名乗ることを好意的に捉えたり、なにか
と配慮をしてくれる校長もいれば、外国籍者には認められていない管理職試験の
受験を勧めてきたり、民族名・ルーツ名を使うことに慎ったり、外国人であるこ
とやルーツがあることを大っぴらにしないように勧告してくる校長もいたという。

　理解ある管理職や同僚が不在の職場では、外国籍（ルーツ）教員は、エスニシ
ティや国籍の違いなどの多様性を顕にすることで排除され、孤立するリスクから
不安を覚える。差別を感じるような出来事があったとしても、多忙な同僚を目の
前にして、国籍やエスニシティなどの「個人的な話」をもち出して、迷惑をかけ
たくないという遠慮やためらいも語られた。

　同僚や管理職との関係は、どの採用世代間でも大差なく、同じような内容が報
告されている。ただ、教員経験の長いインフォーマントからは、かつては同和教
育や在日朝鮮人教育への関心をもつ日本人教員がいたが、時代とともにそのよう
な同僚が減ったということが回顧された。職場ごとに違いはあるだろうが、現在

は学校全般が多忙化し、職場の同僚性が失われつつあると言われており、外国籍（ルーツ）教員だからというわけでなく、全体として教員間のコミュニケーションが低下して、お互いへの関心が薄らいでいる状況であるという指摘もある。

（7）管理職登用への壁についての考え

多くの外国籍教員は〈常勤講師〉であり、学校教育法施行規則によると「主任は、指導教諭又は教諭をもって、これに充てる」ため、外国籍教員は主任やそれ以上の管理職には就けないとされている。

一般的には、30代後半ともなれば、中堅として、教務主任やさらに上位の管理職に就く頃であるが、外国籍者は該当しない。しかし、こうしたことは日本人教員にはほとんど知られていないため、「そろそろ管理職試験を受けてみるよう」声をかけられた経験をもつ外国籍教員は多い。

管理職になれないことについて、若い外国籍教員たちは口を揃えて「管理職の仕事には興味がないので構わない」と述べる。外国籍者に限らず、教員一般として、近年は管理職志向が低い。[13] 中堅以降でも、管理職にはなりたくないと考える教員は多い。しかし、異口同音に語られた、「自分が管理職に興味がないということと、制度的になれないということは別問題」との指摘には注目する必要があるだろう。

ストレスの多い校長・教頭職はともかくとして、中堅の時期になり、同世代教員や後輩までが主任になり、それなりの責任を任される中で、国籍を理由にキャリアパスの蚊帳の外に置かれることに、不満や虚しさを覚えるという語りが散見された。生徒指導や教科指導、リーダーシップ能力に定評がありながら、〈常勤講師〉として「補助的に関与」することしか許されていないために校務運営のための会議にも加われない。何年経っても教員名簿の順は、新任よりも後尾に〈講師〉と記載され、採用試験に未合格の講師と間違われることもある。「別に構わないけれど」とはいうものの、くやしさや一抹の寂しさを隠しきれない様子のベテランのインフォーマントらが何人もいた。

実質的には新任教員への指導を含む「業務」が配慮措置として与えられることもあれば、前章の方政雄さんのように、学校からの申し出に対して、本人が事前に慎重に可否を確認した上で主任担当を承諾したところを、のちに否定されたというケースもある（第6章参照）。

13　ベネッセ教育総合研究所（2010）、中央教育審議会 初等中等教育分科会（2015）など。

　本人たちが管理職に関心がないのだからと看過すべきではない。たとえば、東京都の場合、教員は国籍に関係なく「教諭」として採用されるが、管理職にはなれない。しかし、都は教育管理職（校長、副校長、教頭、教育委員会事務局、教育センター等における管理職を含めた総称）選考の受験者数の低迷が続いていることから、今後、管理職としての育成対象を教員採用時にまで広げ、早期から管理職教育を行っていくとしている（東京都教育委員会2015）。そうなると、東京都でも、外国籍教員は採用時からキャリア形成を否定されることとなる。

　また、生涯賃金においては、昇格することで、3級、4級と給与等級が上がっていくことが可能な日本国籍教員と比べ、外国籍教員であれば採用時の2級のままで、両者の格差は拡大していくことになる。

　現状では壁としてある国籍要件を乗り越えるために、日本国籍を取得して教諭、管理職になれば良いと考える教員もいる。本調査のインフォーマントのうち、3名は外国にルーツのある管理職者で、調査当時、校長、副校長、教頭に、それぞれ1名ずつ就いていた。うち1名は重国籍者で、校長として採用されていた。調査時に、副校長と教頭であったインフォーマントのうち、1名は日韓のダブルで出生時から日本国籍を保持していたが、教員になってから戸籍に書かれた名ではなく、自分のルーツがわかる「民族名」を名乗るようになった。もう1名は教員になってからしばらくして日本国籍を取得して管理職試験を受けたが、それまで名乗っていた「民族名」を継続して用いている。多文化化する日本社会で、このようにルーツのある教員が公立学校に参画することは今後も増えてくるであろうし、社会からも必要とされてくるだろう。

　グローバル化、多文化化する日本社会において、引き続き、国籍を条件に教員の公立学校教育への参入を阻むことの妥当性も再検討されなくてはならない。現在、政府の見解では外国籍者の任用が〈常勤講師〉に制限され、管理職登用も阻まれる根拠は、公務員に関する「当然の法理」という文部省（当時）「通知」による。しかし、教諭や主任以上の管理職が、本当に「公権力の行使又は公の意思の形成への参画」に関わる職といえるかは疑問である。実際第8章で述べるとおり諸外国では、教員の仕事を公権力行使に関係する公務職ではないとし、外国籍者の採用を認めているところもある。

　外国籍教員が日本国籍を取得しない理由は様々であった。日本は血統主義を採るため、自分で帰化申請をするという手続が必要であるが、その手続が煩雑であると考える人、歴史的経緯やアイデンティティの関連から「帰化」を望まない人、家族が母国にいるために母国の国籍を保持しておきたい人などである。無国籍者

であれば日本国籍取得はさらに難しい。

　公立学校という公共圏において外国籍教員が教諭となることで具体的にどのような支障が生じるのだろうか。校長らが、外国籍教員に「そろそろ管理職を」と声をかけるのは、日頃の教育実践、これまでの実績や能力で判断する際に国籍がまったく問題とされていないからであろう。ライフストーリーを紹介したシェルトンさんは確かに日本国籍をもっていたために校長として採用されたのだが、名前や外見からは「日本人」に映らないにもかかわらず、採用前の要件確認以外で、国籍について尋ねられることもなかった。このような実態は結局、日本国籍の有無が学校現場での管理職を含めた教員の日常業務となんら関係がないからではないだろうか。そうであるならば、各地方自治体の教育委員会が、今一度国籍要件の必要性を検討することは、不足する管理職者の確保の上でも有益ではなかろうか。

おわりに

　インフォーマントたちが学校現場ですでに出会ったように、外国にルーツをもつ子どもたちは増加し続けている。文科省はこうした子どもたちの教育のために『外国人児童生徒受け入れの手引き』を発行し、担任教員に対して、「国籍にかかわりなくすべての児童生徒を大切にする視点」が必要であり、受け入れに際して教員が相互に連携・協力して取り組むこと、管理職には、リーダーシップをとり、担任教員を支えるよう述べている。

　また、2018 年には、国内の少子高齢化への対策として、外国人労働者受け入れ拡大を目指し入管法が改正されたが[14]、これを受けて文科省でも、外国人の受け入れ、共生のための教育推進チームを設置し、外国人児童生徒等への教育の充実、進学のキャリア支援も含めた取り組みについて検討し、実施を目指している（文部科学省 2019）。また、外国人児童生徒の教育を担う教員の養成や研修についても目が向けられるようになっている。しかし、外国籍（ルーツ）教員についての視点はいまだ完全に欠落したままである。

　断片的な統計とはいえ、外国籍教員の数は徐々に増加しており、外国にルーツのある教員であればさらに多いはずである。本章は、このような外国籍（ルー

14　「出入国管理及び難民認定法及び法務省設置法の一部を改正する法律」2018 年 12 月 8 日成立、同月 14 日公布（平成 30 年法律第 102 号）。この改正法により、在留資格「特定技能 1 号」「特定技能 2 号」が創設された。

ツ）教員についての理解を少しでも深めてもらいたいという目的も持って、1970
年代から現在までに公立学校で採用された教員たちへのインタビューをもとにそ
の実態をまとめた。

　21世紀の日本において、公共圏を構成しているのは、なにか同質の「日本人」
あるいは、日本国籍保持者だけでなく、多様な文化的背景、さまざまな国籍、重
国籍、無国籍の人びとである。このような社会の公教育の担い手に、国籍で制限
を設け続けることの意味について、今後も基礎的な研究を継続しつつ問うていか
ねばならない。

〈参考文献〉

大山尚（2009）「重国籍と国籍唯一の原則——欧州の対応と我が国の状況」『立法と調査』
　　（295）、参議院事務局

小沢有作（1973）『在日朝鮮人教育論——歴史篇』亜紀書房

小沢有作（1983）「在日朝鮮人教育実践編・序説」『人文学報』150、都立大学人文学部

川村光（2013年a）「教師の成長に関する地域比較——2011年度質問紙調査の結果から」
　　『関西国際大学研究紀要』第14号

川村光（2013年b）「教師の成長の現代的特性——小・中学校教師の被教育体験期への
　　注目」『教育総合研究所叢書』第6号

金賛汀（1987）『異邦人教師——公立校の朝鮮人教師たち』講談社

権瞳（2004）「「在日」教師の現状と認識——実践報告からの素描」『1970年以降の在日
　　韓国朝鮮人教育研究の実践と体系的研究』（平成13年度〜15年度科学研究補助金
　　基盤研究(c)）研究成果報告書（研究代表者：中島智子）

紅林伸幸（1999）「教師のライフサイクルにおける危機——中堅教員の憂鬱」油布佐知
　　子編著『教師の現在・教職の未来——あすの教師像を模索する』教職出版

国籍問題研究会編（2019）『二重国籍と日本』ちくま新書

在日本大韓民国民団中央本部・人権擁護委員会『地方公務員国籍条項　外国籍教員公務
　　員採用・任用　全国実態調査報告書』2020年6月

中央教育審議会 初等中等教育分科会 チームとしての学校・教職員のあり方に関する作
　　業部会（2015）「チームとしての学校・教職員のあり方と今後の改善方策について（中
　　間まとめ）平成27年7月16日

中央教育審議会 初等中等教育分科会 教員養成部会（第110回）（2019）「資料2 教員免
　　許更新制について」令和元年11月11日

東京都教育委員会（2015）「東京都教員人材育成基本方針【一部改正版】」平成27年2
　　月

中山秀雄編（1995）『在日朝鮮人教育関係資料集』明石書店

中島智子（2018）「補論1 盲学校理療科の外国籍教員」『グローバル化時代における各国

公立学校の外国籍教員任用の類型とその背景に関する研究』（平成 27 年度〜 30 年度科学研究費補助金基盤研究(c)）研究成果報告書（研究代表者：広瀬義徳）

HATO プロジェクト 愛知教育大学特別プロジェクト、教員の魅力プロジェクト「教員の仕事と意識に関する調査」（2016）国立大学法人 愛知教育大学、ベネッセ教育総合研究所

ベネッセ教育総合研究所（2010）『第 5 回学習指導基本調査報告書（小学校・中学校)』

文部科学省総合教育政策局男女共同参画共生社会学習・安全課（2019）『外国人児童生徒受け入れの手引き改訂版』明石書店

文部科学省（2019）「外国人の受入れ・共生のための教育推進検討チーム報告〜日本人と外国人が共に生きる社会に向けたアクション〜」令和元年 6 月 17 日

United Nations Department of Economic and Social Affairs, Population Division, 2013, *International Migration Policies: Government Views and Priorities*, United Nations.

第3章 マイノリティ教員の経験

呉永鎬

1 教員の多様性／多様な教員たち

　「私は部落出身教師である」、このことが、私の人生を輝かせてくれ、私の
人生をすばらしいものにしてくれている。こう思えるまで、長い年月がかか
り、ずいぶん遠回りの人生を送った。私は、教師になって12年間も、自分
が被差別部落出身であることを口に出して言えなかった。12年間は長くて
重苦しい日々であった。（全国部落出身教職員連絡会編 1992）

　「努力して目が見えるようになるのか！」罵声とともにテーブルが叩かれ、
あっという間に教壇を降ろされることが決定した……。信じられないような
話だが、ある学校の校長室で実際にあった出来事である。約四半世紀前のこ
とだ。だがこの罵声こそ、実は私たち視覚障害教師の出発点である。その理
由は、「努力して視力が回復しない」ゆえに、視覚障害教師が復職する意義
をもつからだ。（全国視覚障害教師の会（JVT）2007）

　職場のなかでは自分の性的指向については隠してたんですけども、そのこ
とを隠すことによって、人間関係が抑え込まれてしまう。性的指向というの
は、たんに個人的な好みだけの問題にとどまらず、社会的な関係性の問題な
んですね。それを表現できなかったり、はぐらかしたりしていると、非常に
息苦しい思いで生きていかないといけない。（『部落解放』2002年5月号）

　これらはいずれも、日本の学校で働く教員たちの言葉である。被差別部落の子
ども、障害のある子ども、在日朝鮮人の子どもばかりでなく、近年では外国に
ルーツのある子どもやセクシュアルマイノリティの子どもなど、学校に通う子ど
もたちの多様性に目が向けられ、さまざまな実践や研究が蓄積されてきた。日
本の学校に通う子どもたちが決して一枚岩的な「子ども」ではないという認識は、

少しずつではあるが着実に、多くの人びとに共有され始めている。

　対して、教員についてはどうだろう。「教員の多様性」という言葉はまだ耳馴染みがない。男性か女性かという違いに目が向けられることはあるものの、子ども同様、多様でありうる教員たちの属性や背景といった差異は、見えにくかったり、あるいは見るべきものとして認識されていないように思われる。私たちは、教員をどこか一枚岩的な存在として捉えてしまいがちである。教員文化や教員の同僚性の問題等を扱った研究においても、こうした傾向は少なからず存在するだろう。

　本書は、外国籍（ルーツ）教員たちの経験や、かれら[1]が直面する問題を主題とするものであるが、本章では視野を広げ、障害者、アイヌ、被差別部落出身者、セクシュアルマイノリティなど、日本において歴史的・社会的にマイノリタイズされてきた人々の中で教員になった者たち——さしあたりかれらを「マイノリティ教員」と呼ぼう——の経験を取り上げることにしたい[2]。そうすることによって、かれらの存在を踏まえたより良い教育制度や職場環境、同僚関係を築いていくための手掛かりを探ることとしたい[3]。

　以下ではまず、マイノリティが教員になることを阻む社会構造的な問題と（第2節）、障害者が教職を目指すにあたり直面してきた3つの壁について確認する（第3節）。そのうえで、教員として働くかれらの経験を、子どもとの関係（第4節）、同僚との関係（第5節）に焦点を当てて検討する。

　マイノリティ教員たちの経験を描くうえで本章が依拠するのは、かれらの自叙伝や対談集、書籍等、すでに公刊されている資料である。教師研究においてマイノリティ教員に関する蓄積はほとんどなく、また各マイノリティ研究においても教師となった者が取り上げられていないためである。依拠する資料の性質上、取

1　生物学的な男性・女性に関わらず、they を指す際にひらがなで「かれら」と記す。
2　本章では十分に触れられなかったが、教員となった後に事故や病気などで障害を負ったり、あるいは部落出身者であることを知ったり、性的指向や性自認が明確になっていったりする者、言わばマジョリティからマイノリティになった／マイノリティ性を有することになった者もいる。
3　無論マイノリティ教員の経験は、マジョリティ側に消費されるために存するのではない。黒人の経験を、白人の止揚のための否定的契機の一つとして意味づけようとする知識人の営みを看破したフランツ・ファノンは、「私はなにものかの潜在性ではない。私は完全に私が現にそれであるところのものである。私は普遍的なものを追求する必要はない。私のうちにはいかなる蓋然性も占めるべき場を持たない。私のニグロ意識は欠如（manque）として与えられるのではない。それはあるのだ。それ自体に固着しているのだ」と述べた（ファノン 1998）。教育制度や学校現場を誰もが過ごしやすいより良いものへと築いていくうえでマイノリティ教員の経験は大切なのだが、かれらの経験はそのために存するのではない。かれらの経験はそれそのものとして価値を持つものであるのだ。

り上げることのできるマイノリティ教員が限定され、また時代にも偏りがあることをあらかじめ断っておきたい。にもかかわらず本章がマイノリティ教員という問題を設定するのは、そのことによって学校や教員文化がマジョリティを中心に秩序立てられていることを示したいからである。

　マイノリティ教員としての自身の経験を開陳し公開することは、決して容易なことではない。それは必然的に不特定多数へのカミングアウトを意味し、またスティグマ（特定の属性を持つ人に対するネガティブなレッテル）を貼りつけられたり、さまざまな攻撃の対象となる可能性を引き受けることを意味する。そのことを承知のうえで、かれらが自身の経験を詳らかにしてきたのは、教員世界において認知されず、問題化もされてこなかったマイノリティ教員をめぐるさまざまな問題を改善・解決したいという願いや覚悟があってのことだろう。公刊されたかれらの経験が、それぞれのマイノリティ教員の経験を代表するものでは決してない。だがそれは、願いや覚悟を含むマイノリティ教員固有の経験の一側面を確かに示している。

　さまざまな経験のコラージュによって見えてくるものも当然あるが、切り取り作業によって個別具体的な経験が有する意味が見えにくくなることもまた否めない。本章でそれぞれの経験を引用する際、明らかな場合は生年あるいは当時の年齢、地域、校種等を示すが、多くの方に、本章で参照している文献や、その他のさまざまな情報にもあたっていただき、ここでは到底示すことができない重厚で濃密な当事者たちの経験——得も言われぬ苛立ちや悔しさ、また苦境にいるからこそ見出される「明るさ」を含む——に是非とも触れていただきたい。

2　マイノリティが教員になることを阻む社会構造的な問題

　マイノリティ教員はどれくらいいるのか。その正確な数は分からない。たとえば、障害のある教員については、厚生労働省の「障害者雇用状況の集計結果」で各都道府県教育委員会に雇用されている障害者の数が公表されている。しかしここには教員のみならず職員も含まれている。また文部科学省の「教員採用等の改善に係る取組事例」でも、障害のある者の教員採用選考試験の受験者数および採用者数が公表されているが（2018年度受験者数296、採用者数51〈小学校9、中学校8、高校8、特別支援学校26〉、うち特別の選考47）、2000年代以前のデータは不詳であり、採用後に障害をもつようになる者、障害があることが判明した者は含まれていない。法定雇用率が定められている障害者（教育委員会の場合は2.4%、2019年度）

であってもこうした状況であるから、被差別部落出身者やセクシュアルマイノリティなど、統計が取りづらい教員たちの数的な全体像は摑めない。

　ただしその数は、相当少ないのではないかと推察される。その理由として第一に、学生時代の被差別経験を挙げられる。マイノリティが職業選択に際して教職を選ばないのは何故かという問いを立てたゴードン（2004）は、アフリカ系アメリカ人の場合として、第一に賃金が低い、教育を受け続けなければならないのに見返りが少ない、職業選択の機会が他の職にも開かれている等の「経済的理由」、第二に学校に興味を示すことは「白人のように行動する」、「主流の文化」の価値に適応するとみなされる等の「社会・文化的理由」、そして第三に、義務教育課程での被差別の経験、すなわち「教育的理由」を挙げている。

　日本においても、学校においてマイノリティであることを理由にいじめを受けたり、差別的な経験をしたりしたマイノリティは決して少なくないだろう。たとえば、日本国内在住の 10 代から 90 代のセクシュアルマイノリティ約 1 万 5000 名に対するインターネット調査の結果によれば（日高 2018）、小〜高でのいじめ被害経験がある者は全体で 58.2％（MtF、ゲイ、X ジェンダーの割合が高い）[4]、不登校経験は全体で 21.1％（トランスジェンダーが最も高い）、さらに 10 代のレズビアン、バイセクシュアル女性、MtF、FtM、FtX の自傷行為経験率は 4 〜 5 割と非常に高い値を示している。10 代のセクシュアルマイノリティ全体でも、首都圏の男子中高生の自傷行為経験率 7.5％のおよそ 3 倍である 22.9％となっている。加えて「いじめの解決のために先生が役に立ってくれた」と認識している者は、全体で 13.6％に過ぎない。

　学校はトイレや制服、修学旅行での部屋割りをはじめ、多くが男女という切り分けで運営され、種々の教育活動においても性役割が再生産されがちである。性的指向および性自認（SOGI）に関する教員たちの理解も十分であるとはいえず、子どもたちの間でもシスジェンダー（性別違和感のない人）・ヘテロセクシュアル

4　セクシュアルマイノリティ（性的少数者、性的マイノリティ）とは、「社会の想定する「普通」からはじき出されてしまう性のあり方を生きる人びと」を指す（森山 2017）。恋愛感情や性的欲望がどの性別の人に向かうのかを示す性的指向（sexual orientation）により、ヘテロセクシュアル（異性愛）、ゲイ（男性同性愛）、レズビアン（女性同性愛）、男性と女性の双方が性愛の対象となるバイセクシュアル（両性愛）、性的指向の基準に性別が含まれないパンセクシュアル（全性愛）、他者に対して性的欲望を抱かないアセクシュアル（無性愛）などと呼称される。また、割り当てられた性別のあり方と、自身の性別が何であると認識しているのかを指す性自認（gender identity）とが異なる人をトランスジェンダーと呼ぶ。生物学的性が男性で性自認が女性の人を MtF（Male to Female）、生物学的性が女性で性自認が男性の人を FtM（Female to Male）、自身の性自認を男女のいずれかに定めない人を X ジェンダーと呼ぶ。なお、性的指向と性自認を合せて「SOGI」と略称する。

（異性愛者）以外の人びとを馬鹿にしたり、嘲笑の対象とすることは決して珍しくない。調査結果からは、そうした学校という日常の中で苦しむセクシュアルマイノリティの子どもたちの姿が見て取れる。

　もちろん、学生時代に辛く苦しい被差別経験をしたり、「恐れ」を感じざるを得なかったからこそ、そうした状況を変えるために教職を志す人々もいる[5]。だが私たちは、教員になった人びとの声のみを聞けていることに自覚的でなければならない。学生時代の経験から、学校や教員に対して否定的であったり、複雑な思いを抱かざるを得なかった人、また教職を目指そうなどとは到底思えなかった無数の人びとがいる（いた）と考えるべきだろう。

　マイノリティ教員が少ない理由として第二に考えられるのは、マイノリティの高等教育機関への進学率がマジョリティと比して相対的に低いことである。これに関しても全体的な統計は見当たらないが、いくつかの調査や研究が進学率の低さを示している。

　まずは外国籍者について確認しておこう。髙谷ら（2015）は、2010 年の国勢調査オーダーメード集計を用いて、日本で 5 年以上生活している外国籍の子どもの高校・大学在学率を算出している[6]。それによれば、高校在学率は、韓国・朝鮮、中国、ベトナム、ペルー籍と日本籍との差は 10 ポイント以内に収まっているが、フィリピンは 26、ブラジルは 30 ポイントも低い。この値は 2000 年と比して大きく向上しているが、それでも多くの子どもたちが高校を中退していると考えられる。日本の中学校に中途編入した者や、学齢超過のため日本では中学校に通えなかった者の在学率はさらに低い。大学在学率は日本と中国、韓国・朝鮮はほぼ同じである一方、フィリピン、ベトナム、ブラジル、ペルー籍のそれは 15 〜 35 ポイント低い。ニューカマーの子どもたちの高校進学率・在学率の低さ（中退率の高さ）は一定の改善を見せているが、学力や経済状況を背景に、大学進学率・在学率は未だ低い状態にある。

　アイヌの場合はどうか。北海道による「北海道アイヌ生活実態調査」によれば[7]、高校進学率においてアイヌの子どもたちと「アイヌ居住市町村」全体との間に大きな差は見られないが、大学進学率は 8.8％（1979 年調査）、8.1％（1986 年調査）、11.8％（1993 年調査）、16.1％（1999 年調査）、17.4％（2006 年調査）、25.8％（2013 年調査）と、上昇傾向にあるものの明らかな差が見られる。2017 年調査でも 33.3％となり、全体値より 12 ポイントほど低くなっている。

　被差別部落ではどうか。髙田（2013）によれば、2011 年度の大阪における全日制高校への進学率は、同和地区 84.3％に対して、地区を有する市町村全体では

92.4％となっており、同和地区の教育達成の低位性が十分に解消されていないことが指摘されている。京都市の場合、1970年代には同和地区生徒の高校進学率は全市平均とほとんど同じ値を示していたが、進学先である公立高校と私立高校の割合が逆転している問題や、中退率の高さが指摘されている（伊藤ほか1999）。さらに1977年〜96年の大学進学率の平均値を見ると、京都市全体が43％であるのに対し、同和地区は25％と明らかな差がみられる（後藤2008）。2002年に全国的な同和対策事業が終了し、近年の進学率に関する調査は見当たらないが、進学率や学歴格差は未だ解消されていないのではないかという見方もある。髙田（2013）はその背景に、1996年の公営住宅法の改正により導入された応能応益家賃制度によって、同和地区からの中間所得層の流出と低所得者層の流入が進んだこと、また保護者世代の生活基盤の不安定化を挙げている。

　続いて障害者を見よう。まず特別支援学校高等部卒業生の進学率（2005〜18年）を見ると、障害種別によって進学率に大きな違いがあることが確認できる[8]。視覚障害および聴覚障害のある卒業生の進学率が30〜40％であるのに対し、知的障害、肢体不自由、病弱・身体虚弱は極めて低く、全体としては2〜3％程度となっている。

　大学、短大、高等専門学校に在学している障害のある学生は、2006年度の4937人（在学率0.16％）から、2016年度には2万7256人（0.86％）、2019年度には3万7647人（1.17％）と増加傾向にあり、特に発達障害、病弱・虚弱、精神障害の学生が急増している（独立行政法人日本学生支援機構2020）。そのほとんどは普

5　福岡県宝満川の川沿いにある被差別部落で育った安永豊さんの進路選択には、通っていた愛知県の大学での被差別経験が大きく影響したようである。ある日安永さんは、大学の友人たちが部落について「あそこに住んでいる者は、犬を食うらしいぜ」、「あぶないから、近よらないように……」といった話をしているのを耳にする。安永さんは、「急に心臓がどきどきと高鳴り、冷や汗が流れ、背筋がぞーとする感覚に襲われ」、「胸をえぐるようなショック」を受けたという。「部落差別から逃げられない」と痛感した安永さんは、部落問題に関する学習や地元での子ども会活動、青年部活動に積極的に取り組むなかで、「大学卒業後も自分自身が部落差別をなくしていくことと、解放子ども会の子どもたちに差別に負けない力をつけること、そして、多くの人に部落差別のむごさ・冷たさ、そして差別とたたかうことのすばらしさを伝え、仲間と一緒に差別をなくしていける、そういった「進路」として教師を選択」することになる（福岡県部落出身教職員連絡会（1992））。
6　調査結果として示されている国籍は、日本、韓国・朝鮮、中国、フィリピン、ベトナム、ブラジル、ペルーである。
7　この調査におけるアイヌとは、「地域社会でアイヌの血を受け継いでいると思われる方、また、婚姻・養子縁組等によりそれらの方と同一の生計を営んでいる方」とされている。各市町村が把握できたアイヌが調査の対象であり、北海道内に居住しているアイヌの全数ではない。またそもそも母数自体が非常に少ないため、統計的な比較には慎重を要する。
8　文部科学省「特別支援教育資料」（各年度）を参照。

通高校からの進学である。

　かつては障害を理由に受験を認めなかったり、入試に合格した場合でも障害を理由に不合格とする大学があった（清水・三島編 1975）。2006 年には国連が障害者権利条約を採択、日本が 14 年にこれを批准し、16 年には障害者差別解消法が施行された。障害者差別解消法は、大学受験や修学における障害のある学生からの申し出に応じた合理的配慮の提供を、善意や任意ではなく法的義務として課している。施設や設備面での改善が取り組まれているものの、試行錯誤の段階にあることや、障害学生支援担当の専任スタッフや支援コーディネーターの不足、関心の低さ等、障害のある学生の受け入れ体制が十分であるとは言い難い状況にある。

　以上のように、マイノリティであることを理由とした学校での否定的経験、また経済状況や学習環境の未整備等による高校ならびに大学進学率・在学率の相対的低さから、外国籍者・外国ルーツの人びとも含め、マイノリティの中で教職を目指し、さらに大学に進学し、実際に教員になるケースは非常に稀であると考えられる。マイノリティ教員が少ないということは、学校に通うマイノリティの子どもたちが、教職のロールモデルたりうるマイノリティ教員と出会う機会もまた決して多くはないことを意味する。

3　障害学生が直面する 3 つの壁

　先述のように、障害のある学生は大学に合格した場合も、受け入れ体制や修学支援体制が十分に整っておらず、多くの不利益を被ることがある。さらに、他のマイノリティと異なり、障害のある学生が教職を目指すうえでは 3 つの壁、すなわち①教職課程の履修、②教育実習、③教員採用選考試験において障壁が存在してきたことを指摘しておきたい。

　まず教職課程の履修である。対応は大学および取得したい教員免許によって異なる。日本ではじめて高校の英語教師となった全盲者である楠敏雄さん（1944 年生）の大学での学びは、まさに壮絶なものであった。[9]1960 年代当時、まだ点字による入試の実績も、全盲学生受け入れの実績もなかった京都の私立大学の文学部英米文学科に、楠さんは入学した。大学側は、特別扱いはしない、他の学生と平等に扱うという条件で入学を許可した。今でこそ、点字プリンターやパソコンなどを用いた音声読み上げ機能が利用できるようになっているものの、当時そのようなものはなかった。点字の教科書も提供されない中、楠さんは同じ授業に出席していた学生とともに「盲人問題研究会」というサークルをつくり、そのサーク

ルで他の学生に点字を教え、英語やドイツ語の教科書を一つ一つ点訳していった。授業についていくのも必死であった。授業はカセットテープレコーダーで録音し、下宿で点字ノートをつくった。録音を認めない教員もいた。「絶対、ついていってやる」という思いが楠さんを支えた。

　当時においても体育や理系科目を除き、中高に関してはほとんどの科目について免許状取得のための教職課程の履修が可能であったようで、視覚障害者には社会、英語、数学の免許状取得者が多い。一方、小学校の教員免許については、多くの大学が障害学生の教職課程の履修を認めてこなかった。90年代半ばから、一部の大学で履修可能となり、免許状取得者が出ている（全国視覚障害教師の会〈JVT〉2007）。

　文科省は、2012年の「障がいのある学生の修学支援に関する検討会報告（第一次まとめ）」や2017年の「障害のある学生の修学支援に関する検討会報告（第二次まとめ）」において、大学における障害学生の修学支援体制の整備が急務であると指摘し、また2012年の「共生社会の形成に向けたインクルーシブ教育システム構築のための特別支援教育の推進（報告）」では「学校においても、障害のある者が教職員という職業を選択することができるよう環境整備を進めていくことが必要である」と示している。全国的な調査は見当たらないが、こうした報告を受け、今日では多くの大学で障害学生の教職課程履修において合理的な配慮の提供が試みられていると考えられる。

　次に、教育実習の壁である。障害のある学生の場合、実習校を探すのも容易ではない[10]。2歳の時に失明し、小学校から高校まで視覚特別支援学校で学び、一般入試を経て大学に進学した木村敬一さんは、普通校での教育実習を望んだ（実習は2012年）。出身校ではないこと、障害に配慮できる設備がないこと等により実習校探しは難航した。実習中のサポートスタッフを雇用する費用をどのように捻出するのかという問題もあった。ようやく決まった実習先であったが、指導教諭の一人が晴眼者と同じようなチョーク・アンド・トークの授業の実施を求めることもあったという。2016年に実習に臨んだ運動機能障害のある別の学生は、幼稚園教諭免許状および保育士資格の取得に必要な保育・教育実習を、子どもの安全・安心について責任をとれないという懸念から拒否されたという。

　発達障害のある学生の教育実習に際し、学部教員および学務係が事前に実習先

9　詳しくは、羽田野ほか編（2018）所収の中村雅也論文を参照されたい。
10　詳しくは、羽田野ほか編（2018）所収の宇内一文論文を参照されたい。

である付属学校園と打ち合わせを行い、実習生のための附属校内のレストスペースの確保、感覚過敏のある実習生のための実習内容の調整、実習報告書提出のタイミングの調整、給食の量の調整といった対応をとる大学・実習校もある（池田ほか 2017）。そうした取り組みのためには、大学の障害学生支援体制が整えられていることや実習校との綿密な連携・協力等が求められよう。

　教育実習も終え、無事に教職課程を修了した障害のある学生に、最後に迫るのが教員採用選考試験における壁である。かつては、各地の教育委員会の教員採用規定に、視力制限等の制限条項が明記されていた（全国視覚障害教師の会（JVT）2007）。教員採用選考試験においてはじめて点字試験が実施されたのは大阪市、1972 年のことである。その後、東京都、埼玉県、大阪府、神戸市と続く。先述の楠さんは大阪府の点字試験を受けたが、当時は図表や写真などを用いた問題もそのまま出題され、点字の読み速度を考慮した試験時間の延長も許されなかったという。1994 年の北海道教員採用選考試験の募集要項で重度聴覚障害者の排除規定が設けられていたり（全日本ろうあ連盟（1947 年創立）による抗議によって後日削除）、別の県でも 97 年度の受験に際し、あらかじめ手話通訳を申し入れたにもかかわらず、面接試験時に通訳を拒否されるなど、障害に配慮しない対応や差別的な対応は各地で見られた。[11]

　文部省は 1996 年 4 月、各都道府県・指定都市教育委員会教育長宛に「教員採用等の改善について（通知）」を発し、「身体に障害のある者について、単に障害があることのみをもって教員採用選考において不合理な取扱いがなされることのないよう、選考方法上の工夫など適切な配慮を行うとともに、その工夫の内容等について広く教職を目指す者が了知しうるよう広報周知に努めること」を求めている。また 1999 年 12 月に出された教育職員養成審議会第 3 次答申「養成と採用・研修との連携の円滑化について」においても「多様な人材を確保する観点から……受験の機会の拡大を図るなど、教員を志望する障害者の受験に対する配慮が必要である」ことが示された。

　こうした国の通知・答申を受け、2001 年度の教員採用選考試験から、三重県と広島県・広島市が身体障害のある者を対象とした特別選考を実施、2002 年度は新たに 8 県市が、2003 年度は 10 県市の教育委員会が障害のある者を対象とした特別選考を実施している（横山・山田・北島 2017）。同年から文部科学省初等中等教育局教職員課は「教員採用等の改善に係る取組事例」を公表しはじめた。2007 年には厚労省が教育委員会に対し、障害者雇用を改善するように勧告し、新聞各紙も教育委員会の障害者雇用率の低さを報道した。その後も、2011 年 12

月の「教員採用等の改善について」、2014年5月の「障害者の採用拡大等について（通知）」をとおし、文科省は各都道府県・指定都市教育委員会教育長に対し、「障害者の採用拡大に向けて、なお一層の取組を進めるよう必要な措置を講じること。特に法定雇用率を下回る教育委員会は、適切な実態把握と他の都道府県等の取組を参考に法定雇用率の改善に努めること」を求めている。

　今日では、教員採用選考試験の筆記試験において、視覚障害者に対し文字・用紙の拡大、試験時間延長、聴覚障害者に対し手話通訳、書面・筆談指示、肢体不自由者に対し別室受験、試験会場・机等の配慮が、また筆記試験以外における配慮として、手話通訳等の配置、実技試験や面接の差し替え・免除、駐車場確保といった取り組みが、各地教育委員会でなされている[12]。ただし、現在も多くの教育委員会が受験資格として「自力による通勤ができること」と「介護者なしに教員としての職務の遂行が可能な人」という要件を設けており、「障害を理由とした差別」にあたるとの指摘もある（横山・山田・北島 2017）。

　中村（2016）は、視覚障害のある教員6名へのインタビューから障害者が教員になることを阻む社会的障壁を以下の6点にまとめている。すなわち1）障害のある生徒がロールモデルとなる障害のある教員を知る機会が少ない。2）特別支援学校の生徒は職業として普通校の教員を想定しにくい。3）障害のある学生は普通校での実習から排除されやすく、普通校の教員になる準備ができない。4）採用試験の情報や教材、模擬試験へのアクセスに社会的障壁がある。5）教員採用試験の障害者への対応は自治体によって異なり、適切な試験方法が提供されていないこともある。6）障害者は臨時任用の講師としても採用されにくい、である。

　障害者というカテゴリーは、資本主義社会における労働・福祉システムの構築に伴う、「働ける」者と「働けない」者との線引きのなかで生み出されたとされる（オリバー 2006）。日本国内の障害者運動や、国連の「障害者の権利宣言」（1975年）、「国際障害者年」（1981年）といった世界的な流れを受け、障害基礎年金の給付（1985年）、障害者基本法（1993年）、障害者総合支援法（2012年）をはじめとして、障害者への差別を禁じ、その生を社会的に保障するための国内法・制度の整備も進んできた。上で見てきたように、障害者が教員として働くための様々な取り組みも行われてきた。

11　全国聴覚障害教職員協議会のホームページ中の「『全聴教』の歴史」（https://zencyokyo.org/wp/?page_id=13）を参照。2020年3月24日最終閲覧。

12　文部科学省「令和元年度教師の採用等の改善に係る取組事例」を参照。

　しかしなお、「教員免許を持っている障害者は法定的雇用率を満たす程度はいる」（久米 2011）にもかかわらず、多くの教育委員会で法的雇用率未達成が続いている（横山・山田・北島 2017）。その背景には、障害者は教員として十分に働けないとする不文律が作動している側面もあるのではないだろうか。外国籍者や障害者のように目に見える排除規定はないものの、セクシュアルマイノリティの採用に際し、何らかの心理的障壁が生じうる可能性も完全には否定できない。法や制度、自治体の条例や教育委員会の方針・取り組みの改善・改革とともに、人々と社会の意識改革が求められることは言を俟たない。

　それでは続いて、そうした中でも、狭き門を潜り抜け教員として働くマイノリティたちの経験を見ていこう。

4　子どもにとってのマイノリティ教員

（1）マイノリティのエンパワメント

　第1〜2章で見た外国籍（ルーツ）教員のライフストーリーや、羽田野らによって編集された『障害のある先生たち』でも示されているように、マイノリティ教員は、マイノリティである自身のアイデンティティを軽視しているわけではないが、他方で他の教員と同じ教員であることを強調することがある。日々教員として生活し、教員として子どもや保護者、同僚たちとの関係をつくり働いているのは、マイノリティ教員も同様である。そこに・マ・イ・ノ・リ・テ・ィ教員としての独自性を見出そうとする姿勢は、観察者側の願望の現れに過ぎないのかもしれない。

　とはいえ、実際には学校現場で、マイノリティ性に基づく役割を期待されることがある。マジョリティによって絶えず強調される自身の他者性。こうした役割期待は時にプレッシャーにもなる。教員生活が始まる直前に、自身が部落出身者であることを告げられた須原雅和さん（1965年生、広島県、中学校）は、部落出身者として何かしなきゃいけないのではないかといった使命感やプレッシャーがあるかという質問に対し、「ありましたね。それは強かったですよ。部落の子を目の前にしとるわけだから、なんか僕がやらにゃ、子どものために何か言うていかないけん、やらないけんってことばかり考えて空回りしていましたね。もう学校へ行きたくなかった、ほんま。学校に行ってすぐに吐いたりしていました」とふり返る。そうしたプレッシャーを落ち着かせるのに9年程の時間を要したという（解放出版社編 2003）。

　一方、マイノリティ性に基づく役割期待を正面から受け止め、実践をくり広げ

る教員もいる。1927 年に生まれ、47 年から旭川市の小学校で働き始めたアイヌの荒井和子さんはその典型である（荒井 2013）。クラスの子どもから「アイヌ出て行け。何しに来た。アイヌには教えてもらいたくない」と言われた時、荒井さんは「全身張りつめていた糸が音を立てて切れ、目の前が暗くなった。そして震え出した」という。だが心を落ち着かせ、アイヌについて冷静に説明し、クラスにいるアイヌの子たちにも「アイヌといわれればいわれる程胸を張って歩きなさい」と諭した。毛深いと泣くアイヌの女の子には「この毛のおかげで、先生は頑張ったのよ。アイヌは毛深いのが当たり前でしょう。いつまでも恥ずかしいと思っていたら、何もできないわよ」と涙を流しながら共感を示した。自分がアイヌであることを意識していない子どもたちが「アイヌは旭川にいるというがどこにいるのだろうか」という文を書いた時も、先生はアイヌであるとはっきりと伝えた。荒井さんは自分がアイヌであること、またアイヌとして生きてきた経験や知識を積極的に活用しながら、アイヌの子どもたちをエンパワメントするとともに、アイヌと和人の子どもたちが共生する学級をつくろうと努めた。

　そればかりではない。他県で開かれる集会や教員たちの学習会では、好奇の目に曝されることもあったし、アイヌに対する人びとの無知さに辟易したこともあったという。それでもアイヌに関する正確な情報を知ってほしくて、荒井さんは発信を続けた。また、師範学校の教授とともにアイヌ児童の学力調査を行い、「アイヌは頭が悪い。何をさせても駄目だ」、「アイヌは劣等民族だ」といった北海道の学校現場に根強い言説が誤りであることを実証的に示していった。荒井さんは、未開拓、不潔、野蛮、学力が低いといったアイヌに付与されたスティグマを自ら引き受け、内破していったのである。

　今日の学校現場において、アイヌに対する人種主義的な偏見が完全に払拭されたとはいい難い。佐々木（2015、2016）によれば、若い世代になるにつれアイヌであることを理由とした被差別経験は少なくなっているが、学生時代にクラスメイトから毛深さを指摘されたり、「アイヌ臭がする」、「アイヌが移るから触らないでくれ」、「毛が入るから給食当番をやるな」と言われたりした経験がある 20 〜 30 代の若者もいる。アイヌであることを隠す子どももいる。アイヌへの差別意識が薄らいできたとされる今日においてもこうであるのだから、荒井さんが教員であった当時、その存在と活動から肯定的な影響を受けたアイヌの子どもが少なくなかったであろうことは想像に難くない。

　幼い頃から性別への違和感を抱き、中学生の頃に同性に恋愛感情を抱いていた新井久美子さん（新潟県、高校）も、信頼できる仲間とともに、「セクシャルマイ

ノリティ生徒交流会」を立ち上げ、性的少数者の生徒をつなぐ実践に取り組んでいる[13]。自身が部落出身であるからこそ、部落の子どもたちが抱える問題が分かったり、見えたり、また共感できるという部落出身教員の語りも少なくない[14]。もちろん在日朝鮮人だからといって在日朝鮮人のことを分かるわけではないし、SOGIのあり方も極めて多様であり、一人ひとり異なる。そうだとしても、毎日をマイノリティとして生きる子どもたちにとって、部分的であれ自身と重なるマイノリティ性を有するマイノリティ教員の存在は、当人が意識的であるか否かにかかわらず、子どもたちをエンパワメントする役割を果たしているのではないかと考えられる。

（2）当たり前の問い直し

　マイノリティ教員が相手にする子どもたちの多くはマジョリティである。マジョリティの子どもたちに、マイノリティ教員はどのような影響を与えているのだろうか。

　普段、「同じ教員として」教育実践を行うマイノリティ教員たちも、時と場合によっては自身のマイノリティ性を戦略的・積極的に活用する場合がある。手に障害のある、ある高校教員は、「そんなに普段、障害を意識していないくせに、「ここや」という場で使えるなと思ったら、使ったれ、みたいな感じでやってるんで」と述べる（羽田野ほか編 2018）。マイノリティであることや、自身の経験、知識を用いて、マジョリティの子どもたちにとっての「当たり前」を再考するための契機を与えようとするのである。

　池田久美子さん（1964年生）は、1990年より大阪府内の私立女子高校の生物教諭を務める。レズビアンであることを生徒には明かしていなかった。ある年、学年行事で扱ったHIVに関する映画に同性愛者への差別・偏見につながる「ホモネタ」が入っていたことに驚愕した池田さんは、「多様な性と社会」というテーマの授業を行うことにした。SOGIに関する誤った知識や偏見が、今日よりもはるかに蔓延していた時代である。池田さんはジェンダーやセクシュアリティに関する知識、セクシュアルマイノリティが抱える問題について取り上げたうえで、「私も女性と暮らしてて、彼女は恋人なんだけど、そのことはうちの学校の先生はみんな知ってるよ」と伝えた。一瞬の沈黙が流れた後、「全然ヘンじゃないよ、先生」と一人の生徒がボソリと言った。池田さんは答えた。「生徒にカムアウトするのは初めてでね。……本当は先生に限らず、たくさんの人がその辺にいるんだけど、言えるってことはめずらしい。あんたらよっぽど縁あってんなあ」。あ

くる日の生徒の感想文には、「少し驚いたけど、自分たちを信頼して言ってくれたのだと思うとうれしい」と書かれていた。また「自分も同性とつきあっている」や「同性に惹かれるが、とてもじゃないけど友達に言えない」といった感想もあった（池田1999）。新入生の間では「先輩から聞いたでぇ、レズの先生がいるらしい」などと噂が飛び交うこともあるが、半年ほど経てば生徒たちは「慣れて」くるのだという。セクシュアルマイノリティの生徒はもちろん、マジョリティの生徒たちに池田さんが与えている影響が決して小さくないことが見て取れる。

　普通学校で働く障害のある教員の場合を見よう（羽田野ほか編2018）。脳性まひの教員は、立って黒板とチョークを用いて授業ができないし、校内を移動するという日常的な行動に困難を覚える場合がある。目が見えない教員は、紙媒体の資料を読むことができないし、小テストの際に「目を光らせて生徒の不正を防止する」ことができない。支援や設備、補助教員の不在などで生じうるこうしたディスアビリティを、かれらはむしろ積極的に活用した教育実践をくり広げてもいる。

　脳性まひの中学校教員（教職歴15年目）は、「授業っておれ一人でやるんじゃないんだよな」、「40人と一緒にやるんだから、できないことは手伝ってもらえばいい」という考えのもと、必要な場面では生徒に板書をしてもらった。階段の上り下りも自然に生徒が手伝ってくれるようになった。彼は「障害があるからこそ、できる教育がある」と述べる。「肩を貸して、生徒と一緒にのぼるっていうことは、ぼくにとっても、そのときにできるコミュニケーションがあるんですよ。「助かるよ」「ありがとうねぇ」って。子どもにとって、自分にやくわりがあるということが自信になる」。カンニングをされた全盲の教員（高校、教職歴10年目）は、「それが自分の授業でなくてもできたんか」、「それは完全に視覚障害というのを悪用した、恥ずかしい行為である」と生徒たちに厳しく問いかけた。「それは自分としても、気持ちのいい体験ではないんやけど、……視覚障害の教員やからできる指導なのかな」とふり返る。

　SOGIや健康、民族や国籍、居住地といった種々の指標においてマジョリティの位置にある者は、日々の生活において、その指標を意識することは稀である。社会がマジョリティに即して秩序立てられ築き上げられているから、それを意識

13　「特集　いまなぜ人権教育なのか　当事者の教員から学ぶ」『部落解放』2017年12月（750号）。
14　「特集　はじめて「同和教育」にとりくむ人のために　子どもたちと向きあって（座談会）」『部落解放』1982年4月号（第180号）。
15　「特集　性の多様性を考える（座談会）」『部落解放』2002年5月号（第501号）。

する機会も必要もないためだ。しかしマイノリティ教員との出会いは、そうした意識せずとも良かった指標に意識を向かわせる契機となりうる。マイノリティ教員との日常的な関係の中で、あるいはマイノリティ教員の積極的なはたらきかけによって、子どもたちは様々な「当たり前」を問い直し、学ぶきっかけを得ていることだろう。

　そしてまた、羽田野が的確に指摘するように、マイノリティ教員の実践は、子どもや教員の多くが共有している「授業はこうあらねばならない」、「教員はこうあらねばならない」という認識を、また学校はこうあらねばならないという認識を問い返してもいるのだ（羽田野ほか編2018）。

（3）他のマイノリティとの出会い

　マイノリティ教員による経験の語りで注目されるのは、自分とは異なるマイノリティとの出会いが、かれらにとって小さくない影響を与えたものとして度々登場することである。大阪の部落で育った北門亮子さん（教員になって3年目）は、大阪市立長橋小学校での子どもとの出会いを以下のように語っている[16]。

　　長橋に来る前に、半年ばかり別の学校にいたんですが、そこで受けもったある長欠児との出会いとか、教師であること、自分が出身教師であることを問い直されることがあった。長橋に来て、部落の子もいれば、在日朝鮮人の子もいてる、沖縄出身の子どももいてる、もっと細かく言えば、炭鉱出身の子もいてる。自分には差別がみえると、おごった気持ちで入ってきたのが、くずれてしまって、自分のクラスの子どもと同じレベルで、年の差をこえて、仲間みたいになる楽しさが、今少しみえてきているところです。

「長欠児」や「部落の子」、「在日朝鮮人の子」、「沖縄出身の子」、「炭鉱出身の子」との具体的な関わりが、部落出身で「差別がみえる」と考えていた自身を内省する契機となったようである。高知県の盲学校に赴任した部落出身教員である清岡末広さんも、「実は部落差別さえもわかってない、差別とは何かということさえわかってない、ということが鮮明に見えはじめた」と述べている[17]。

　先述の池田久美子さんも、「在日外国人と日本人、すべての人があるがままの姿で生きられる社会をめざす松原アプロの会」というグループとの出会いから、多くのものを学んだという（池田1999）。1996年当時は、同性愛者の問題を性教育の一環として扱っている団体はあったものの、「マイノリティ問題を考えてい

るところ、差別問題を考えているところで、同性愛の問題を取り上げているところ」はなかった。「松原アプロの会」で世代を越えた人びとが差別問題について考えている姿を見たことや、同会で出会った鄭順一（チョンスニル）さんが郵便局員として本名で働く姿を扱ったテレビ番組を見たことをきっかけに、池田さんは職場でのカミングアウトに踏切っている。

　アイヌの荒井和子さんは受けもった小児麻痺の子どもを自転車の荷台に乗せ、可能な限り家の近くまで送っていた。しかしある日、その子の母親から「同情はその子を大きくしない。……強く生きることを教えてほしい」という手紙をもらい、「このことは私にあてはまることでもあった」と自身の実践を問い直している（荒井2013）。

　第1章で取り上げた金相文さんも、在日コリアンばかりではなく、同和問題や障害、ジェンダー、セクシュアリティなどを人権研修のテーマとして取り上げていた。

　マイノリティ教員にとって、異なる状況にあるマイノリティたちとの出会いはどのような意味をもつものだろうか。在日朝鮮人である筆者自身の経験から推測するならば、その一つは、自身とは異なる文脈でマイノリタイズされた人びとの声を聴かないでいられた自身の特権性に気付かせてくれる、そのような意味をもつのではないだろうか。それは自身の経験を相対化する契機でもあり、差別の問題をより深く立体的に捉えさせる契機でもある。こうした経験はマイノリティ教員たちの教育実践をさらに深化させうる。自身とは異なるマイノリティの子どもたちとの出会いは、マイノリティ教員を人として、また教員として一層成長させる重要な経験となったと考えられる。

5　同僚との関係および職場環境

（1）差別や無理解等に基づくストレス

　次に同僚との関係や職場環境について見よう。マイノリティ教員は、職場での当該マイノリティ問題に関する無理解や、民族や出身地、SOGIに基づく同僚教員たちの差別発言に接することがある。無理解や差別、またそれらによって生じる同僚教員への不信感は、マイノリティ教員にとって大きなストレスとなる。

16　「特集　はじめて「同和教育」にとりくむ人のために　子どもたちと向きあって（座談会）」『部落解放』1982年4月号（第180号）。

17　同上。

　アイヌの荒井さんは、職員室に入るなり「あいぬさんお茶ください」と言われたことがある（荒井 2013）。驚いてその教員の顔を見ると「すいません、アイヌさんお茶お願いします」と再び言われた。涙を流しながらお茶をついだ荒井さんは、勇気をもって「先生、私をあらいと呼んで下さい」と言ったが、「まちがいましたか。僕はあらいさんと呼んだはずですが」と言い返された。同僚ばかりではない。子どもの作文には、ドリルを解いてわからないところがあると母親が「あのくそたれアイヌの教え方が悪いんだ」と言ってくる、と書かれていた。授業や指導で何らかの失敗があった時、その失敗を属性に還元されてしまうかもしれないという不当さとプレッシャー、恐怖に、荒井さんは晒されていたのである。

　無論こうした直接的な攻撃ばかりではない。徳島県内の被差別部落に生まれ育った切原宏和さん（徳島県、高校、採用は 2000 年代前半頃と推察される）は職場で、「終わりかけの（部落問題の）ことを蒸し返してどうするの」、「そうやな。こんなん〔同和問題に関する学習：引用者〕早くやめたらいいのに、やるから〔差別が：引用者〕なくならんのや」という教員たちのやりとりを聞いた。切原さんが「それ、当事者の目の前で言えますか」と問うと、教員は「言えるわけないだろ！」と返した。部落出身者であることを積極的に明らかにしていなかった切原さんは、「だったら言うなよ。ていうか、ここに、目の前におりますよ！」と、心の中で叫ぶほかなかった。「「この人たちに負けたらあかん！」と思うと同時に、教員は信用できないと思うようになった」という（切原 2018）。

　マイノリティであることを明らかにしていない場合、ストレスはさらに大きい。女性と同棲していた池田さんの場合、一人暮らしをしていると嘘をつき、また同僚が家に遊びに行きたいと言っても、汚れているなどと理由をつけ、やんわりと断っていた。職場の人が家に物を渡しにきた際は、郵便受けに掲げられた彼女と自分、それぞれの本名とニックネーム（レズビアンのグループで使用していた名前）をはじめ、彼女と同棲している痕跡をすべて隠し、玄関で受け取った。「昨日なに食べたん？」と聞かれても、二人で鍋を食べたとは言えず、言葉を詰まらせてしまい怪しまれる。プライベートな話をすることを好む同僚とは、帰りの方向が一緒でも 10 メートルほど離れて歩いていたという（池田 1999）。

（2）手探りの関係構築

　今日、学校において同僚性を築くことの難しさが指摘されているが、マイノリティ教員の場合、上述のような同僚たちの無理解や意図的・非意図的な差別発言

および行為によって、不当に傷つけられうる状況が重なるのだから、同僚たちとの関係性構築はさらに困難なことになる。

　着任直前に自身が部落出身であることを知った須原さんは、「解放運動や解放理論に接すれば接するほど、隠しとる自分が情けのうなってきます」と、葛藤を感じていた。しかしある時、須原さんが書いたレポートが教職員研修で取り上げられ、意図せず出身者であることが知れわたってしまう。突然のアウティング（本人が公にしていない属性等を、本人の了解を得ずに暴露すること）。その日から露骨に態度を変える同僚もおり、職員室にもいづらくなった。「この人は僕が出身であるということをどう思っとるんじゃろうか、どう考えとるんじゃろうか、ということにびびる、というか怯えるみたいな感じになってしもうてね。で、もうたまらんで、涙を流しながら車で帰ったこともあります」と、ふり返る。同和教育に活発に取り組んでいない別の地域への転勤も考えたという。須原さんは10数年の経験の中で、カムアウトのラインを見極めている。「知られようがどうしようがいいけど、自分から名のるということは周りの状況を考えた上でせんといけんと整理しとる。こいつに言うたら態度が変わるだろうと思ったら絶対言わない」（解放出版社編2003）。ある種の緊張が常に働く中で、同僚との関係を慎重に築いていたことが見て取れる。

　池田久美子さんの場合を見よう。池田さんは先述の鄭順一さんの番組を見て、「外じゃなく内から変えなあかんのとちがうか」と考え、職場でのカミングアウトを決意する。3年に一度の同和教育担当主任選挙に出て、その所信表明の中でカムアウトする方法を思いつく。数人の同僚女性教員にはレズビアンであることを明かしていたが、男性教員へのカミングアウトは「ハードルが高かった」。「拒絶されたらショックを受けて萎えてしまう」と考えたため、「いろいろ観察して」、「しっかりして」、「信頼できる」、「大丈夫そうな人」を「嗅覚で」判断し、まずは年配の男性教員にカミングアウトすることにした。セクシュアルマイノリティに関するビデオや出版物を山のように抱えて、相談があるんですと準備室に誘った。「あのー、あのー」と中々言い出せずにいたが、男性教員は待ってくれた。そして「私ね、女性と暮らしててその人は恋人なんです」と言えたとたん、池田さんは泣いてしまった。「怖いという気持ちがすごくあっ」たためだ。男性教員は、在日コリアンの「本名宣言」と重ねながら、「外からの圧力で無理に言うんじゃなくって、自分の中で自然に盛り上がって、今言おうという、そういう盛り上がりがあったら言ったらいい」とアドバイスをくれたという。冬休みの間に作成したカムアウト用の所信表明文を事前に読んだ人の中には「社会的な影響もあ

るから考えたほうがいいんとちがうか」という人もいた。池田さんは「共に生きるということを、私のことも含めて一つの材料として考えてほしい」という願いを込めた所信表明文を全教員の前で読み上げ、主任に選ばれた（池田 1999）。

　自身の存在にも関わる小さな「嘘」を重ねたり、隠し事をもち続けている状態では、同僚たちとの良好な関係を構築・維持することは難しい。かといって、マイノリティへの否定的な見方や誤解、差別意識、スティグマが社会に、そして学校にも存在している以上、カミングアウトは慎重にならざるをえない。とはいえ、同僚たちの無理解、意図的・非意図的な差別発言や行為によって、不当に傷つけられたくもない。一体どうすれば良いのか。マイノリティ教員は、それぞれの職場でそれぞれ葛藤を抱えながら、それでも働きやすい職場環境をつくるために、試行錯誤をくり返しているのである。カミングアウトの瞬間よりも、まさにその後の関係のあり方がより重要であることと同じように。

　自身の「トリセツ（取扱い説明書）」を作成し、同僚に配布する聴覚障害の教員もいる（羽田野ほか編 2018）。冊子には、自身の聞こえにくさに関する説明や、単独では難しいこと（電話をとる、校内放送を聞く等）、やめてほしいこと（後ろから声をかける等）、してほしいこと（校内放送があれば自分に知らせる、正面を向いて口を大きくあけてゆっくり話す等）などがていねいに記されている。同僚による可能で必要な配慮を明示することによって、自身にとっても働きやすい環境を築くために、マイノリティ教員自身もさまざまな工夫を編み出しているのだ。

　当事者間の交流や学習、情報交換などを目的とする当事者組織がつくられている場合もある。古くは、部落出身教職員たちの「駆け込み寺みたいなところ」になればと結成された「大阪部落出身教職員の会（水交会）」（1972 年結成）など、部落出身教員たちの地域別の組織が多い。その後、「全国視覚障害教師の会（JVT）」（1981 年）、「全国聴覚障害教職員協議会（全聴教）」（1994 年）、「セクシュアルマイノリティ教職員ネットワーク（STN21）」（2001 年）、そして第 1 章でも見た「外国にルーツをもつ教職員ネットワーク（ルーツネット）」（2009 年）など、他にもさまざまな当事者組織が結成されている。日常をマイノリティとして生きる教員たちにとって、当事者組織は心の支えの一つであるとともに、行政との交渉や社会への発信を行う際の母体ともなっている。

　マイノリティ教員が、教員として働きながら感じるマイノリティゆえのストレスに関するエピソードは枚挙に暇がない。学校で働く教員の中には、マイノリティもいる。きわめて単純なこの事実に基づく教員養成教育や教員研修がどれほどなされているのだろうか。また、マイノリティ教員の経験談から分かることは、

管理職の重要性である。マイノリティの事情に明るく、同僚や保護者からの差別に適切に対処しながら当事者を支え、職場における合理的な配慮のあり方を当事者とともに討議し、決定していく。そのような管理職のリーダーシップが、マイノリティ教員も働きやすい職場環境をつくっていくうえで強く求められている。

おわりに

　マイノリティ教員たちの経験を概観することをとおし、何が見えてきただろうか。少なくとも私には、制度的な差別と社会的な偏見が残る中、さまざまな工夫を凝らし、時に戦略的に、時に葛藤を抱えながら、それでもたくましく、したたかに生きてきた、また生きていこうとするかれらの姿が見えた。ここで大切なことは、そうしたかれらの姿を、ひと時の感動的なものとして消費するのではなく、なぜかれらがそのような工夫や戦略を講じ、葛藤しなければならないのか、そうすることを強いている環境や制度、価値観等を問い続けていくことだろう。

　障害者運動は、その歴史の中で「障害の社会モデル」という障害の捉え方を獲得した。障害は個人に宿るもの、皮膚の内側に存在すると捉える「障害の医学モデル（個人モデル）」に対し、「障害の社会モデル」は、障害は個人ではなく、個人と社会・環境との間に宿るもの、皮膚の外側にあるものと捉える。言葉を換えれば、何らかの身体的または精神的特性（インペアメント）が、障害（ディスアビリティ）として立ち現れるかどうかは、その人を取り巻く社会環境によるのであり、そのため、困難を解消するのは本人の責任によるものではなく、周りの環境を変えていくことによって成し遂げられるべきことだと考える。

　社会モデルの考え方は、障害者以外のマイノリティにも援用可能ではないだろうか。障害者がさまざまな困難に直面するのは、この社会が健常者中心につくられているためであるのと同じように、外国人やエスニック・マイノリティの困難は日本人中心につくられている社会の問題を、セクシュアルマイノリティの困難はシスジェンダー・ヘテロセクシュアルを中心につくられている社会の問題を照らしてくれる。マイノリティ教員についても同様に、マイノリティが教職を志し、大学に進学し、教職課程を履修し、教員になることを選択し、教員採用選考試験を受験し、教員として働き、同僚関係を築き、昇進することを阻むマジョリティや社会の側にどのような問題があるのかが、考え直されなければならない。

18　「特集　いまなぜ人権教育なのか　当事者の教員から学ぶ」『部落解放』2017 年 12 月（750 号）。

　2016 年には人権三法とも呼ばれる、障害者差別解消法、ヘイトスピーチ解消法、部落差別解消法が施行された。SOGI 差別解消を目指す法律の制定も見込まれている。国レベルでも、また条例施行や計画策定を通じて自治体レベルでも、十分であるとはいえないものの、マイノリティの承認と平等を保障するための理念が掲げられ、施策が実施され始めている。こうした動きを形だけの中身の無いものにしないためにも、当事者たちの声をしっかりと聴き続け、中心にいるマジョリティ——それは多くの場合「私（たち）」を含む——を変革しようという姿勢の貫徹が求められよう。

　マイノリティとマジョリティとを分かつ境界線は永久不滅なものではない。それは歴史的・社会的に引かれたものであるゆえに、変更・解消可能なものであるはずである。マジョリティとは、抑圧されている人々の声を聞かないでいられる、聞かずとも自身の生に何等の影響もないと思える、そうした地位にある人々を指す言葉であった。マイノリティ教員たちの声を、私たちはどのように聴き、また何をどう変えていこうとするのか。考え続けなければならない。

〈参考文献〉

荒井和子（2013）『先生はアイヌでしょ——私の心の師』北海道出版企画センター

池田敦子・田部絢子・石川衣紀・内藤千尋・神長涼・石井智也・髙橋智（2017）「大学の教職課程における発達障害学生支援と合理的配慮」『東京学芸大学紀要』総合教育科学系 Vol.68 no.2

池田久美子（1999）『先生のレズビアン宣言——つながるためのカムアウト』かもがわ出版

伊藤悦子・外川正明・竹口等（1999）「被差別部落の大学生にみられる進学達成要因——成育史の聞き取り調査を通して」『世界人権問題研究センター研究紀要』第 4 号

解放出版社編（2003）『INTERVIEW「部落出身」—— 12 人の今、そしてこれから』解放出版社

切原宏和（2018）「出逢いを大切に、自分らしく——部落出身教員として」『部落解放』2018 年 12 月号（第 766 号）

久米裕子（2011）「障害者が教員免許を持っていないのではない——教育委員会の実雇用率が低い理由」『障害者欠格条項をなくす会ニュースレター』52 号（2011 年 11 月発行）

後藤直（2008）「被差別地区における教育・まちづくりの取り組みと今日的課題」『佛教大学教育学部論集』第 19 号

佐々木千夏（2015）「繰り返されるアイヌ差別」『調査と社会理論』研究報告書（33）

佐々木千夏（2016）「現代におけるアイヌ差別」『調査と社会理論』研究報告書（35）

清水寛・三島敏男編（1975）『障害児の教育権保障』明治図書

ジューン・A・ゴードン著、塚田守訳（2004）『マイノリティと教育』明石書店

全国視覚障害教師の会（JVT）（2007）『教壇に立つ視覚障害者たち』日本出版制作センター

全国部落出身教職員連絡会編（1992）『明日、かがやく――部落出身教師たちの手記』
　　解放出版社

髙田一宏（2013）「同和地区児童・生徒の学力と進路――特別措置終結後の変化に焦点
　　をあてて」『教育文化学年報』第 8 号

髙谷幸・大曲由起子・樋口直人・鍛治致・稲葉奈々子（2015）「2010 年国勢調査にみる
　　外国人の教育――外国人青少年の家庭背景・進学・結婚」『岡山大学大学院社会文
　　化学研究科紀要』第 39 号

「特集　いまなぜ人権教育なのか　当事者の教員から学ぶ」『部落解放』2017 年 12 月（750
　　号）

「特集　性の多様性を考える（座談会）」『部落解放』2002 年 5 月号（第 501 号）

「特集　はじめて「同和教育」にとりくむ人のために　子どもたちと向きあって（座談会）」
　　『部落解放』1982 年 4 月号（第 180 号）

独立行政法人日本学生支援機構（2020）「令和元年度（2019 年度）大学、短期大学及び
　　高等専門学校における障害のある学生の修学支援に関する実態調査結果報告書」

中村雅也（2016）「障害者が教員になることを阻む社会的障壁――教員採用試験を点字
　　受験した視覚障害教員の語りから」『立命館人間科学研究』34 巻

羽田野真帆・照山絢子・松波めぐみ編（2018）『障害のある先生たち――「障害」と「教
　　員」が交錯する場所で』生活書院

日高庸晴（2018）「LGBTs のいじめ被害・不登校・自傷行為の経験率――全国インターネッ
　　ト調査の結果から」『現代性教育研究ジャーナル』No.89

福岡県部落出身教職員連絡会（1992）『矜持をもって』陽明印刷

フランツ・ファノン著、海老坂武・加藤晴久訳（1998）『黒い皮膚・白い仮面』みすず
　　ライブラリー

北海道環境生活部（2017）「平成 29 年　北海道アイヌ生活実態調査報告書」

マイケル・オリバー著、三島亜紀子・山岸倫子・山森亮・横須賀俊司訳（2006）『障害
　　の政治――イギリス障害学の原点』明石書店

森山至貴（2017）『LGBT を読み解く――クィア・スタディーズ入門』ちくま新書

横山順一・山田千紘・北島洋美（2017）「障害のある者の教員採用における一考察――
　　障害者の権利に関わる法整備と各教育委員会における教員採用の動向から」『日本
　　体育大学紀要』46（2）

第 2 部　外国籍教員問題を考える

第4章　公立学校外国籍教員の「教諭」任用問題

中島智子

はじめに

　まずは、図1をご覧いただきたい。これは、都道府県・指定都市教育委員会の公立学校教員採用選考試験実施要項における国籍要件の変遷のあらましを表している。1970年代半ばから1980年代初頭にかけて国籍要件を外した自治体が登場していたが、「1982年9月文部省通知」に前後して、新たに国籍要件を設けるところや採用を控えるところが出てきた。「1991年3月文部省通知」後はすべての自治体において門戸が開放されたが、任用の職は教諭ではなく「任用の期限を附さない常勤講師」（〈常勤講師〉）とされた（一部自治体を除く）。

　公立学校における外国籍教員の問題が一部の地域であれ提起されたのは、1970年代以降のことである。それに対して、文部省（当時）がその実態を把握、公表したのは、1980年代に入ってからとみられる。これ以降政府は、地方公務員法、教育公務員特例法等法律に明文規定がないにもかかわらず、公務員に関する「当

図1　教員採用選考試験受験資格における国籍要件の変遷

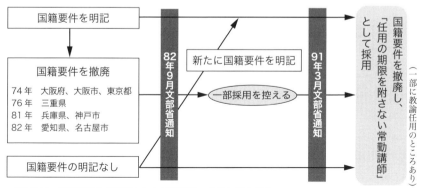

＊「○○年」は国籍要件が撤廃された採用試験の実施年度を指す。
＊「国籍要件の明記なし」の場合でも、受験票を受理しない、採用には帰化を条件とする、元々採用するつもりはないという自治体が含まれる。

然の法理」（以下「法理」）を根拠に、日本国籍を有しない者は公立学校の教諭に任用できないという立場をとってきた。しかし、1991年に「法理」の範囲内において、外国籍者に限定した職である〈常勤講師〉に任用することを認めた。管理職への任用は認めていない。

　この間にも常に、公立学校には外国籍教員が存在してきた。また、公立学校教員の任命権者は都道府県・指定都市教育委員会であることから、必ずしも全国で一律の対応がとられているわけではない。

　本章では、以上のように複雑に絡み合う文部当局と地方教育委員会の対応について、整理し、外国籍者の教諭任用を制限する同「法理」の適用について議論を提供するものである。

1　旧植民地出身教員の処遇

（1）占領下における旧植民地出身教員の扱い

　戦前においては、官立公立学校の教員には日本国籍を必要とした。[1]日本の植民地下にあった朝鮮人や台湾人は日本国籍を有していたため、公立学校教員となる者もいた。

　1945年に日本が敗戦しGHQの間接占領下にあった時期、旧植民地出身者の法的地位は明確に定められず、日本国民とみなす一方で、外国人として扱われる場合もあった。すなわち、法形式上は日本国民として日本の統制下におかれたが、他方で参政権を停止され、外国人登録令の対象とされた。教育に関しては、教育基本法及び学校教育法の制定（1947年）に伴い、学校教育法第1条に定められた学校（国公私立学校）への就学義務が課された。

　その頃、日本全土に朝鮮人自身の手による学校が設置運営されていたが、1948年になるとこれらの学校に対して私立学校の認可が求められ、認可においては教職適格審査が行われた。[2]その後、1949年10月及び11月に大多数の朝鮮人学校に閉鎖命令が出され、そのうちのいくつかが公立学校または公立学校分校に移管したが、教員資格のある朝鮮人の公立学校教員への採用については、文部事務次官通達（1949年11月1日）において、「取り敢えずこれを校長、校務主事以外の教諭、助教諭又は講師として採用することは差し支えないものと考える」とされた。日本国籍をもつ者とされながら、管理職への登用をすでに禁じていたことがわかる。

　なお、旧植民地出身者以外の外国人の公立学校教員への採用については、教育

職員免許状（以下、教員免許状）の有無にかかわらず嘱託契約以外の雇用は認められず、教諭には任用できないとする占領期初期の学校教育局長の回答があるが、その後地方公務員法が公布され（1950年12月）、そこに明文規定はなかった。

（2）旧植民地出身者の国籍変更と外国籍教員

　サンフランシスコ平和条約の発効（1952年4月28日）によって、旧植民地出身者は日本国籍を喪失した[4]。旧植民地出身者の中には国家公務員や地方公務員の職に就いている者もあり、これらの者には条約発効以前に帰化を申請させた。

　しかし、帰化を申請しない場合もあったため、日本国籍を喪失した者が公務員の地位を失うのかとの照会に対して示されたのが、1953年3月の内閣法制局第一部長高辻正己による回答（法制局一発第29号）だった。これが、公務員任用における国籍による制約原則の原型とされる。内容は以下である。

　（前略）法の明文の規定が存在するわけではないが、公務員に関する当然の法理として、公権力の行使または国家意思の形成への参画にたずさわる公務員となるためには、日本国籍を必要とするものと解すべきであり、他方においてそれ以外の公務員になるためには日本国籍を必要としないものと解せられる。

　この見解は主に国家公務員に関するものとされ、地方公務員については「何ら制限規定はなく」「（採用しても）差しつかえないものと解する」との国会答弁や行政実例が確認できる[5]。

1　藤本（2007）によれば、戦前の昭和期に大阪府下の公立学校（中等教育及び高等教育機関）に勤務した外国人教師は、専任ではなく一年毎の更改で、具体的な職名は講師、傭教師、傭外国人教師、傭教授、教授嘱託、講師嘱託、教員嘱託など多種にわたり、担当教科は一部を除いて外国語だったという。私立学校の場合では教諭もあれば校長もいた。
2　敗戦後日本政府は、公職追放令（1946年1月）後に教職追放令（同年5月）を発し、公職追放者等の就職を禁止し、教員全員に対しては都道府県教職適格審査委員会等による審査を義務づけていた。適格審査は、日本の教育の民主化を実施するための占領政策として実施されたもので、「軍国主義者」や「極端な国家主義者」を排するためのものであるが、植民地支配による被支配者であった朝鮮人にもこの適格審査を求めたわけである（松下2020）。
3　1946年9月「公立中等学校に於ける外国人任用に関する件」。和歌山県知事による「過去に於いて外国人（米国々籍の引揚二世で教員免許状を取得した者等を含む）を公立中等学校の教諭として任用し得たか如何か若し出来るとしたらその法的根拠をご教示願います」との照会への回答。
4　条約発効の9日前に法務府民事局長の通達（民事甲第438号）によって示され、当事者の意向を語ることなく一方的になされた。
5　1952年6月2日衆議院地方行政委員会における地方自治庁公務員課長の答弁や同年7月3日の地方自治庁公務員課長の京都府知事公室長に対する回答（地自公発第234号）。

　実際、外国籍の公立学校教員がその後も存在したことは、1952〜1966年度の文部省学校基本調査報告書で確認できる（表1、表2）。同報告書では、1952〜55年度は外国人教員の職階調査、1956年以降は国籍別調査結果となっている。その変更理由や外国籍教員数の統計が1966年度をもってなくなった理由は不明であるが、1966年までは文部省が外国籍教員数を把握、公表していたことは注目される[6]。職階調査の結果を見ると、教諭が1952年度14人、1953年度16人、1954年度13人、1955年度15人いた。この他に国立学校教諭が1955年度に1人いた。助教諭や講師を含めると、その数は毎年百数十名になる。1956年度以降の国籍別の結果では、「朝鮮」が最も多く、それ以外に「中国」「アメリカ」「カナダ」「イギリス」「スペイン」「スウェーデン」がある。「朝鮮」が多いのは、先述した公立朝鮮人学校や分校、公立学校内の民族学級の教員として採用されていたためと考えられるが、その多くが講師であるものの、なかには教諭として任用されていた場合もあった[7]。

表1　公立学校外国籍教員数 (本務者、職階別)　　　　　　　　　　(単位：人)

年度 ＼ 職種	教諭	助教諭	講師
1952	14（小11、中2、高1）	14（小14）	87（小64、中22、高1）
1953	16（小14、中2）	16（小15、中1）	116（小99、中14、高3）
1954	13（小12、中1）	10（小10）	125（小112、中12、高1）
1955	15（小11、中4）	13（小13）	90（小80、中9、高1）

＊（　）内小は小学校、中は中学校、高は高校（表2も同様）。
＊1952年度は常勤講師と非常勤講師別があり、非常勤講師数は66（小40、中22、高4）。
出典：文部省『学校基本調査報告書』をもとに作成。

　公立学校教員採用選考試験の受験資格に国籍要件が設けられるようになったのがいつからかは、よくわかっていない。地方公務員法公布施行にともない、1950年代前半に地方公務員人事委員会規則で募集要項に国籍要件が示された事例があるようだが（仲原1993）、教員についても同様だったのか、他自治体でも同時期かは不明である。そもそも地方公務員の任用権限は各自治体（公立学校教員の任用権限は都道府県・指定都市教育委員会）にあるので、全国一律の対応というわけではなかったと思われる。また、募集要項に国籍要件が示されていなくとも、それが外国籍者の受験や採用を保障するものではなかった。

　こうした状況が、1970年代に大きく変わっていく。

表 2　公立学校外国籍教員数（本務者、国籍別）　　　　　　　　　　（単位：人）

国籍 年度	朝鮮	中国	アメリカ	カナダ	イギリス	スペイン	スウェー デン	合計
1956	153 (小 96、中 10、高 47)	10 (高 10)			2 (中 1、高 1)			165
1957	232 (小 220、中 11、高 1)	12 (小 11、高 1)	4 (小 4)					248
1958	72 (小 62、中 10)	1 (高 1)	1 (中 1)					74
1959	81 (小 71、中 10)	1 (高 1)						82
1960	78 (小 69、中 9)	1 (高 1)	1 (中 1)					80
1961	45 (小 36、中 9)	1 (高 1)	2 (中 2)			1 (高 1)		49
1962	32 (小 28、中 4)	2 (高 2)	1 (高 1)		1 (高 1)			36
1963	30 (小 27、中 3)		1 (高 1)	1 (小 1)		3 (高 3)		35
1964	28 (小 26、中 2)	1 (高 1)	1 (高 1)	1 (小 1)		1 (高 1)		32
1965	39 (小 31、中 6、高 2)	1 (中 1)	2 (高 2)	1 (小 1)	1 (高 1)		1 (高 1)	45
1966	24 (小 22、中 2)	1 (中 1)	3 (高 3)	1 (小 1)				29

＊ 1966 年度の国籍は韓国と朝鮮が別表記になり、中 2 は韓国の数。
出典：文部省『学校基本調査報告書』をもとに作成。

2　国籍要件廃止と教諭任用の動き（1974 年〜 1982 年）

　この時期は、いくつかの地域で公立学校教員の国籍要件を外し、また実際に教諭として採用されるという動きが広がった時期である。

　1974 年に、大阪府・大阪市教育委員会（以下、大阪府・市。またその他の自治体においても教育委員会を省略することがある）は、教員採用選考試験受験における国籍要件を外した。採用試験を受験できないとの外国籍学生の訴えを受けて、在日朝鮮人教育に取り組む教員の会が府教委に働きかけたのがきっかけのようだ。この背景を、前年に大阪市で保母（当時）と医師の国籍要件が外され、教員もそれ

6　1956 年に教育委員会法が廃止され、地方教育行政の組織及び運営に関する法律が成立したこと、1966 年度までに朝鮮人を対象とする公立分校が廃止されたことと関係するのかは不明。なお、高校以下が国籍別となった 1956 年度から大学の外国人教員数が職名別に掲載されるようになり、今日確認できるのは大学のみである。

7　一例として、第 1 章の注 7 参照のこと。

と同様の資格免許職だとされたのではないかとする推測もある。[8]なお、1973年5月に、地方公務員の職のうち公権力の行使または地方公共団体の意思の形成にたずさわるものについては、日本国籍を有しない者は任用できないとする自治省回答が示されたが、これは一般事務職及び技術職に関するものとされる。

1974年に受験した者の中から、1975年度に大阪市で3名の外国籍教員が誕生した。その後も1982年度まで府や市で採用が確認できる。[9]

ここから、近畿圏内で公立学校教員の国籍条項撤廃の動きが連鎖したかのように続いていく。

三重県は1976年に国籍要件を外したが、そのきっかけは、県教職員組合の関係者がある会合で大阪の要件廃止を聞いたことだったという。1979年実施の採用試験で初めて外国籍の受験者が出て、翌年度採用された。ただ、これはスムーズに行われたものではない。この受験者が在学する大学の教員が、国籍要件はないが本当に成績だけで選考するのかと前年に県教委に問い合わせたところ、前例がないから検討するといったまま返事がなかったことから、在日朝鮮人の教職員採用を進める会が作られて、受験者を支援したという経緯があった。[10]

滋賀県では、元々募集要項に国籍要件の記載はなかったが、願書は受理しないとの姿勢だったようだ。外国籍学生が大学を通して県教委に問い合わせたところ、受験できないとの回答があり断念したことから、これを知った市民団体が抗議をした。この支援の動きには、三重県で採用されたことを新聞報道で知ったことが後押ししたといわれる。県議会でも取りあげられ、県教委は1980年実施の採用試験の要項で、外国籍者の受験を認めるが合格した場合は帰化をしなければ採用しないとしたため、さらに抗議や批判が集中し、1981年3月29日に帰化条項を削除した。1981年4月に1名採用された。

愛知県でも、三重県で外国籍教員が誕生したことを知った大学等の教員や市民たちが県内の実態を調べて動き始めた。1981年に願書が受理されなかった志願者が愛知県を相手どり名古屋地裁に提訴、棄却されたものの翌年に国籍要件が外された（1984年に名古屋市で1名の採用があった）。

兵庫県でも、大学生の教え子から兵庫県では受験できないとの訴えを聞いた高校教員たちが動き、1981年の実施要項で国籍要件が外された。

京都市では、1982年度に養護教諭として採用された。[11]なお、京都市の国籍要件がいつなくなったのかは不明である。[12]奈良県の国籍要件の廃止は1978年頃とされるが、詳しい経緯は確認できていない。

一方、東京都は大阪府・市と同時期に国籍要件を外していたが、その経緯は上

記のケースとは異なっていた。東京都の場合、非常勤講師の専任化を求める運動の中で国籍要件が問題にあがり、1974 年に廃止された[13]。そのため、1976 年度から外国籍教員が採用され始めるが（76 年 2 名、77 年 1 名）、それは非常勤講師経験者だった。講師を経ずに採用されたのは、1981 年度（2 名）からである。

　以上の自治体で採用された者の職は教諭である。なお、その多くは朝鮮・韓国籍だったが、大阪市や東京都では当初から中国（台湾）籍もいた（東京都では中国（台湾）籍が先行していた。他に米国籍もいた）。

　これらの自治体以外でも国籍要件がないところはあったが、滋賀県で言及したように、国籍要件が記載されていないからといって受験を認めたり、合格すればそのまま採用されるとは限らなかったようだ。たとえば、長野県では国籍要件記載はなく、1979 年に外国籍の受験者が合格して名簿登載されたが、採用されなかった。採用試験の合格は採用者名簿登載を意味し、必ずしも採用されるとは限らないとはいえ、外国籍が理由ではないかと思われる事例は、この他に東京都や大阪市等でも確認される[14]。また、80 年代半ばの受験者の話によると、広島県では受験資格に国籍要件はないものの、実施要項に「日本国籍を有しない者は採用されない」と明記され、合格すれば帰化が求められた[15]。これは当時「広島方式」といわれ、同様の自治体が他にもあったと思われる。

　1970 年代半ばから 1980 年代にかけて公立学校教員の国籍要件を問題とし、その

8　大阪市では 1971 年に民間保育園の公立化にあたって、希望職員の市職員への異動が約束されながら、中国籍職員のみ採用されないという事態が生じ、当事者や支援団体等による交渉の結果、1973 年 4 月 1 日に同職員が市職員として正式採用され、保母の受験資格から国籍要件を外したという経緯があった。仲原（2010）は、1971 年の大阪市中学校校長会の差別文書事件に言及して、「在日韓国朝鮮人への民族差別や教育の問題が大きく取り上げられている情況もあって、撤廃したものと推測される」としている。

9　1991 年度までに府市合わせて 19 人採用されたとの新聞報道がある（「外国人の公立学校教員採用　韓国「教諭」を要求　文部省「一律、常勤講師」に反発」『毎日新聞』1991 年 10 月 4 日など参照）。大阪市教育委員会の協力を得た調査では 1982 年度までで府市合わせて 19 人。

10　同会関係者の島津威雄氏への聞き取りによる。なお、1981 年度も 1 名採用があった。

11　採用時の職名は「養護職員」で、84 年 4 月に「任命換」（京都市→京都府）となり職名も「養護教諭」となった。小中の養護教員は通常教員と同様に給与は府が支払う（府費）形態であるが、京都市内には新規採用時に京都市が給与を払う「市費」（単費負担）の養護教員も少なからず存在し、養護職員と呼んでいたという（松下佳弘氏による）。

12　その 10 年ほど前に撤廃されたとする新聞記事がある（「京都で初めて　市教委採用　外国人先生　曺さん感涙」『京都新聞』1982 年 3 月 21 日付）。

13　東京都非常勤講師組合が非常勤講師の待遇改善と専任化を求めて行った 1973 年 11 月の都教委との交渉の中で、専任への措置においても一般選考においても国籍を問わないという回答が示された（中島 2017）。

14　金賛汀（1987）参照。その他にも、筆者が聞き取りによって数件確認している。

15　筆者の聞き取りによる。また、徐（1987）参照。

廃止を求める動きが広がった背景には、民族差別をなくそうとする運動の拡がりがあった。1974年6月に日立就職差別裁判が原告の韓国籍青年の勝訴となり、それを契機に生活の場に蔓延する民族差別を撤回させていく運動が、在日朝鮮人のみならず日本人も巻き込んで全国に広がっていた。また、教育に関しては、大阪や兵庫で在日朝鮮人教育を考える教員や市民の運動が起こり、近隣自治体や関東にも広がっていた。これらの活動を通じて、各自治体の動向や他団体の情報が共有されるようになった。また、民族団体も差別撤廃の運動を起こしていた。[17]

日本政府が1979年に国際人権規約、1981年に難民条約を批准したことで、外国人の人権と内外人平等原則への関心が高まったことや、「経済大国」となった日本が人権問題への対応についても国際的な承認が求められるようになっていたことも、大きな流れを作っていた。

こうした動きがあったので、市民の抗議や要望に応える自治体も出ていたのである。たとえば東京都は国籍要件を外すときに、その理由として、「地方公務員の欠格条項に当てはまらない」「教育内容に国籍を問う必要はない」「他の自治体も認める方向であるし、時の流れに沿って都も認めた方がよい」としており、任命権者が主体的に判断したことがわかる。[18]

3 教諭任用をめぐる中央と地方の攻防(1982年～1990年)

(1) 教諭任用を制限する文部当局

1970年代から全国でみられた公立学校教員採用における国籍要件廃止と採用実態に関して、文部省の動きは表だってはあらわれていなかった。[19]政府が外国籍の教諭任用の実態を把握したことが確認できるのは、1981年3月の国会答弁からである。[20]この時期は、難民条約批准に関する質疑が国会でなされていた。文部省は、外国籍者の公立学校教員任用については、地方公務員法に明文規定はないが、公務員の職のうち公の意思形成にかかわるもの等については公務員に関する当然の法理の制約があるとし、教員は児童生徒の教育をつかさどり、校長の行う校務の運営に参画することから、公の意思決定の参加と認められると答弁している。[21]

翌82年4月9日に「国公立大学における外国人教員の任用等に関する特別措置法」案が国会に提出されたが、法案策定過程で法案推進の立場の文部省大学局に対して初等中等教育局は慎重な姿勢を示していたといわれる(第5章参照)。同法案は国公立大学教員に限定するものであるが、高校以下の公立学校教員に関し

て都道府県から照会があるなどしたため、5 月 31 日付で文部省は次のような見解を示した。「教諭の職務は、児童生徒の教育をつかさどることを内容とするとともに、校長の行う校務の運営に参画する等、公の意思形成への参加と認められる事項をもその内容とするものであると認められる。したがって、教諭の地位は、日本国籍を保有する者のみがこれにつき得るものと考えられる」。都道府県人事課長等の会議ではこれにもとづいて指導がなされた。

　同法案が 1982 年 9 月 1 日に公布施行されたことに伴い、9 月 13 日に出された文部事務次官通知「同法の施行について」（文人審 128）で、「なお、国立又は公立の小、中学校、高等学校等の教諭等については、従来どおり外国人を任用することは認められないものであることを念のため申し添えます」とされ、5 日後の 9 月 18 日付け文部省初中局地方課長通知（初地 39）により、「国公立大学の教授等への外国人の任用について特別措置を講じたものであり、公立の小、中、高等学校等の教諭等についての取り扱いを変更するものではないこと」と、さらなる念押しがなされた。[22]

　そして、翌 1983 年 4 月 1 日の中曽根康弘首相答弁書[23]で、「公立学校の教諭につ

16　日立製作所ソフトウェア戸塚工場の従業員募集に応募した在日朝鮮人二世が、採用試験に合格しながら在日朝鮮人とわかると採用内定を取り消されたため、1970 年 12 月に提訴、1974 年 6 月に勝訴した。

17　北海道教育庁は在日本大韓民国居留民団の要請を受けて、1981 年の採用試験で特例的に外国籍の受験を認めた。翌年度からの国籍要件の廃止に言及していたが（「今年から受験可能　北海道教育庁　民団に柔軟回答寄せる」『統一日報』1981 年 6 月 3 日付）、結局廃止に至らなかった。在日朝鮮人総聯合会は外国籍教員問題には直接かかわらなかったが、広く民族差別をなくす運動を行っていた。

18　「梁弘子さんの教諭採用を求める関東集会」資料（p.28）。同集会は 1985 年 3 月 10 日に東京の労音会館において開催された。主催は、「梁弘子さんの教諭採用を求める関東懇談会」（代表小沢有作）。

19　長野県は 1979 年の合格者について文部省に問い合わせたところ、「外国籍の人は好ましくないという返事だったので採用は見合わせた」という（丸山 1985）。滋賀県が帰化要件廃止に関して「文部省との密接な連絡」があったかどうかは不明である（山崎 1980）。

20　公立学校教員の採用実態について、初等中等教育局地方課長は「外国人を採用している県、市は、大阪府と大阪市」と答えたが、「三重県等で採用されている」と反論され（第 94 回国会衆議院法務委員会第 1 分科会会議録第 3 号、1981 年 3 月 2 日）、2 ヶ月後に「東京、三重、大阪府あるいは大阪市」と答えている（第 94 回国会衆議院法務委員会外務委員会社会労働委員会連合審査会会議録第 1 号、1981 年 5 月 27 日）。

21　第 94 回国会衆議院法務委員会外務委員会社会労働委員会連合審査会会議録第 1 号（1981 年 5 月 27 日）。

22　9 月 13 日通知は各国公立大学長、大学を設置する各地方公共団体の長、各国立大学共同利用機関の長、大学入試センター所長宛、9 月 18 日通知は都道府県・指定都市教育委員会教育長宛である。当時の文部大臣は国会の質疑で、「法理」自体は変わっていないが通達するなどの仕事が「今までは非常に手ぬるかった」から今回通知を出したと答弁している（第 102 回国会衆議院予算委員会会議録第 7 号、1985 年 1 月 8 日）。

23　斎藤実衆議院議員提出の公立小中高等学校教員任用に関する質問に対する答弁書。

いては校長の行う校務の運営に参画することにより、公の意思の形成への参画に携わることを職務として認められ、右の法理（引用者注：公務員に関する「当然の法理」）の適用があると考えられる」とされ、以降の政府の解釈や答弁等はすべてこの中曽根答弁書の内容にもとづいてなされるようになった。また、同答弁書では、「公立小学校等の教諭の職務は、各地方公共団体によって異なることはないと認められるから、右の法理の適用について各地方公共団体によって判断を異にする理由はないと考えている」として、任命権者の個別の判断を否定した。

なお、すでに教諭に任用されている者については、その身分を直ちに左右することは学校運営やその者の生活の営み等の問題があって困難だとしている[24]。

以上の措置によって、公立小中高校等の外国籍教員問題の収拾を図ったつもりの文部省に、思いもつかぬ事態が発生した。1984年11月に長野県教育委員会は外国籍受験者を合格にし[25]、このことが新聞で大きく報道されると、文部省が県教委に対して強い指導を行った。当初、県の教育長は任命権者の主体的判断で決めるとしていたが、合格内定取り消しを決定したため、それに対する広汎な抗議の声が起こり、この問題は全国的に注目されるようになった。県教委は文部省の指導を受けつつ事態の収拾を図り、1985年4月1日に期限のない常勤講師として任用する形で決着させた[26]。

（2）各教育委員会の対応

1980年代前半のこのような文部省の一連の姿勢は、各教育委員会の自主的判断を萎縮させ、外国籍者の受験や合格を凍結させる事態を招いた。

表3は、各自治体教員採用選考における外国籍者の受験の可否を示したものである。1980～1984年をみると、この間に国籍要件を外したのは先述した滋賀県（帰化要件を外す）、兵庫県、愛知県のみで、元々同要件があるか、新たに要件を設けたところが出てきている[27]。同要件がなくても採用する意思のない自治体もあれば、採用実績があったものの採用を控えるところも出てきた。それでも採用実

---

24 国会答弁以外でも、「すでに任用されている外国人教諭は当然の法理に反するが、任命権者が正当な手続で採用したものであり、生活の問題もあるので解雇などの措置を求めるのは適当ではないので、今後の採用は認められないということだ」（文部省地方課の話）との新聞記事もある（「外人教諭の採用やめよ　公立小中高 文部省が通知」『朝日新聞』1982年10月3日付）。

25 この受験者は、1979年に合格しながら採用されなかった者で、その後県内で講師を務めていたが、周囲から再度受験を勧められ、関係者が県教委の確認をとった上で受験していた。

26 土屋（2017）は、「少なくとも、外国人教員任用法の趣旨についての文部事務次官通知の「付言」に示された「当然の法理」の問題とともに、地方自治の原理による教員採用の法制とその運用についての文部省の指導・助言行政の権力性の問題が内包されていた」と指摘している。

表 3　各自治体教員採用選考における国籍要件の有無と採用時の職

年度 / 県	1980	1981	1982	1983	1984	1991	1992	その後の変更
北海道	×	×	×	×	×	△	△	
青森県	×	×	×	×	×	△	△	
岩手県	○	×	×	×	×	△		
宮城県	×	×	×	×	×	△	△	
秋田県	○	×	×	×	×	△	△	
山形県	×	×	×	×	×	△	△	
福島県	○	○	○	○	×	△	△	
茨城県	○	×	×	×	×	△	△	
栃木県	○	×	×	×	×	△	△	
群馬県	×	×	×	×	×	△	△	
埼玉県	×	×	×	×	×	△	△	
千葉県	×	×	×	×	×	△	△	
東京都	○	○	○	○	○	○	○	
神奈川県	○	○	○	○	○	○	○	97 年に県と横浜市△
新潟県	×	×	×	×	×	△	△	
富山県	×	×	×	×	×	△	△	
石川県	○	×	×	×	×	△	△	
福井県	×	×	×	×	×	△	△	
山梨県	×	×	×	×	×	△	△	
長野県	○	○	○	○	○	△	△	
岐阜県	×	×	×	×	×	△	△	
静岡県	○	×	×	×	×	△	△	
愛知県	×	×	○	○	○	△	△	
三重県	○	○	○	○	○	△	△	
滋賀県	×	○	○	○	○	△	△	
京都府	○	○	○	○	○	△	△	
大阪府	○	○	○	○	○	○	△	
兵庫県	×	○	○	○	○	○	△	

県＼年度	1980	1981	1982	1983	1984	1991	1992	その後の変更
奈良県	○	○	○	○	○	○	○	△（時期不明）
和歌山県	○	○	○	○	○	○	○	△（時期不明）
鳥取県	○	○	×	×	×	△	△	
島根県	○	○	○	○	○	△	△	
岡山県	○	○	○	○	○	○	△	
広島県	○	○	○	○	○	○	△	
山口県	○	○	○	○	○	○	△	
徳島県	○	×	×	×	×	△	△	
香川県	○	×	×	×	×	△	△	
愛媛県	○	×	×	×	×	△	△	
高知県	×	×	×	×	×	△	△	
福岡県	×	×	×	×	×	△	△	
佐賀県	×	×	×	×	×	△	△	
長崎県	○	×	×	×	×	△	△	
熊本県	○	○	○	×	×	△	△	
大分県	×	×	×	×	×	△	△	
宮崎県	○	×	×	×	×	△	△	
鹿児島県	○	×	×	×	×	△	△	
沖縄県	○	×	×	×	×	△	△	
○の数	28	17	17	16	15	9	4	2（川崎市含む）

＊○は国籍要件の明記がなく教諭としての採用が想定される。×は国籍要件がある。△は受験できるが講師としての採用。
＊年次は採用選考試験の実施年。指定都市を除いたのは 1980 ～ 1984 年に関する出典にその記載がないため。都道府県と指定都市との間にねじれが生じているのは 1997 年以降の川崎市のみ。
＊滋賀県は元々国籍要件の明記はなかったが、受験を拒否していたことが判明したため出典元では「×」になっていると思われる。
出典：1980 ～ 1984 年については田中宏（1981）及び全国在日朝鮮人教育研究協議会（1985）。ただし、福島県については 1981 年には国籍要件があることを示す資料もある（在日朝鮮人生徒の教育を考える懇談会編 1982）。1991 年については『朝日新聞』1991 年 8 月 12 日付をもとに作成、1992 年については筆者が作成。

績が確認できるところもある。[28]

　前述したように、1982 年 5 月に文部省は、都道府県教委人事主幹課長会議に

おいて教諭として任用できない旨の指導を行った。これに対して、各種の団体が文部省と交渉し、要請書を提出するなどの抗議活動をしているが、東京都では、抗議団体との交渉の席上で都教委人事部長が、「文部省に抗議しない、都は都の方針」と都の方針を変更するつもりはないことを言明したという[29]。また、長野県の一件の後でも、1987 年 2 月 24 日の都議会予算特別委員会で水上教育長は、「都教育委員会は、公権力の行使はもとより、公の意思形成も校長及び教頭の管理職が行うものであるとの考えから、教諭の採用に当たり、応募資格に国籍条項は設けておりません」と答弁している[30]。大阪府教委も、「文部省の通知に従う考えはない。これまでどおり本府の教員任用試験の資格条項に国籍要件を加えることはない」との見解を示した[31]。

福岡県では、1989 年に出願を拒否された志願者が、国家賠償と選考試験受験申請受理を求めて福岡地裁に提訴した[32]。

以上で見たように、1980 年代は、1970 年代から始まった個々の自治体による対応が政府の見解によって釘を刺され、公立学校教員の国籍要件に関して廃止を推進する動きと阻止しようとする国の動きがぶつかって、公立学校の外国籍教員の採用問題は膠着していた。この膠着状態を「打開」したのが、1991 年 1 月 10 日の「日韓法的地位協定に基づく協議の結果に関する覚書」（「91 年日韓覚書」「覚書」）だった。

27　1982 年の文部省の指導や通知以前にも、国会の質疑と関連して文部省から外国籍教員実態確認の調査が入ったであろうから、特にそれまで動きのなかった教育委員会においても国籍の問題に「覚醒」したのではないかと思われる。ちなみに、要件を明記した理由を静岡県は、「これまで外国人の合格者はなかった。またせっかく受験しても採用する意思がない以上、明文化した方がいいと判断した」としている（「県教委、考える会へ　国籍条項削除の考えはないと回答」『朝日新聞』静岡版 1981 年 6 月 11 日付）。当時の文部大臣も、国籍条項を設けてあらかじめ知らせることは「親切」だとしている（第 102 回国会衆議院予算委員会会議録第 16 号、1985 年 2 月 22 日）。
28　1983 ～ 1990 年度までの採用としては、名古屋市（1984）、川崎市（1985）、大阪府（1986）、東京都（1989）、兵庫県（1990）が確認される。大阪府のケースでは、文部省が事情聴取をしたという（「公立高教諭に在日韓国人　大阪府教委が採用　文部省「困る」と事情聴取」『朝日新聞』1987 年 5 月 16 日付）。なお、神奈川県では 1991 年以前に 4 人の採用があったようだが、時期は不明である。神奈川県や川崎市では元々国籍要件が設けられたことはなかった。
29　「梁弘子さんの教諭採用を求める関東集会」資料の「東京・考える会」による「1982 年の動き」より。「採用姿勢」を堅持という都の姿勢については『統一日報』（「文部省通知は不当　今後も外人教員採用　都教委明言「国籍条項」時代遅れ」1982 年 12 月 4 日付）も報じている。
30　都議会予算特別委員会速記録第 2 号。
31　「日本の学校に在籍する朝鮮人児童生徒の教育を考える会」通信『むくげ』90 号、1984 年 3 月 31 日発行。
32　第 6 章参照。

4　国籍要件の廃止と〈常勤講師〉の固定化（1991 年以降）

　「91 年日韓覚書」とは、1965 年締結の「日本国に居住する大韓民国国民の法的地位及び待遇に関する日本国と大韓民国との間の協定」で、在日韓国人 3 世以降の法的地位を 25 年後までには再協議するとされていたことから行われた協議の結果交わされた両国政府外相間の覚書のことである。第一回公式協議（1988 年 12 月 23 日）から回を重ねた同協議では、3 世以降の法的地位だけでなく、外国人登録法関係事項や教育問題、地方公務員や公立学校教員の採用、地方参政権なども話し合われた。このように広汎な韓国人の権利問題が協議にもち込まれたのは、在日韓国人社会から強い要望が韓国政府に上がったからで、その背景には、1965 年の日韓条約及び付随する協定が、在日韓国人の社会権問題を解決しなかったことに対する当事者たちの失望とその後の権利獲得運動の隆盛があった。

　「覚書」では、協定 3 世以降も永住を認め、再入国許可の出国期間の延長や指紋押捺の廃止、学校の課外で行われている韓国語や韓国文化等の学習への配慮、保護者への就学案内交付等が示された。これらはその後、在日韓国人以外の外国人にも影響を及ぼした。たとえば、1991 年 5 月の「日本国との平和条約に基づき日本の国籍を離脱した者等の出入国管理に関する特例法（入管特例法）」制定によって朝鮮籍や台湾籍の永住者も合わせて特別永住許可として一本化された。また、1992 年 6 月の外国人登録法改正によって、永住者および特別永住者の指紋押捺が免除され、1999 年の改正では非永住者の指紋押捺も廃止された。[33] 保護者への就学案内発給は、その後増加したその他の外国人にも及んでいる。

　一方、協議が最も難航したのが地方公務員と公立学校教員の採用、および地方自治体の参政権だった。地方参政権については合意に達せず、「覚書」には「大韓民国政府より要望が表明された」との記載にとどまった。地方公務員と公立学校教員の問題が難航したのは、在日韓国人の歴史的背景と定住性にともなった日本国民同様の機会の提供を求める韓国政府に対して、日本政府は公務員に関する「当然の法理」を根拠に認められないとしていたためである。

　結局、「覚書」では教員について以下の文面となった。[34]

　　　公立学校の教員への採用については、その途をひらき、日本人と同じ一般の教員採用試験の受験を認めるよう各都道府県を指導する。この場合において、公務員任用に関する国籍による合理的な差異を踏まえた日本国政府の法的見解を前提としつつ、身分の安定や待遇についても配慮する。

　協議の過程を通して、教諭任用を求める韓国政府に対して、文部省はかの「法理」を根拠に外国籍者の教諭任用は認められないとの姿勢を崩さなかった。当時の国会答弁を見ると、実際に教諭として任用している教育委員会があることを確認しながらも、認められるのは非常勤講師だとしていた。しかし、協議の終了というタイムリミットを目前に常勤職で決着した。[35]「当然の法理」という用語の使用について最後まで反対した韓国政府の意向を汲んで、「覚書」では「国籍による合理的な差異」とした。

　「覚書」を受けて、91 年 3 月 22 日付各都道府県・指定都市教育委員会あて文部省教育助成局通知「在日韓国人など日本国籍を有しない者の公立学校の教員への任用について」（文教地第 80 号、以下「91 年 3 月通知」「3 月通知」）が出され、以下の内容が示された。

① 1992 年度教員採用選考から受験を認めること。
②合格した者の職を「任用の期限を附さない常勤講師」（〈常勤講師〉）とすること。
③この〈常勤講師〉は、一般職地方公務員として任用し、給与その他の待遇は可能な限り教諭との差がなくなるように配慮すること。
④所要の教員免許状を有していれば、以上の取り扱いはすべての日本国籍を有しない者にもその効果が及ぶ。

　①は、1991 度に実施される採用選考試験から受験を認めるようにというもので、[36]迅速な対応姿勢を示したものであるが、教育委員会にとっては実施要項改訂など即座に対応を求められることになった。

33　2001 年のアメリカ同時多発テロの発生等を受け、2006 年の入管法改正では入国外国人に指紋と顔写真の提供を義務づけたが、特別永住者等は免除されている。
34　地方公務員については、「採用機会の拡大が図られるよう」地方公共団体を指導するとあり、教員との違いは、地方公務員の職務は一律には決められないため地方公共団体に委ねるが、教諭の職務は全国一律であるからだとされている。
35　文部省が、教諭は認められないが、常勤講師について認めるよう改めるとの方針を固め、具体的な検討を始めたのは 1990 年 11 月 22 日のようである（「外国人、常勤講師に　文部省小中学校で採用方針」『朝日新聞』1990 年 11 月 23 日付）。同記事によると、採用の対象は日本と国交のあるすべての外国人とし、終身雇用とする方針で、教諭に比べて低い給与も改善を検討するとある。韓国との協議の席上で日本側が教員採用の門戸を開放するとの政策方向を初めて示したのは、12 月 19 日のアジア局長クラスの非公式実務者協議の席上だったが、管理職任用問題が残るため合意に至らず、翌 91 年 1 月 5 日に再開された協議で詰められていったようだ（中島 2018）。

②は、外国籍の者のみに新たに創設された職である。公立学校の教諭は、校長の行う校務の運営に参画することにより公の意思の形成への参画に携わることを職務とすることから、公務員に関する「当然の法理」の適用があるが、講師は教諭に準ずる職務に従事するものとされ、教諭の職務のうち児童・生徒の教育指導面においては教諭と同等の役割を担うが、校長の行う公務の運営に関しては教務主任や学年主任等の指導・助言を受けながら補助的に関与するにとどまるものであり、同「法理」の適用のある職とは解されない。よって、〈常勤講師〉は学級担任や教科担任に就けるが、主任に充てることはできないとされた。[37]

しかし、「覚書」にある「身分の安定や待遇についての配慮」として、③が示された。なお、給与については 3 月通知で具体的に示されず、自治体からの照会や諸団体からの抗議を受けて、後の通知で教諭と同じ 2 級とするとした。[38]

④で、以上のことは在日韓国人だけでなくすべての外国人にも及ぶとされた。

同通知の後、各自治体はどのように対応したのだろうか。先の表 3 をみてほしい。

1991 年に実施した採用選考で、それまで国籍要件を課していた 33 道県 4 指定都市で国籍要件が外され、任用の職は〈常勤講師〉とされた。[39]一方、国籍要件を設けていなかった 14 都府県 7 政令指定都市のうち、外国人の職を教諭から〈常勤講師〉に変更したのは 5 自治体で、15 自治体は検討中だった。[40]なお、長野県はすでに 1985 年に〈常勤講師〉の先例があり「実質的には変わらない」としている。

以上から、教諭として採用実績のあるところや教諭からの降格を認めないとする抗議活動が見られる自治体では、対応を決めかねていたことがわかる。それぞれその後の推移はあるが、結局教諭任用を堅持したのは東京都と川崎市のみであり、[41]大阪府・大阪市は 1992 年に学校教育法上の職は「講師」であるが職名を「教諭（指導専任)」とした。[42]その他はすべて〈常勤講師〉に変更している。

1970 年代から任命権者である都道府県・指定都市教育委員会が独自に判断して対応してきた外国籍教員の任用は、「91 年 3 月通知」を受けて多くの自治体が個々の判断を置き去り、中央からの指導に従うようになった。

5 「91 年」後の外国籍教員数の増加と横たわる課題

表 4 は、外国籍教員数の変遷を示しているが、これをみると、「91 年」以後増加していることがわかる。すべての教育委員会が門戸を開放したことによって、明らかに採用数が増えている。[43]特に 2000 年代以降の教員需要の高まりによって、

表 4　外国籍教員数の推移

年	1981	1984	1988	1991	1992	1994	1997	2008 ①	2008 ②	2012
教員数	28	31	33	31	43	54	74	204	215	257

出典：
1981 年：国会における文部省答弁（第 96 回国会参議院文教委員会会議録第 15 号、1982 年 8 月 10 日）
1984 年：国会における文部省答弁（第 102 回衆議院予算委員会会議録第 16 号、1985 年 2 月 22 日）
1988 年：国会における文部省答弁（第 118 回国会衆議院予算委員会第二分科会会議録第 1 号、1990 年 4 月 26 日）
1991 年・92 年：全国在日朝鮮人教育研究協議会調査。
1997 年：岡義昭他編（1998）
2008 年①：朝日新聞社神戸総局調査（『朝日新聞』2008 年 11 月 30 日付）
2008 年②：2008 年①の回答漏れを全国外国人教育研究所が追加調査。
2012 年：外国籍（ルーツ）教員研究会による調査（無回答は千葉県、東京都、長野県、愛知県、名古屋市、福井県、鳥取県、山口県。中島 2017）。

表 5　地域別外国籍教員数（2012 年）　　　　　　　　　　　　（単位：人）

全国	北海道東北	関東甲信越	中部	近畿	中国	四国	九州
257	8	18	4	214	5	0	8

出典：中島 2017。

36　「1992 年度教員採用選考」とは、92 年 4 月 1 日任用予定者を選考するため通常前年度に実施される。

37　学校教育法施行規則で、教務主任、学年主任等には教諭をもってこれに充てるとされている。

38　平成 3 年 6 月 4 日各都道府県・指定都市教育委員会殿 文部省教育助成局地方課長小野元之「日本国籍を有しない者を任用の期限を附さない常勤講師に任用した場合の教育職給料表の格付について（通知)」。

39　「外国籍教員の公立学校採用　33 道県 4 市、門戸開く　常勤講師に限り」『朝日新聞』1991 年 8 月 12 日付。同紙では、募集要項の表記などから各自治体の対応を整理している。91 年まで国籍要件を付していた道県は 33 とあり、表 3 と較べると島根県がカウントされていることがわかる。

40　教諭から〈常勤講師〉に変更したのは、愛知県、三重県、滋賀県、京都府、京都市で、検討中が東京都、神奈川県、大阪府、兵庫県、奈良県、和歌山県、岡山県、広島県、山口県、川崎市、横浜市、名古屋市、大阪市、神戸市、広島市だった。

41　両自治体とも「教諭」でいくと言明したわけではなく、見解が公表されたことはない。それまでの経緯等から「何もしなかった（できなかった）」結果であろう。実際の採用はしばらく凍結されていたようである。

42　「外国人教員採用の変更　政府間協議無視できぬ」『朝日新聞』1992 年 6 月 27 日付。また、2006 年に政令指定都市となった堺市も「教諭（指導専任)」。我々の調査では、鳥取県も「教諭（指導専任)」を使用しているようである。なお、大阪府がそれまでの教諭任用から講師に変更した理由を、当時の伴教育長は同紙で以下のように語っている。「公務員には日本国籍が必要だとこれまでも文部省から強い指示を受けてきたが、在日外国人が多く住むという事情を考慮して独自の態度を取ってきた。しかし、日韓外相協議によって国籍による合理的な差異を前提にすることを両国で合意したのだから、これまでの「国」対「地方」の論理だけでなく国家間という観点を踏まえなければならなくなった。国家間の合意が地域によって適用されたりされなかったりしてはおかしい。しかし、文部省に屈服したのではなく、任用の職は講師でも職名を独自に「教諭（指導専任)」としたのは、大阪の地域事情と、同じ採用試験を通って、同じように生徒に接するのに、臨時的応急的ニュアンスのある「講師」のままではどうだろうかと考えたからである」。

急増している[44]。しかし、表5を見てわかるように、地域的に偏在している[45]。1970年代から国籍要件を外して採用してきた実績のある近畿圏で、「91年」以降も採用数が多い。

　また、2012年調査及び追加調査からは、教員の国籍は、韓国・朝鮮、中国、ブラジル、ベトナム、バングラデシュ、ネパール、インド、オーストラリア等多岐にわたることがわかっている[46]。校種は、小学校、中学校、高等学校、特別支援学校と広く確認できる。

　しかしながら、現在に至るも最も大きな課題は、その職の多くが教諭ではなく〈常勤講師〉であるということ、そして中堅となり経験を積んでも、主任や管理職に就けないという点にある。

　これについては、「覚書」以降も日韓両政府による協議の中で議題に上がってきた。日韓政府は「覚書」の進捗状況を確認し問題があれば協議することを目的に、1991年12月を第1回としてほぼ毎年協議を継続した。その場で韓国政府は毎回、教諭として採用されないことや管理職に就けないことの是正を求めていた。日本政府は、採用実績を報告して採用数が増えていることを伝えていたが（2005年以降は報告なし）、職の問題については公務員に関する「当然の法理」により制約されるとの説明をくり返すのみだった。しかも、この協議は2011年をもって終わっており、その後両政府間でこの問題を取りあげる場はなくなった。

　他方、1991年の「決着」によって教諭から講師への降格が行われた地域では、この問題に取り組んだ市民運動や教育関係者等の間でいずれこの問題は是正されるとの見方があったようだ。また、地方参政権が認められれば解決すると考える向きもあり、「覚書」後はこれらの活動主体の関心が地方参政権問題へとシフトしていた。地方参政権については、1995年に最高裁判決[47]で請求は棄却されたが、「国の立法政策にかかわる事柄である」としたため、その後法案作成も行われたが、政党や在日朝鮮人社会の中にも賛否両論があり、結局頓挫した[48]。

　こうした中で、「91年」以前から教諭の職に就いていた者も、管理職への途が開かれることなく、定年を迎えるようになった。「91年」後に採用された外国籍教員の中にはすでに中堅以上となっているのに、主任以上の責任ある職務につけず、このことは当事者だけでなく学校の運営上においても問題となっている[49]。また、2008年4月1日施行の改正学校教育法によって主幹教諭や指導教諭という職が新設されたが、教諭として任用されない自治体では、管理職はもとより主幹教諭や指導教諭への任用も制限されている。これらの制限は、外国籍教員はいくら職能を向上させようと、それを発揮する機会が与えられないだけでなく、生涯

賃金という点においても国籍による格差を拡大することになる。

6　教諭は不可、講師は可の論理
── 「任用の期限を附さない常勤講師」という職

　法に明文の規定もなく、日本国籍を有しないという理由だけで、教員免許状を有し教員採用選考に同一基準で合格しても、なぜ教諭として任用されないとするのか。「91年3月通知」と同時期に示された解説[50]を詳しく見ていこう。

　同解説では、教諭は学校における最も基幹的な職員として、学校教育法により「児童（生徒）の教育をつかさどる」とされ、授業の実施や生徒指導・生活指導などの教育活動を行うとともに、直接校長の行う校務の運営に参画することを主たる職務としているとする。校長の職務は、学校教育法で「校務をつかさどり、所属職員を監督する」とされ、公立学校の校長は、校務運営全般の責任者として、「公立学校としての公の意思形成を行う立場にある」とする。公立学校の教諭は、この校長の行う「公立学校としての公の意思形成」に参画するので、公務員に関する「当然の法理」に抵触するという。

　では、公立学校の何が公の意思形成に当たるかについては、1) 学校の教育活動の基本方針に関する事項について行う意思形成[51]、2) 児童・生徒の在学関係に関して行う意思形成[52]とし、教諭の行うどのような職務がこの「参画」に当たるか

43　採用後日本国籍に変更した場合は含まれない。
44　在日本大韓民国民団中央本部・人権擁護委員会『地方公務員国籍条項　外国籍教員公務員採用・任用全国実態調査報告書』（2020年6月）によると、2019年4月現在外国籍教員の総数（高等教育機関を除く、内訳未回答を除く）は全国で473人である（無回答は東京都と岐阜県）。しかし、一部の回答に期限付き講師も含まれている可能性があるため、この数字の扱いには注意を要する。
45　自治体毎の結果を出さないことを条件に回答してくれた自治体があることから、地域別で示している。
46　国籍についても慎重な扱いを求められる場合が多かったため、自治体毎の結果は示せない。
47　1990年に特別永住者である在日韓国人が、大阪市の各選挙管理委員会に対して、彼らを選挙名簿に登録することを求めて公職選挙法24条に基づき異議の申出をした。選挙管理委員会がこれを却下したため、同年11月、在日韓国人らが却下決定取消しを求めて大阪地裁に提訴。裁判の結果、1993年6月29日に請求棄却、1995年2月28日に最高裁は上告を棄却した。
48　その後も地域によっては、外国籍教員の採用を進めるよう採用実績を確認するところや、外国籍教員や外国にルーツがある日本籍教員のネットワークをつくるところもあり、また、この問題の周知と解決のために自治体を超えた活動が始まっている。
49　一例を本書第1部のライフストーリーでも取り上げている。校長会から能力のある外国籍教員を主任に充てられないかという要望が出ている自治体もある。ちなみに、教諭として任用している自治体では、主任に任用されるが、管理職への任用は制限されている。
50　文部省教育助成局地方課長小野元之「在日韓国人など日本国籍を有しない者の公立学校教員の採用について」『教育委員会月報』（No.487、1991年3月号）。
51　学校における教育課程の編成すなわち教育目標の設定、教育課程の編成の基本方針の策定、年間指導計画の作成、教材の選定、その他諸事項の方針決定等。

については、イ.学校の基本方針の原案を企画、立案、提出し責任ある立場で校長に意見具申する、ロ.退学許可、課程修了・卒業認定、懲戒などの前提となる成績評価や素行・性行などの評価を行い、原案を作成すること等、とする。

　以上の解説に対しては、教諭の職務が、①授業の実施や生徒指導・生活指導などの教育活動と、②直接校長の行う校務の運営に参画すること、に二分されているが、学校教育法の規定する教諭の職務である「教育をつかさどる」とは、①を指すものであるとの反論ができよう。すなわち、②の「校務の運営に参画すること」とされる「学校の基本方針」に意見を述べること（イ）や「評価」や「原案」作成（ロ）は、①の「教育活動」を推進するため付随的に生じるものと考えられ、①とは別に並列するものではない。成績評価などに見られるように教育活動と一体化したものという側面が強いものであり、学校教育法成立以降「教育をつかさどる」という文言により定着してきた教諭の職務から、「校務の運営の参画」を取り出しあたかも並立してあるかのように示すことには、相当の恣意性が感じられるとする意見もある。[53]

　ところが、実は同解説は、外国籍者が教諭に任用できない理由を確認しようとするものではなく、講師に任用できる理由を説明することが目的であり、教諭の職務の説明はそのためになされていたのである。

　同解説では、講師は教諭または助教諭に準ずる職務に従事するもので、先の教諭の職務の①、②のうち、①は講師も教諭とほぼ同等の役割を担うが、②に関しては、常に教務主任や学年主任など主任の指示・助言を受けながら補助的に関与するにとどまるものであり、外見的に校務運営に関与する行為があったとしても、それはあくまでも補助的な関与であるので、講師はかの「法理」の適用のある職とは解されないとする。[54]

　以上から講師には国籍は不問であるとすればそれで同解説の任務は終了だと思われるが、さらに続きがある。講師は特別の事情がある場合に教諭に代えて置かれるものであり、産休、育休、病気休職等の教員の代替教員として1年以内の期限付き講師の例がほとんどで、時間数を限った非常勤講師の任用例も多く、これまで任用の期限を附さない正式採用の常勤講師は「ほとんど皆無（長野県の任用例のみ）」だった。しかし、外国籍の者が教員採用選考試験を受験し、教育委員会が採用したいと判断した場合には、「特別の事情がある場合」に該当するものとして、教諭に代えて「講師」を任用することは可能であり、「もとより期限のない常勤講師を任用すること自体は法令上不可能なことではない」としている。[55][56]

　ここで不可解なことがもち上がる。ここまで講師の職を力説しなくても、その

程度の理解は通常持たれており、「法理」の適用のある職とされていないから外国籍者も就いていたのではないのか。これまで採用試験を受験できない外国籍者の中には、講師を続けていた者もいたのではなかったか。また、「もとより期限のない常勤講師を任用すること自体は法令上不可能なことではない」とするなら、長野県の事例で、合格を取り消した外国籍の者を最終的に「期限のない常勤講師」とするのになぜあれほど時間がかかったのか。長野県の後、外国籍者を「期限のない常勤講師」として任用する自治体がなぜ現れなかったのか。

　実は、日本国籍を有しない者を「講師」に任用できるか否かについて、1991年3月まで文部省は任用できるとの明確な認識を示したことはなかったのである。

　1984年11月に採用試験に合格した長野県の外国籍者に対して、県は合格を取り消した。この者は、それまで6年間にわたって「臨時講師」をしていた。出願時には、前年から引き続いて同じ学校に勤務していた。文部省の指導が入って合格を取り消した県教委は、翌85年1月に「助教諭や講師としての採用を検討」したが、文部省地方課は「（外国籍の）講師についてはまだ見解は出ていない」としていた。[57] 3月22日に文部省は、「講師については公務員には日本国籍が必要との法理は直ちに適用されるものとは解されない。講師の任用は法的に不可能ではない」としたが、この判断について同地方課は、「講師として外国人採用の是非を照会されたのは初めてなので、内閣法務局と協議の上、回答した」としている。[58]

　教諭の合格を取り消したのだから、期限のない助教諭か講師にと県教委は考えたのであろう。当時長野県に助教諭はいなかったので、講師になったようだが、新聞報道だけで不明な部分はあるものの、文部省が検討したのは「講師」の職が「法理」に抵触しないかどうかである。「期限のない講師」とはいっていない。この「講師」は学校教育法でいう講師であるとするなら、それには常勤講師も非常勤講師も含まれるが、それらは一般的に期限付きである。

52　入学・退学の許可、課程修了・卒業の認定、懲戒（退学、停学、訓告）の決定、学則・校則の制定・改定など。

53　松下佳弘氏のご教示を得た。

54　学校教育法第28条10項（当時）、現第37条第16項。

55　「特別の事情のある場合」とは、講師を必要とする場合なのか、外国籍者を必要とする場合なのか、不明であり、後者だとして外国籍者を採用しない理由に使われないかという懸念が残る。

56　なお、同じ選考試験を受けながら日本人が教諭で外国籍者が〈常勤講師〉として任用されることになるが、同「法理」がある以上「やむを得ない」としている。外国籍者の人権や尊厳より同「法理」が上だといわんばかりである。

57　「県教委　助教諭などで採用検討　韓国籍女性教員問題　実績、適格性認める」『読売新聞』南信版1985年1月12日付）

58　「文部省　「講師」なら外国人認める　長野県教委　梁さんを採用」『毎日新聞』1985年3月23日付。

　もう1件、「講師」をめぐる報道がある。1990年7月埼玉県教育委員会は外国籍者の「臨時任用（常勤講師）」を拒否した。臨時任用（常勤講師）であっても本務者と同じ仕事をするからというのが県教委の理由である。文部省は、「常勤講師になると法律上はっきりしない」「単に授業だけしてちょっとした事務のお手伝いをしていれば非常勤と同じように扱える」と述べ、かの「法理」に抵触するとは断言していないが、各県の実態を見ないと一概に言えないとしている[59]。また、文部省地方教育課は「国籍条項の対象は本来本採用の教諭だけ。常勤や非常勤の講師についてまで、どうしろこうしろといった通達は出していない」という。各教委からの問い合わせには、常勤や非常勤に必ずしも任用できないわけではないとの解釈を示しているだけだとする報道もある[60]。

　この事例では、県教委は期限のある常勤講師も教諭と同じ仕事をするからと任用を拒否していた。それに対して、文部省の反応はかなり曖昧である。「国籍条項の対象は本来本採用の教諭だけ」と明言しているようだが、非常勤講師に近い常勤講師ならいいとしたり、常勤や非常勤の講師について通達を出したこともないが、各教委からの問合わせには「必ずしも任用できないわけではない」とはっきりしない。

　この時期には日韓協議が行われており、公立学校教員の扱いについて日本政府の立場は明確に示されていなかったことが、このような曖昧な「見解」になったものと推測できる。日韓協議に関する質疑の中で、文部省地方課長は、「当然の法理に抵触しない例えば非常勤講師でございますとか、学校給食調理員でございますとか学校用務員そういったような職種については採用することは可能」と答弁し[61]、また公立学校教職員への外国籍者の任用実態を、教諭が33名、非常勤の英語指導助手は「たくさん」、給食調理員は1名、管理作業員1名として、「給食調理員や管理作業員など採用が可能なので、必要なら各都道府県を指導していきたい」とまで述べている[62]。国会質疑では他にも非常勤講師という用語は複数回確認でき、外国語の指導助手を例に挙げることも多い。しかし、臨時的任用にあたる常勤講師に言及されることはなかった。

　そして、遡れば、1982年9月の二つの通知には、「教諭等」とあった。「等」は、行政文書で多用され行政側による裁量や拡大解釈の余地を残すためのものとされるが、たとえば9月13日付通知では大学の場合に「教授等」としており、これは教授、助教授、講師のことだと明記されていることから鑑みれば、同じ通知の中の「教諭等」は教諭、助教諭、講師のことだとも推量される[63]。国公立大学外国人教員任用法の議論の中で、教諭の職務が「法理」に抵触するとの文部省の見解

が示されていたが、講師への言及はなかった。しかし、教諭等としたのは、教諭に限定しないということだったのかもしれないという疑念がもたれる。ただし、中曽根答弁書では教諭としている。

　以上から、助教諭や講師に外国籍者が就けるかどうかについて、文部省は否定的もしくは消極的な姿勢だったのではないかと思われる。長野県の事案が出るまで、国会質疑や国籍条項撤廃を求める諸団体の表明においても、もっぱら教諭任用が問題とされ、講師への言及はまったく見られない。文部省は、教諭任用不可の論理を導けばよかったのである。しかし、長野県の事案で講師について判断を下さなければならなくなった。しかも、期限のない講師である。よって、まず講師を、学校教育法上の講師の職務から妥当とし、その講師に期限のない場合を認めて、それをあえて「常勤講師」といった（用語使用として混乱が起きる）。しかし、この措置はこれ限りのものであり、この一件を持って、外国人に任用の期限のない講師の職を開くつもりはなく、それどころか、臨時的任用の講師についてすら明確な見解を出さなかった。

　そして、日韓協議においても教員問題は最後まで文部省の姿勢が変わることなく、国会でも非常勤講師か給食調理員というような答弁をくり返していたのは、「常勤講師」をもち出せば長野県の場合が引っ張り出されることを危惧したのではなかったのだろうか。しかし、日韓協議で他の項目が結論を見、いよいよ教員問題で譲歩せざるを得なくなって、長野県のケースを公式の恒常的なものとして再登場させた。その間には埼玉県の講師問題や福岡県の裁判もあり、文部省はそれらをもとに同解説に至る「正当化の論理」を作文していったのだろうと思われる。しかし、教諭と講師をこのように分断し、しかもその解釈が全くの形式論理で学校現場の実情を無視していることは、教員当事者や学校関係者であれば容易に想像がつくだろう。

　なお、私立学校では、外国籍者が教諭や管理職につくことは制限されていない。私立学校も公立学校と同じく「公の性質」を有する（教育基本法第6条）とされるのに、この違いをどのように理解すればいいのか。設置者の違いはあるが、同解

59　「紋切り対応が禍根　同胞常任講師NO　埼玉県教委の〝謎〟」『統一日報』1990年7月28日付。
60　「在日韓国人三世からの手紙　県教育長の回答　〝国籍条項〟厳密に解釈」『東京新聞』1990年7月14日付。
61　第118回国会衆議院法務委員会会議録第3号（1990年4月17日）。
62　第118回国会衆議院予算委員会2分科会会議録第1号（1990年4月26日）。
63　大学の講師には非常勤講師は含まれない。また「教諭等」には養護教諭を含むのではないかとも考えられるが、外国籍教員問題で養護教諭について言及されることは当時も今も、政府側も諸団体からもない。これまでこの「等」について言及された文献はない。

説でいう職務という点では、校長の職務は同一であり、公立学校の校長が行えば
「公立学校としての公の意思形成」になり、私立学校ではそうではないというこ
とになる。教諭の「参画」についても同様ということになるが、本章はもっぱら
公立学校を対象とするものであることから、問題の指摘にとどめる。

おわりに

　本章では、公立学校の外国籍教員の任用について、歴史的な経緯を追いながら
見てきた。政府は、公立小中高等学校等の教諭には公務員に関する「当然の法
理」が及ぶとする見解を示して、教諭任用を制約してきたが、それには、いくつ
かの自治体で国籍要件を外して実際に教諭として任用しているという実態が先行
していた。これまでの経緯には、教育行政における中央当局と自治体の関係、国
籍要件撤廃を求める運動、外国籍教員当事者の存在と支援活動に加えて、社会情
勢や外交関係といういくつもの要因が絡み合っていた。1991年に〈常勤講師〉
としての任用を可とする通知が出されたことによって、任命権者である教育委員
会の多くはそれに従い、当事者性を失って、あたかも「一件落着」したかのよう
である。しかし、そうではないことを本章では指摘してきた。[64]

　最後に残された課題をあげる。公立学校教員の国籍問題は、1970年代以降、
「就職差別」の問題として提起された。ところが、政府見解では公務員であると
いう側面から教諭任用の制約を主張するため、それに対抗する側の主張は、制約
原理である「法理」の解釈と適用を批判するという構図になってきた。もちろん
こうした議論はもっとなされるべきで、そこからさらに「公」とは何かというと
ころまで進むべきだろう。

　しかし、同時に、「教員」についてもっと論じなければならないのではないか。
1980年代以降に定着した教員の職務に関する政府の解釈は、かの「法理」に適
合的なものとして、演繹的に「創出」されたものであった。そうではなく、「教
員」とは何かという根源的な問いとして問うていく中で、外国籍教員問題の解決
の方向性を探る努力も必要であろう。

64　新たに教諭として任用する自治体が現れたことについては、第7章参照。

〈参考文献〉

伊藤行夫・申谷雄二（1974）「非常勤講師制度に怒りをこめて──都講組 1963 ～ 1974」『教育労働研究』4　社会評論社

榎井縁編（2014）『外国人問題理解のための資料集 1　外国人の公務就任権』大阪大学未来戦略機構第 5 部門

岡義昭他（1998）『外国人が公務員になる本』ポット出版

小野元之（1991）「在日韓国人など日本国籍を持たない者の公立学校教員への採用について」文部省教育助成局地方課編集『教育委員会月報』No.487

金賛汀（1987）『異邦人教師──公立校の朝鮮人教師たち』講談社

在日韓国・朝鮮人教師を実現する会編（1996）『「在日教師」とともに──周人植教員採用裁判闘争の歩み』創言社

在日朝鮮人生徒の教育を考える懇談会編（1982）『教員採用と国籍条項〔増補版〕──愛知における撤廃までの記録（'80 ～ '82）』

全国在日朝鮮人教育研究協議会（1985）全朝教主催『在日朝鮮人の教員採用を求める全国集会』（1985 年 3 月 3 日）集会資料

徐翠珍（2020）『華僑二世徐翠珍的在日──その抵抗の軌跡から見える日本の姿』東方出版。

徐龍達（1987）「国公立小中高校教員への門戸開放めざして」同編著『韓国・朝鮮人の現状と将来──「人権先進国・日本」への提言』社会評論社

全朝教ブックレット⑦（1997）『国籍条項と進路保障』全国在日朝鮮人教育研究協議会発行

田中宏（1981）「「教員と国籍」問題の現状と課題」『三千里』第 28 号

土屋基規（2017）『戦後日本教員養成の歴史的研究』風間書房

中島智子（2017）「公立学校における「任用の期限を附さない常勤講師」という〈問題〉」在日本法律家協会会報『エトランデュテ』創刊号

中島智子（2018）「「91 年覚書」に至る日韓政府間交渉の経緯とその後」『グローバル化時代における各国公立学校の外国籍教員任用の類型とその背景に関する研究』（平成 27 ～ 30 年度科学研究費補助金基盤研究(c) 研究成果報告書、研究代表者：広瀬義徳）

仲原良二（1993）『在日韓国・朝鮮人の就職差別と国籍条項』明石書店

仲原良二（2010）「外国籍教員の格下げ任用の経緯」兵庫在日韓国朝鮮人教育を考える会編『知っていますか？外国籍教員差別を！──外国籍教員の任用（常勤講師）問題の解決へ向けて』兵庫在日外国人人権協会発行

藤川正夫（2017）「「当然の法理」というヘイト──ある日系米人教員の存在と外国籍教員任用不可への方針転換──（エッセー）春の旅」全国在日外国人教育研究所研究紀要『在日外国人教育』No.6

藤本周一（2007）「戦前昭和期に大阪府下の学校等（旧学制）に勤務した外国人教師について（その 1）」『大阪経大論集』第 58 巻第 5 号

松下佳弘（2020）『朝鮮人学校の子どもたち──戦後在日朝鮮人教育行政の展開』六花

　出版

丸山満（1985）「国籍問題と教員採用」『まほろば』5 号

山崎幸雄(1980)「「教員採用帰化条項」がさらけ出す日本人の排外意識」『朝日ジャーナル』
　　1980 年 8 月 29 日

第5章 国公立大学外国人教員任用法と公立小中高校等の教員

中島智子

はじめに

1982年9月1日「国立又は公立の大学における外国人教員の任用等に関する特別措置法」（法律第89号、以下「任用法」）が公布施行され、国公立大学の教授、助教授（当時）、講師（専任）への外国人の任用が可能になった。任用された外国人教員が教授会、評議会等の大学の運営に関与する合議制の機関の構成員となり、その決議に加わることは妨げられないが、のちに出された通知によって管理職には就けないとされた。国立大学法人法および地方独立行政法人法の成立（2003年）に伴い、国立大学はすべて国立大学法人となったために、同法は「公立の大学における外国人教員の任用等に関する特別措置法」に改称された。公立大学の多くも現在公立大学法人となっており、適用を受ける公立大学は限定的である。

法人化によって多くの役員・職員は公務員ではなくなったため、同法は今日では「その機能を果たしたもの」「有名無実」とみなされているかもしれない。しかし、本章では、この「任用法」の成立が公立小中高校等の外国籍教員任用に大きな影響を与えたことや、国公立大学教員と公立小中高校等教員とでは外国人の公務就任の「制限基準」とされるかの公務員に関する「当然の法理」（以下、「法理」）の解釈や適用に違いがみられることから、「任用法」の成立過程に着目して検討するものである。

従来、同法の成立までには、定住外国人や日本人の大学教員による問題の提起と働きかけがあったことが知られている。それらが果たした役割は大きいが、立法化における国会議員や政府の動きにはそれとは別の思惑もあった。前者は定住外国人やアジアの研究者の任用に照準をあて、大学の国際化を外国人の人権保障の問題と強く結びつけていたのに対して、後者は海外から優秀な研究者を招いて日本の大学を活性化させ国際化を果たすことを標榜していた。本章では、まずこの関係についてみる。

また、同法成立までにはいくつかの法案が示され、それぞれにおいてかの「法

理」の解釈や適用が異なっていた。それがどのような経緯を経て「任用法」になったのか、その過程でどのように公立小中高校等教員の問題が出てきたのかについて、次に検討する。

　なお、国公立大学教員もそれぞれ国家公務員・地方公務員の一般職であり、各公務員法に国籍要件がないにもかかわらず、かの「法理」の適用が及ぶとされていた。そのため、大学管理機関たる教授会の構成員として大学の人事・運営に関与する職への任用は認められないとされ、助手（一般職公務員）までの任用か（昇任はない）、国家公務員法2条7項の「政府又はその機関と外国人の間に個人的基礎においてなされる勤務契約」（1年毎の更新）の「外国人教師」（一般職及び特別職以外の国家公務員）の職しかなかった[1]。その結果、法成立以前の外国人助手については、韓国・朝鮮人および中国人などの定住外国人が9割近くを占め、その専門領域も自然科学系が9割以上を占めているのに対し、勤務契約による外国人教師は欧米人が9割以上を占め、担当分野もほとんどが外国語関係に限られるという顕著な特徴を見せていた（岡崎1983）。

1　外国人教員任用問題に関する大学教員の動き

　国公立大学外国人教員任用問題への取り組みは、大学に勤務する韓国・朝鮮籍の教員たちの問題提起からスタートし、日本人大学教員も加わって、国公立大学関係機関や文部大臣等への働きかけへと広がっていった。

　最初の契機は、1972年10月に日本の大学に勤務する韓国・朝鮮籍の専任教員および非常勤講師が集まってムグンファ会（世話人：徐龍達[2]）が発足したことにある。同会は、親睦だけでなく日本社会内での役割を考えることを目的としたが、その後韓国・朝鮮人の権益擁護運動を展開するために名称変更が必要になり、1974年8月に会の名称を在日韓国・朝鮮人大学教員懇談会（「大学教員懇」）に改称した（世話人：徐龍達・姜文圭、ともに私立大学教授）。この間、公営住宅入居や児童手当支給等の国籍要件撤廃運動に共闘するが、これらの運動が在日本大韓民国居留民団（当時）なども加わって全国化したため、「大学教員懇」は固有の分野を開拓することになった。

　国公立大学教員問題は、外国人ゆえに昇任できずに「万年助手」の会員がいたため当初から課題ではあったが、日本政府の国連大学誘致構想が弾みをつけた。

　国連大学（正式には国際連合大学）は、1969年にウ・タント国連事務総長が年次総会で、「真に国際的な性格を有し、国連憲章が定める平和と進歩のための諸目

的に合致した国際連合大学」の設立を提案したことに始まり、1973 年 12 月の国連総会で大学憲章を採択して設立した。日本政府は、国連大学設立構想が発表されると各国に先んじて大学本部の誘致を国連に呼びかけるとともに、大学基金への 1 億ドルの拠出、首都圏に本部施設ならびに研究所・研修センター施設の提供の意向を表明した。こうして、国連大学は本部を日本（東京都渋谷区）において 1975 年 9 月にスタートした（国連大学ホームページより）。

　「大学教員懇」では、定住外国人への差別と偏見がある日本が、世界人権宣言を主柱とする国連の精神を汲むことができるのかなどと冷ややかに見つつも、「アジア地域の事例を中心とする諸国民間の相互理解と協力のために社会的文化的特質の比較研究」などをめざす基本構想に着目し、「国連大学を誘致する気運に乗じて」（徐 1980）大学教員問題への取り組みを進めていった。

　1975 年 10 月、「大学教員懇」徐代表幹事は受田新吉衆議院議員（民社党）とともに永井道雄文部大臣に会見し、「国公立大学へのアジア人専任教員採用等に関する要請書」を提出した。内容は以下である。

(1) 国公立大学の専任教員にアジア人を採用するよう特別措置を講じて下さい。また、事実上、専任教員の役割を果たしている（研究）助手等 の実態を調査してその処遇を改善し、できるかぎり、彼らを 専任講師以上に登用しうる方策を講じて下さい（国公立大学へのアジア人教員採用の促進）。

(2) 私立大学に勤務する他のアジア人専任教員の人件費、研究費等の全額助成策を講じて下さい（私立大学へのアジア人教員採用の促進）。

(3) 韓国・朝鮮学科の設置、韓国・朝鮮語の第二外国語への加入、およびその関係講座の開設に伴う図書費、人件費等の大幅助成策を講じて下さい（アジア関係講座の開設促進）。

　これを見ると、外国人教員任用については「在日韓国・朝鮮人」と限定せずに「アジア人」とされていることや、教員任用だけでなく韓国・朝鮮学科の設置、韓国・朝鮮語の第二外国語への加入が含まれていることが注目される。省略した要請書前文には、「今日における日本をめぐるアジアの情勢には、きわめて厳し

1　この採用については、人事院規則 7-1 第 2 項により、「当該職の職務がその資格要件に適合する日本の国籍を有するもののなかから得ることが極めて困難もしくは不可能な特殊かつ異例の性質のものと認められる場合に限り」外国人と契約できるとされている。

2　徐は「この運動は、筆者が大学院博士課程を終えて国立大学への就職差別に遭遇したことに端を発する」と述べている（徐 1987）。

いものがあると考えます」、「アジアの中にあってアジア人の心を知らず、また自らがアジアの一員であることを十分に認識していない日本・日本人のあり方に対して、各方面から注目されていることは周知のとおりであります」と、当時の日本にアジアから厳しいまなざしが注がれていることを指摘する内容となっている。

「大学教員懇」はさらに、1975 年 12 月に公立大学協会（公大協）会長と会見して「在日韓国・朝鮮人の国公立大学教員への就職差別撤廃等に関する要請書」を提出し、同趣旨の要請書を国立大学協会会長にも伝達した。公大協は 1976 年 5 月に要請書を議題に採択して外国人教員任用状況の実態調査を実施（77 年 5 月報告書）、1979 年 5 月に「外国人教員の任用は現行法でも可能」との見解を示した。

このような中、1977 年 5 月 28 〜 29 日に「定住外国人の国公立大学教員任用問題」シンポジウムが、京都で開かれた。全国から大学関係者 80 余人が参加したが、呼びかけ人（大学教員）24 人中 15 人が日本人で、うち 2 人が日本学術会議会員、4 人が公私立大学学長だった。「討議を通じて、日本人および韓国・朝鮮人研究者の相互理解が深められたことはなにより」だと評価されている。参加者 48 人の連名で「声明」が出され、これをきっかけに「定住外国人の大学教員任用を促進する会」（「促進する会」、代表：日高六郎・飯沼二郎）が同年 9 月 5 日に発足した。また、シンポジウムの内容をまとめた冊子は各方面に配布された。新聞各紙の報道もこれによってさらに増えた。

この後は在日韓国・朝鮮人大学教員による「大学教員懇」と日本人大学教員を中心とする「促進する会」がそれぞれに、時に共同歩調をとりながら、この問題の周知や各方面への要請・働きかけを進めていった。

2　国会での法案作成の経緯

外国人大学教員に関する政府の動きとしては、政府の審議会等で外国人を正規の教員として任用できる措置を講ずべきとの答申がすでに出ていた。早くには 1964 年の臨時行政調査会第一部会報告や 1971 年中央教育審議会答申ですでに指摘されており、正面から扱ったものとしては、1974 年 5 月 27 日の中央教育審議会答申「教育・芸術・文化における国際交流について」がある。同答申には、「外国人教員の採用を容易にし、積極的に受け入れる必要がある。そのために、現行の処遇、任用等に関し、具体的な改善策を至急検討すること」「国立大学へ外国人教員を受け入れる際に、日本人教官と同じ処遇ができるような措置を検討するとともに、必要に応じ、現行方式のほか、一定の任期を定め特別に高額

の給与を支給する方式も併用することを検討すること。また、教員の募集は、海外の大学等でも積極的に行うなど優秀な教員の採用を一層容易にする措置を講ずるよう努めること」とある。

　しかしながら、ここには「優れた外国人を海外から招く」という発想が前提にあり、定住外国人やアジアの研究者への言及がみられない。そうしたなか、法案作成については、1978年3月20日参議院予算委員会での秦野章議員（自民党）の質問が「実質的な嚆矢」となり、これを契機に政府の前向きな姿勢が示されるに至った。[8]

（1）成立法案までに出された諸法案

　こうして、秦野議員や文部省等により、1978年3月〜翌79年3月までの間に

3　内容は、(1)国公立大学の専任教員に在日韓国・朝鮮人を登用しうる措置を講じること、(2)国公立大学への韓国・朝鮮学科の設置、および韓国・朝鮮語の第二外国語への加入を推進すること、(3)国公立大学の専任教員に、他のアジア人を積極的に登用するとともに、アジア関係講座の開設を推進すること。1997年に東京外国語大学に朝鮮語学科が開設、翌年富山大学にも同様の学科が開設された。

4　国大協については、何度も要請をくり返したようだが、少なくとも1980年5月末までは議題に取り上げられていない（日高・徐編1980の運動日誌にて確認）。

5　この間の別の動きとして、在日韓国人である金敬得氏が、1976年に司法試験に合格したにもかかわらず、日本国籍を取得しなければ司法研修所に採用されないことを知らされ、研修所が属する最高裁判所に6次にわたる意見書を提出、1977年3月に最高裁は司法修習生とするとの最終判断を下した。

6　「大学教員懇」は1977年3月、日本学術会議に、国公立大学の定住外国人の問題についての基本的態度の表明と政府等への勧告とともに、定住外国人科学者が日本学術会議の選挙権・被選挙権を有することを認めること、そうしない場合はその論拠を明らかにするよう求めた。

7　在日韓国・朝鮮人大学教員懇談会、財団法人日本クリスチャン・アカデミー編(1977)。それによると、発題・報告の内容は、徐龍達（桃山学院大教授）「在日韓国・朝鮮人の任用の実情」、藤倉皓一郎（同志社大教授）「外国人の法的地位」、岡崎勝彦（名古屋大助手）「行政法の観点からみた定住外国人任用問題」、〔静想〕として飯沼二郎（京都大教授）「在日朝鮮人との出会い」。なお、シンポジウムは関西セミナーハウスにおいて開催された。

8　「大学教員懇」は1977年6月に複数政党の国会議員に国会活動を依頼しており、同年12月には衆議院議員で自民党文教部会長の藤波孝生と会見し、賛同を得ている。徐(1980)は、藤波が座長を務める自民党の政策集団「新生クラブ」の秦野が中心となって草案づくりを進めたとしているが、常本(1990)は秦野がインタビューにおいて、自らの法案づくりと同クラブあるいはその他の団体との関係を否定したと記している。徐は、秦野と親しく何度も面談したと筆者に語っている（2021年6月21日電話での聞き取りで）。
　常本(1990)によると、秦野がこの問題に関心をもったきっかけは、警視総監として大学紛争に直接関わった経験から、大学問題に関心を持ち、紛争の一つの原因に大学の沈滞があるとし、大学改革の必要を感得したからだという。議員となった後にある研究会での東大教授の講演で、「外国人を大学の正規の教員に任用しないのは日本だけだという話を聞いて、大学の活性化を図るには優れた外国人を招くことが最善であると気づき、早速その法制化の方途を探りはじめた」という。なお、秦野章(1911-2002)は、1939年に内務省入省、1967年に私大出身者として初の警視総監に就任した。1971年佐藤栄作の要請により都知事選に立候補するも落選、1974年参議院選で初当選。1982年第1次中曽根内閣の法務大臣に就任、1986年政界を引退。

以下4つの法案が策定された。

　秦野は、1978年1月27日に参議院法制局に対して外国人教員任用のための法案作成を依頼し、同法制局が4月22日に「国立又は公立の大学の外国人教員に関する特別措置法（案）」（先行研究で第二次案と呼ばれる）を秦野に交付したが、これに先立ち、秦野は「大学における外国人教員制度の整備に関する要綱」および関連法律改正案（1978年3月）を準備していた[9]（先行研究で第一次案と呼ばれる）。この二つは大いにその性格を異にしている。

　第一次案は、要綱で、1. 外国人が国立又は公立の学校の教員等となることができることを明らかにすること、2. 国立又は公立の大学等に勤務する外国人の教員に対しては、わが国の生活様式に慣熟しないことにより負う各種の負担の解消に資するため、特別の手当を支給するものとすることとし、教育公務員特例法及び一般職の職員の給与に関する法律の一部を改正する法律（案）を示した。そこでは、「日本の国籍を有しない者は、日本の国籍を有しないことを理由として教育公務員（教育委員会の教育長を除く）となることを制限されることはない」とし、また特別手当支給に関する条文において「外国人教育職員」とは、学長、国立大学共同利用機関の長、副学長、教授、助教授、講師及び助手とした。すなわち、第一次案では、大学教員では職階による制限を設けないだけでなく、高校以下の公立学校教員についても国籍による制限をなくすという内容となっていた。

　それに対して参議院法制局が示した第二次案は、外国人を大学の講師以上の教員に任用すること、教授会に出席し発言することはできるが、議決に加わることおよび評議会と国立学校設置法7条の5にいう人事委員会の構成員となることはできないとし、給与上の特別措置が示されていた。学長副学長等への任用は制限された。

　常本（1990）は、第一次案はかの「法理」自体の法的性格には拘泥せずに、従来解釈に委ねられていた具体の職への外国人の就任能力について、教育公務員に対しては法律の明文によって確認するというものであったのに対し、第二次案は「法理」を法律的水準の規範であるとして、立法によりその「特例」を創設するとの考え方をとっていると解している。なお、3月20日の参議院予算委員会での秦野の質問に対する内閣法制局長官答弁では、外国人が教授となり教授会メンバーとなることは「法理」に抵触するため、教育と研究に専念するのみなら法律の改正で可能としていた。しかし、結局第二次案は国会提出に至らなかった[10]。

　第三次案（1978年9月）は文部省が準備したもので、その要旨は第二次案と同様であり、教育公務員特例法に定める人事議決権を制限するものだったが、給与

上の特別措置は見送られた。その背景には、外国人教員の教授会出席を認め、権限も人事に関する議決に加われないとするほかは、大学の自治の尊重の観点からもできるだけ制約を設けたくないとする文部省と、かの「法理」を盾に、人事の他にも予算、カリキュラム編成、庁舎管理など権限の範囲を細かく検討し限定していくべきだとする内閣法制局の間で厳しい応酬があったという（常本 1990）。

　第三次案も国会提出は見送られた。その理由を常本（1990）は、法案自身にメリットがないことを指摘している。権利の制限を厳しく考えると、個人的基礎においてなされる契約に基づいて期限付きで任用する制度との違いの議論になる。同制度では外国人教員は不安定な地位ではあるが給与面で一定の配慮があり、定員外であることから大学としては利点があり、客員教授と称することや教授会へのオブザーバー参加は可能だったが、文部省原案では給与面の特別措置は削られ、定員内におかれる一方で、管理職就任の制限や教授会での権限の制約等「百害あって一利なし」になるからだという。さらに、「国立大学自身の消極的姿勢」や、「大学教員懇」が文部省の動機が国際化を通じての学術交流であることに危惧を抱き、アジア人教員の任用を推進するためには人事権は譲れないとして、それを欠いている法案に対して慎重な姿勢をとり始めたこともあったという。

　第四次案（1979 年 3 月）では、かの「法理」の適用を第三次案からさらに拡張し、教育公務員特例法に定める人事議決権及び部局長・評議員・人事委員等の管理職就任を制限するものだった。これも国会提出を見送られたが、その理由も前回同様で、権利制限の問題、なかでも管理職就任の問題がネックになっていたようだ。

　国会の外では、「大学教員懇」と「促進する会」は、法案検討のための研究集会を 1978 年 5 月及び 10 月に開催し、同年 12 月 10 日には発起人・賛同者を広く募って東京シンポジウムを開催した。[11]徐（1980）は、第一次案は「きわめて良心的な法案」としながらも「その内容が定住外国人の立場を考慮していない」ことを問題とし、第二次案以後は「改悪」されたとしている。

9　自民党文教部会と文教制度調査会の合同会議に提出予定と『読売新聞』1978 年 4 月 6 日付がその内容とともに報じている（常本 1990）。第一次案の全文は日高・徐編（1980）に掲載されている。この案がどこでどのように作成されたかは不明だが、常本（1990）は、参議院法制局の作業過程で存在していた案が利用されたものと推察する。

10　その理由を常本（1990）は、秦野への聞き取りをもとに、法案の内容が無理押しするに値するほど十分なものとは思われなかったことと自民党文教族の支持が得られなかったためとする。

11　また、「大学教員問題はあらゆる角度から研究検討されなければならない」として、日高・徐編（1980）が 7 月付で出版された。論文・論評・提言・見解だけでなく、資料や年表も添えられた「最も系統的・網羅的」なものである。

　前述したように公大協が1979年5月に「外国人教員の任用は現行法でも可能」との見解を示し、翌80年10月に日本学術会議がやはり「現行法の下でも可能」とし、管理職就任及び教員の不利益事項の審議等について制限することはありえても法令をもって規制すべきでないとの見解を公表した（常本1990）。また、在日の南北民族団体から文部大臣に要望書が提出された。[12]

（2）「任用法」の成立とその内容

　以上のように、秦野議員及び文部省が動いた4つの法案が見送られた後しばらくは国会周辺で目立った動きがなかったが、1982年当初から一挙に動き始めた。[13]文部省は第96回通常国会（1981.12.21 ～ 1982.8.21）への法案の提出方針を固めたが、内閣法制局等の抵抗が強いため、政府提案を諦めて議員立法での成立を期した。[14]

　自民党内では文部省大学局の意向を受けて文教部会（会長石橋一弥）に外国人教員任用問題懇談会（座長狩野明男）が設けられ、衆議院法制局に法案作成を依頼、3月30日に文教部会と文教制度調査会の合同会議で法案要綱が正式に決定された。その要旨は、学長、学部長などの管理職には就任できない、教授会への参加及び議決権は一切制限しない、任期制については各大学に判断を任せることを法[15]文に明記するというものだった。任期制については異論が出たものの党内合意が得られ、法案[16]は4月9日衆議院文教委員会に付託され、提案理由説明や質疑を経て、8月4日に全会一致で可決された。ただし、社会・公明・民社・共産・新自ク各党から付帯決議動議が提案され、これも採決の結果全会一致で可決された。[17]翌8月5日に衆議院本会議で全会一致で可決、同日参議院に付託されて、8月20日参議院本会議でも全会一致で可決、成立し、9月1日に公布施行した。主な内容は以下である。

　「国立又は公立の大学における外国人教員の任用等に関する特別措置法」
　（目的）
　第一条　この法律は、国立又は公立の大学等において外国人を教授等に任用することができることとすることにより、大学等における教育及び研究の進展を図るとともに、学術の国際交流の推進に資することを目的とする。

　（外国人の国立又は公立の大学の教授等への任用等）
　第二条　国立又は公立の大学においては、外国人（日本の国籍を有しない者をいう。以下同じ。）を教授、助教授又は講師（以下「教員」という。）に任

用することができる。

2　前項の規定により任用された教員は、外国人であることを理由として、教授会その他大学の運営に関与する合議制の機関の構成員となり、その議決に加わることを妨げられるものではない。

3　第一項の規定により任用される教員の任期については、大学管理機関の定めるところによる。

（外国人の国立大学共同利用機関等の職員への任用等以下略。なお、国公法第2条第7項に規定する勤務の契約により教育又は研究に従事する外国人の採用はそのままとされた。）

すなわち、教授・助教授（当時）・講師への任用は可とし、教授会での議決権は制限されないが、「教員」についてのみ任用できるとしていることから学長や部局長等の管理職への任用は認められていない[18]。任期については特に設けず、大学管理機関の定めるところとされた。

それでは、この「任用法」とかの「法理」との関係はどうか。「任用法」が大学教員に「法理」の適用があることを前提として制定されたものであることは、その名称が特別措置法であること[19]、明文で規定がない管理職就任の制限を前提としていることからも明らかである。かの「法理」を超えない範囲で「任用法」を制定したというのは、政府側も提案者も同意しており、提案者のひとりである石橋議員は、「法理」に対する「穴あけ」としてぎりぎりの限界だとしている[20]（渡辺1990）。

12　1978年12月8日在日本大韓民国居留民団中央本部、1979年2月15日在日本朝鮮人科学者協会・在日本朝鮮人医学協会。

13　秦野が活動を再開して衆議院議員へも働きかけつつ、参議院法制局に法案作成を依頼して2月2日に交付された（議決権制限なし）。

14　文部省内でも小中高校への波及を危惧する初等中等教育局が慎重な姿勢を示し、地方公務員問題を担当する自治省も難色を示したという（常本1990）。

15　外国人に任期をつけるというのは、日本人教員を含め全大学教員に任期制を導入したいという西岡武夫議員の持論を実現するための突破口として主張されたもので、文部省も予定していなかったという（常本1990）。

16　提出者は、石橋一弥、狩野明男、西岡武夫、三塚博、中村喜四郎である。

17　付帯決議の内容は、管理職への任用の方途を引き続き検討すること、任期制については大学管理機関の判断に委ねること、そして、任用を円滑にするための条件整備に努めること、である。

18　同法施行についての通知に、「なお、外国人を学長、学部長等の管理職に任用することは、従来どおり、認められないものであること」とある（1982年9月13日文人審第128号）。

19　特別措置法とは、緊急事態などに際して現行の法制度では対応できない場合に、期間や目的などを限って集中的に対処する目的で特別に制定される法律である。

　教授等の職務について、従来は、国公立大学の教授等は教授会の構成員として教授の人事、学生の入退学等の処分、大学の運営に関する重要事項の審議等に加わることにより公の意思形成に携わることになるとしてきたが、外国人教員に教授会での議決権を認めたことについては、「特別の合理的理由」があるから同「法理」の特例を設けたと説明している。すなわち、従来の解釈は「自国の主権の維持と他国の主権の尊重」という理念から導かれるが、「教授会の諸権限は大学の自治のもとに認められているので、外国人がこういう性格を持つ教授会の審議それから議決に加わるとしても国家主権の維持に対する影響はきわめて弱い」からで、大学は本質的に国際的性格を持つ学術の研究、教授を目的とするので「外国人を教授等に任用することは強く要請されるところである」とする[21]。

　一方、管理職任用を制限したことについては、国会での答弁でも説明が分かれているが、渡辺（1990）は、管理職が公の機関である大学の管理運営の責任者であり、人事上会計上の一般行政機関の管理職と同様の職務権限を有するものと考えられることから判断したのではないかと推測している。

　また、大学教員の職務の内容や性質に国公立大学と私立大学で差異が認められないという批判に対して、国会質疑で大学局長が、設置形態や設置根拠法令の違い、国公立大学は行財政財産として管理されていることを根拠に、教員が国家公務員である以上はかの「法理」が「その限りにおいて」適用されると述べている[22]。「その限りにおいて」とは逆にいえば、大学教員としての職務は教育基本法及び学校教育法上国公私立の間に変わりはないと認めていることになる。

　渡辺（1990）によれば、同「法理」との関係で「任用法」をどう位置づけるかについて、多くの学説は、大学は「法理」が想定するような公権力の行使ないし国家の意思の形成を行う機関ではないため、そもそも大学教員は「法理」の適用対象外だったことを「任用法」は確認したに過ぎないとするが、立法関係者間では、「任用法」によって「法理」が否定した外国人教員の任用が可能になったとして、「任用法」は「法理」との関係では創設的な位置を占めるとする見解では一致しているという。しかし、いかなる点で創設的といえるのか、外国人任用と「法理」との調和点をどこに求めることができるのかなど、まだ課題はあるとする。特に、管理職任用への制限は明文規定をおくことが可能であったのにそれをしなかったことは、その理論的根拠を一致した明確な見解として示せなかったためだと考えられるという。すなわち、かの「法理」との調和点を政府内部で一致させることができなかったゆえに政府提案ができず、議員立法として成立させることができたというのである。

　それでは、「大学教員懇」などはこの「任用法」をどのようにみていたのか。徐（1983）は、これまでの法令のもとでも任用が可能だとの見解を公大協や日本学術会議が示しながらも任用事例が増えなかったことから、「任用法」の成立が「国公立大学の閉鎖的体質に刺激を与え」、定住外国人を含む外国人の任用を制度に保障し促進するために必要だったと評価している。

3　「任用法」成立のその後

　「任用法」施行後、国公立大学での外国人教員任用が進んだ。講師以上の外国人教員数は、1986 年度で国立大学 32 人（教授 7、助教授 17、講師 8）、公立大学 7人（教授 1、助教授 3、講師 3）だったが、2002 年度で国立大学 693 人（教授 129、助教授 446、講師 118）、公立大学 264 人（内訳不明）となった（徐 2003）。法人化後はさらに増え 2020 年度の外国人教員数は（本務者、講師以上）、国立 1939 人（教授 595、准教授 1005、講師 339）、公立 511 人（教授 217、准教授 202、講師 92）である。ちなみに、私立では 4543 人（教授 1716、准教授 1274、講師 1553）で、学長については私立に 8 人、副学長は国立 4 人、公立 3 人である（文科省学校基本調査報告書）。
　なお、外国人教員の任期については「大学管理機関の定めるところによる」とされたことで、大学により異なる対応がみられた[23]。徐（1987）は、1983 年 4 月から 1986 年 4 月までに国立大学が任用した外国人教員 34 件のうち、任期なしは 3件のみだと指摘している。
　昨今の外国人教員の増加は、文科省が 2000 年度に「グローバル化時代に求められる高等教育のあり方について」（答申）を公表して、グローバル化の進展を受け、教員公募の対象を海外に拡大することなどにより、優秀な外国人教員の積

20　第 96 回国会衆議院文教委員会会議録第 16 号（1982 年 7 月 7 日）。
21　1982 年 7 月 7 日松下正美衆議院法制局第二部長の発言（第 96 回国会衆議院文教委員会会議録第 16 号）。
22　1982 年 8 月 10 日の参議院文教委員会での宮地貫一大学局長の発言（第 96 回国会参議院文教委員会会議録第 15 号）。
23　当初任期なしに任用できるとしたのは東京大学、九州大学、兵庫県立神戸商科大学（現兵庫県立大学）で、京都大学は 3 年を基準とした。東京大学は外国人教員任期規定で「任期を定めないで任用することができる」が、任期を定めて任用する場合の任期は教授会の議を経て総長が決めるとしていた。九州大学では任期を 3 年と定め、「特段の理由がある場合は評議会の議に基づき学長が個別に任期を定め、又は定めないものとする」とした。したがって、同じ大学においても無任期と有任期の場合があった（徐 1987）。大学が任期を 3 年としたのは、文部省が当時出入国管理及び難民認定法を援用して、国立大学の教授等に任用される外国人の在留期間が通常 3 年とされていると「指導」したためで、在留期間が何度でも更新されることや在留期間なく永住する定住外国人については「故意にか触れなかった」という（徐 1987）。

極的採用を進めて教員構成の国際化を図る必要性を謳ったことや、近年日本の多くの大学が、国際競争力向上と世界的に魅力ある大学の形成をめざして、研究力と教育力の強化を両輪に海外から外国人教員を引きつけるさまざまな改革を行っていることによる（黄・大膳編 2020）。

　冒頭で述べたように、国公立大学の法人化によって、「任用法」の適用を受ける大学は一部の公立大学に限定されている。法人化によって、教員は公務員ではなくなった（「みなし公務員」とされる）。よって、「任用法」はもはや関係ないということになるが、同法制定過程で突如もち上がった外国人教員の任期制について、法人化以前の 1997 年に「大学の教員等の任期に関する法律」が成立公布され、日本人教員も任期制の問題が人ごとではなくなった[24]。また、法制定以前は外国人教員の教授会議決権が問題とされたが、2014 年に学部教授会の役割を限定させる学校教育法第 93 条の改正がなされ、すべてにおいて決定権があるのは学長で、教授会として意見を述べることができるのは「学生の入学、卒業及び課程の修了」及び「学位の授与」のみ、それ以外では「学長が教授会の意見を聴くことが必要であると認めるもの」に限るとされた。

　1978 年 3 月の国会答弁で真田内閣法制局長官が、教育公務員特例法によって大学教授会は人事や運営等の権限を与えられているために外国人教員の任用が認められないが、「教授会の権限からそういう人事とか大学の運営なんということを取り去っちゃってもっぱら教育のあり方についてだけ仕事をしていただくというようなことも一つの方法として考えられますが、これはまた大学の自治という大変な重要な問題に関連いたしますので」「そういう手荒なこともできませんので」、外国人教授は「教育なり研究なり」に専念していただくという道が開かれればいいがという答弁をしている[25]。外国人教員は「教育と研究に専念」しておけとされた認識が、いまや日本人教員にも拡張されている。

　「任用法」制定過程を振り返ること、特に当時の国公立大学の日本人教員が外国人教員任用問題をどのように受けとめたのかを今日的観点から検討することは、今なお意味を失っていないと思われる。

4　公立小中高校等の外国籍教員問題との関係

　最後に、「任用法」の制定過程やその成立と公立小中高校等の外国籍教員問題との関係についてまとめておきたい。
　第 4 章でみたように、公立学校の外国籍教員は、1970 年代半ば以降国籍要件

を外す自治体が出てきて、実際の採用も少しずつ増えてきていた。しかし、大学教員の法制化過程で小中高校等への波及を危惧した文部省は、同法制定に伴って高校以下の教諭等に外国人は認められないことを確認する通知を出し、翌 83 年 3 月の中曽根答弁書に至った。

　「任用法」制定過程で、文部省内では大学局と初等中等教育局の対立があった。さらに、「任用法」が国会で議論される中で都道府県教委等から問い合わせが出てきたことによって、初中局を中心に危機感を募らせたものと思われる。[26] 82 年 5 月 31 日付で示された文部省の見解は、「教諭の職務は、児童生徒の教育をつかさどることを内容とするとともに、校長の行う校務の運営に参画する等、公の意思形成への参加と認められる事項をもその内容とするものであると認められる。したがって、教諭の地位は、日本国籍を保有する者のみがこれにつき得るものと考えられる」としていた。これがのちの中曽根答弁書と同内容になるわけだが、教諭の職務と大学教授の職務とではどのように異なるというのか。この点について、同法成立直前の国会において質疑が行われていた。

　政府側答弁は、「本質的に国際的性格を有する学術研究、教授を目的とする大学における教官の任用と高等学校以下の教育とはおのずから異なる」ので前者について特別立法で適用を図るとするものであった。大学は「国際的な性格を有する学術研究、教育」を目的とするので外国人教員を必要とするが、国民を育成することを目的とする高校以下ではそれに当たるのは日本国民であるといいたいようだが、教育・研究の目的が異なるとしても、それに当たる教員の国籍が自動的に決まる根拠は存在しない。[27] 少なくとも、教育基本法や学校教育法にそのような定めがない。大学が「本質的に」国際的性格を有する学術研究、教授を目的とす

24　1997 年任期法制定当時一橋大学教員だった田中宏氏は、教員組合役員から反対署名を求められ、「貴方はまだ署名してないんでは」、と言われたので、「ええしてません。外国人教員には任期をつけて、日本人には反対ということですからね……」と応答した。その役員は「それはどういうことですか」と怪訝な様子をするので、「一橋は、外国人教員任用法に基づく学内規則で、外国人には「3 年の任期」をつけてるでしょう。その時、任期についてどういう議論をしたんですか、私が来る前なので知りたいところです」と応えると、まったく虚を突かれたようだったという。結局、組合主催の「任期制についての学習会」が開かれることになり、田中氏が急遽発題をすることになった。その後東大と同内容の規則に改正されたとのことである（2021 年 1 月 10 日田中氏のメールより）。

25　第 84 回国会参議員予算委員会会議録第 15 号（1978 年 3 月 20 日）。

26　1982 年 8 月 10 日の参議院文教委員会で、「文部省は今回の法律案成立を逆手にとって、高校以下の外国人教員任用を認めない指導を強化していると耳にする」との質問に対して、政府委員は、別に指導を強化したわけではなく従来通りだが、従来の方針に変更があるのかという問い合わせがあるので、都道府県の人事主幹課長会議等で「指導をさらに丁寧にした」と答えている（第 96 回国会参議員文教委員会会議録第 15 号）。

るのであれば、立法化に拠らずともすでに外国人教員を任用すべきであったことになる。

　なお、教諭の職務は、学校教育法において児童生徒の教育をつかさどると規定されているのみであるが、それだけでは外国人の就任を制約できないことから、「校長の行う校務の運営に参画することにより公の意思の形成への参画に携わることになる」との解釈が、「任用法」成立後に確定された。

　また、教育基本法第6条で定めるように、国公私立学校はいずれも「公の性質を有するもの」とされており、国公立学校の教諭と私立学校の教諭との間の違いをそこから導くことはできない。結局、国公立大学と私立大学の教員の職務の違いは設置形態の違い以上に具体的にないと文部省当局が述べたように、高校以下の教員の職務に関しても、公私立の間に大きな違いはないといわざるをえない。

　しかし、このように大学教員と小中高校等の教員（教諭）の職務を切り分けたことは、のちに外国人に公立学校教員への途を開いた「91年3月通知」に際して、今度は教諭と任用の期限を附さない常勤講師との職の違いを累々説明しなければならなくなった。

　大学の外国人教員任用法制化が、意図せざる結果として小中高校等の外国人教員任用の制限を招いたことには、「大学教員懇」等は強い危機意識を感じていた。中心的位置にいた徐龍達氏は、1987年刊行の『韓国・朝鮮人の現状と将来──「人権先進国・日本」への提言』に、「国公立大学外国人教授への道」とともに「国公立小中高校教員への門戸開放めざして」をも収録している。そこには、小中高校等の外国人教員任用問題にもさまざまな働きかけをしたことが記されている。

　1982年9月18日付文部省初中局地方課長通知に対しては、同年11月13日に開催された「大学教員懇」10周年と外国人教員任用法成立を記念する会で、抗議アピールが採択された。その内容は、「大学教員懇」としては従来から一貫して、国公立大学教員を含む教育職公務員が「公権力の行使」に携わる職種ではなく、新しい立法措置をまつまでもなく既存の法制下でも外国人の任用が可能だと主張してきた、この度の「任用法」は外国人の任用が法的に可能であることを確認し、法的疑念を一掃するものであり、したがって同じ立法措置がとられていないことを理由に、国公立小中高校等の外国人教員任用を認めないことは、教育・研究面における国際化を促進しようとする外国人教員任用法の立法趣旨に根本的に反するものである、と主張するものだった。また、小中高校等の職員会議及び教員は大学教授会及びその構成員と同じ権限を有していないのに形式的な「公権

力の行使」を理由として否定するのは合理的根拠を欠く差別であること、自治体によっては国籍条項を撤廃して、すでに全国で約 30 人にのぼる外国人教員が採用され活躍しているのに、このような現状を無視して外国人教員を排除しようとすることは、「本来不合理な差別の撤廃について指導的立場にあるべき文部省が、自ら差別を奨励しているといわざるをえない」、これは国際人権規約に抵触し、民族差別に他ならないと断罪している。

　徐（1977）の中に、「地方自治体における小学校、中学校、高等学校の教育公務員がすでに実現しているのに対し、なぜ、国公立大学教授には任用できないというのか」という一文がある。徐は、知人が大阪市教育委員会に教諭として採用されていること（このケースは 1950 年に初任）や、1970 年代半ばに公立学校教員や一般地方公務員に採用する自治体があることなどを挙げており、公大協への質問書にもその事例を援用していた。それはまだきわめて少数の事例であったが、徐には小中高で外国人教員の任用が先行している、後退はないと思えたのであろう。それはまるで、「91 年覚書」によってそれまで教諭として任用していた自治体が講師に後退するなど想定もしなかったという在日韓国人教諭当事者の語り（第 1 章参照）をも思い出させる。

　それにしても、本章執筆過程において初めて知ったのだが、第一次案のみが、大学に限定せず教育長を除くすべての教員・職員を包含する画期的な法案だった。外国人の大学教員任用問題を過去のものとするのではなく、今日的視点でその経緯を再考することが今なお求められているといえる。

27　時期は少し下がるが、国民教育である初等中等教育の正規教員は日本国籍を有する者が当たるという考え方について、諸外国でも多くが同様であるとの答弁がある（松永文部大臣、第 102 回国会国会衆議院決算委員会会議録第 11 号、1985 年 6 月 18 日）。なお、「高校までの教育は、学問研究を主とする大学教育と違って国民形成教育ですから、ナショナリスティックな性格を否定できない。だから、この教育を外人傭兵部隊に任すことはできない。国益保護という建前から、あくまで日本人がやるべき仕事です」という「ある文部省職員の個人的感想」がある（山崎 1980）。

〈参考文献〉

岡崎勝彦（1983）「外国人の教育公務員適格」『ジュリスト』781 号

黄福涛・大膳司編（2020）『外国人教員に関する国際比較的研究』広島大学高等教育研究開発センター

在日韓国・朝鮮人大学教員懇談会・財団法人日本クリスチャン・アカデミー編（1977）『定

　　　住外国人と国公立大学——教員任用差別の撤廃を訴える』僑文社

徐龍達（1977）「在日韓国・朝鮮人の国公立大学任用の実情」在日韓国・朝鮮人大学教
　　　員懇談会・財団法人日本クリスチャン・アカデミー編『定住外国人と国公立大学
　　　——教員任用差別の撤廃を訴える』僑文社

徐龍達（1980）「定住外国人教授任用運動と日本の国際化」日高六郎・徐龍達編『大学
　　　の国際化と外国人教員』第三文明社

徐龍達（1983）「定住外国人教授への道——国立大学外国人教員任用法の施行によせて」
　　　『季刊三千里』第35号

徐龍達（1987a）「国公立大学外国人教授への道」徐龍達編著『韓国・朝鮮人の現状と将
　　　来——「人権先進国・日本」への提言』社会評論社

徐龍達（1987b）「国公立小中高校教員への門戸開放めざして」徐龍達編著同上書

徐龍達（2003）「外国人教員の任用と大学国際化への課題」桃山学院大学『国際文化論集』
　　　（29）

田中宏（1980）「大学は国際化の扉を開きうるか」日高六郎・徐龍達編『大学の国際化
　　　と外国人教員』第三文明社

常本輝樹（1990）「外国人教員任用法の立法過程——議員立法の一考察」『北大法学論集』
　　　40（5‐6上）

日高六郎・徐龍達編（1980）『大学の国際化と外国人教員』第三文明社

山崎幸雄（1980）「「教員採用帰化条項」がさらけ出す日本人の排外意識」『朝日ジャーナル』
　　　1980年8月29日号

渡辺賢（1990）「いわゆる外国人教員任用法と「当然の法理」」『北大法学論集』40（5‐6上）

第6章　外国人公務就任権と公務員に関する「当然の法理」という制約

中島智子

はじめに

　第4章で見てきたように、外国籍者の公立学校教諭任用を制約しているのが、公務員に関する「当然の法理」（以下、「法理」）である。今日にあっては、同「法理」は、国家公務員や地方公務員全般に適用するものとされている。憲法規定ではなく、また法律でもない「当然の法理」たるものが外国人の公務就任の制約となっていることについては、つとに批判されてきた。

　日本国憲法は、外国人の公務就任について制限規定をおいているわけではない。法律で国籍要件を明記したものとしては、公職選挙法の第10条（1950年4月15日公布、以下すべて公布日）が、特別職たる国会議員、地方公共団体の議会の議員及び長の被選挙権の要件を日本国籍保有者とし、一般職をも対象とする外務公務員法（1952年3月31日）の第7条が日本国籍を任用条件かつ失格条件と規定している[2]。

　これらの限定された場合以外では、地方公共団体が設置者である公立学校の教員の任用を含めて、国家公務員、地方公務員への外国籍者の公務就任を明示的に禁止、否認する法律上の明文規定は存在しない。すなわち、国家公務員法（1947年10月21日）、地方公務員法（1950年12月13日）には国籍に関する規定はない。教員に関しては、教育公務員特例法（1949年1月12日）、教育職員免許法（1949年5月31日）においても、外国人に限って制約する旨の条文は存在しない。なお、教育長と教育委員には日本国籍が必要とされる（地方教育行政の組織及び運営に関する法律）。

　なお、「当然の法理」とは、「論ずる余地もない「自明なこと」を意味する」（中村編2019）とのことであるようだが、同「法理」の内容は「広汎的かつ抽象的」（芦部1994）であり、また、1953年の「登場」以後その解釈や適用対象につ

いては変化してきている。

　本章は、一体公務員に関する「当然の法理」とは何なのか、どのように登場してどのように適用されてきたのかについて確認し、外国人の人権に関する学説や外国人の公務就任権（資格ともいう）に関する判例等を押さえることによって、外国人の公務就任について検討するものである[3]。よって、本章では公立学校教員任用問題だけに限定することなく見ていくことになる。

1　同「法理」はいつ生まれ、どのように変化してきたのか

　戦後の公務員任用に関する経緯、変遷について、ここでは行政実例等を指標にして次の 5 期に分けてみていく[4]。

　　第 1 期：占領期（1945 年～ 1952 年）
　　第 2 期：同「法理」の原型（1952 年～ 1967 年）
　　第 3 期：同「法理」の拡張（1967 年～ 1982 年）
　　第 4 期：大学は可・小中高校等は不可（1982 年～ 1991 年）
　　第 5 期：「91 年日韓覚書」以後（1991 年～現在）

　ここで、かの「法理」は第 2 期にその原型が登場し、第 3 期以降にその対象や解釈の拡張が見られた。その過程で、国公立学校の教員については大学と小中高校等では異なる対応が出現した（第 4 期）。「91 年日韓覚書」によって教育公務員を含む地方公務員については一定の方向がつけられたとして、これを第 5 期とした。

　以下においては、(1) 該当する行政実例等が対象とするのは国家公務員か地方公務員か、(2) 公務員一般か教育公務員か、(3) 外国人一般か旧植民地出身者（もしくは定住外国人）か、に留意して検討する。

(1) 第 1 期：占領期（1945 年～ 1952 年）

　1945 年 8 月 14 日の日本政府によるポツダム宣言受諾から 1952 年 4 月 28 日サンフランシスコ平和条約発効までの連合国軍による占領期は、大日本帝国が崩壊して新生日本が誕生するまでの過渡期であり、のちに外国人の公務就任問題の中心となる在日朝鮮人・台湾人の国籍等法的地位がこの時期「曖昧」であったこともあり、公務就任権の扱いも複雑である。

　まず、大日本帝国憲法下では公務員（官吏）について、天皇大権として官制大権および文武官の任免大権を定め、官吏制度はこの大権に基づいて勅令を以て定められた。戦前期植民地下にあった朝鮮人や台湾人は大日本帝国臣民とされ、普通選挙法施行（1925 年）後は日本本国居住の場合に男子に選挙権、被選挙権が認められていた。また、公務員となる者もいた[5]。

　占領期の朝鮮人、台湾人の法的地位は明確に定められず、日本国民とみなす一方で、外国人として扱われる場合もあった。すなわち、法形式上は日本国民として日本の統制下におかれたが、他方で参政権を停止され（1945 年 12 月）、外国人登録令の対象とされた（1947 年 5 月）。1945 年 12 月の衆議院議員選挙法改正は、満 20 歳以上の男女の普通選挙を確立したとして高く評価されているが、その反面で、朝鮮人、台湾人の選挙権、被選挙権を奪うものだった[6]。これにより、その後に制定される憲法や法律等に対して、特にその後の自らの処遇に関わる事柄に対して、代表を選び意見を表明し行使する権利が奪われたことになる。にもかかわらず、「日本国民」であるとして、このように成立した法律に従う義務は課された。旧植民地出身者のその後の法的地位や諸権利について考えるとき、この最初の重要な諸「決定」がもたらした意味の大きさを忘れるべきではない。朝鮮人、台湾人にも適用された外国人登録令が、1947 年 5 月 2 日すなわち日本国憲法施行の前日に最後の勅令として公布施行されたことと合わせて考えると、なおさら

1　本書では日本国籍を有しない者の意で「外国籍教員」を使用しているが、本章で扱う法学説等では「外国人」としているため、引用等の都合のため、本章では「外国人」とする。いずれも日本国籍を有しない者＝外国籍、無国籍を含むという趣旨で同じである。

2　1996 年 9 月 30 日までは配偶者が日本国籍を有さない場合又は外国の国籍を有する場合についても外務公務員の欠格事由とする規定になっていた。

3　いわゆる「当然の法理」や外国人の公務就任権、また外国人の人権については法学者や法曹界等の専門家による解説や学説等は多数ある。しかし、それらは用語も専門的で法学説としての論理構成をとるなどのために、一般読者にはにわかに理解しがたい面もある。筆者も法学や行政学には門外漢であるが、公立学校の外国籍教員の問題を考察するためにこれらの学説や先行研究等を読んできた。そこで、門外漢なりに一般読者が理解しやすいように整理することとした。

4　仲原（1993）は 1945 ～ 1991 年を 4 期に区分しており、第 4 期までは本章とほぼ同区分である。岡崎（1998）は 5 期に区分し、第 1 ～ 3 期までは仲原と同じ、第 4 期を 1982 ～ 1994 年、第 5期を 1995 年～現在としている。両氏とも第 3 期を 1966 年からとしている点については後述する。岡崎が第 5 期を 1995 年からとするのは、同年冒頭の高知県知事の年頭所感（後述）を「「在日」問題に対する根源的問いかけから国籍条項を捉えようというものであった」からだという。本章では両氏の区分にも拠りつつ独自に 5 期に分けた。

5　1944 年に下級の官公吏が 410 名いたとされる（岡崎 1998）。

6　大日本帝国の時代、朝鮮人、台湾人は朝鮮戸籍、台湾戸籍に編纂登記されて内地の戸籍とは別に管理されていた。戦後の参政権の停止は、まずこれらの者が内地戸籍から外れていることを踏まえ、同選挙法付則で「戸籍法の適用を受けざる者の選挙権及び被選挙権は当分の内、これを停止す」と定めた。

である。

　以上の確認の上で、占領期の外国人の公務就任権についての行政実例を概略すると、国家公務員については、公権力を行使する国家公務員には日本国籍を必要とするが（すなわち国家公務員のすべてではない）、地方公務員には制限規定がなく、禁止されていないが平等取扱い原則は及ばない、とまとめられる[7]。ただし、国家公務員に関する判断を述べた「兼子回答」（注 7 参照）の照会事例は日系二世に関するもので、日本での公務員就任が米国市民権留保に直結する問題であり、この時期の外国人の公務就任権に関する行政実例はこうした事例が多かったとされる（岡・水野 1998）。

　なお、ここで注意しておくべきは、朝鮮人、台湾人は「日本国籍」を保有する者とされ、上記でいう外国人に含まれていないこと、よって公務員の身分は保有されていることである[8]。朝鮮人、台湾人の「国籍変更」によって公務就任権が問題となるのは、つぎの第 2 期である

（2）第 2 期：同「法理」の原型（1952 年〜 1967 年）

　1952 年サンフランシスコ平和条約の発効に伴い、朝鮮人、台湾人の国籍が変更されたことによって、外国籍者の公務就任の問題がクローズアップされ、「法理」の原型たる「高辻回答」が示されたのが、この時期である。

　朝鮮人、台湾人の国籍については、平和条約発効 9 日前の 1952 年 4 月 19 日法務府民事局長通達（民事甲籍 438 号）によって、「朝鮮及び台湾は、条約の発効の日から日本国の領土から分離することとなるので、これに伴い、朝鮮人及び台湾人は、内地に在住している者を含めてすべて日本の国籍を喪失する」と一方的に示された[9]。平和条約には独立に伴う国籍問題について明示的条項はなく、日本政府の一片の通達によって決定されたのである[10]。日本に在住する朝鮮人、台湾人は国籍選択の機会もなく、これ以降一般外国人と同様に扱われることになった[11]。

　それでは、平和条約の発効に伴い、すでに国家公務員または地方公務員であった朝鮮人、台湾人はどうなったのか。結論的にいえば、当人が帰化を希望し、当局がその継続を判断する場合には、簡易な方法で帰化手続が進められた[12]。その結果、条約発効日付で帰化が決定したのは 71 人[13]、その後帰化しない公務員についての照会が続いた[14]。そこで政府の見解をまとめようと出されたものが、以下の「高辻回答」である[15]。

　　　法の明文の規定でその旨が特に定められている場合を別とすれば（例、内

7　国家公務員について、1948 年 8 月 17 日法務調査意見長官兼子一より連絡調整中央事務局第二部長石黒四郎あて回答（「兼子回答」）は、日本政府警察官は公権力行使を担当するとして国籍要件を必要とし、臨時職員については必要としないとする。なお、1950 年法曹会決議では、「一般職たる国家公務員に日本国籍をもたない者を採用することは、その職務の内容が国家意思の形成、国家公権力の行使に直接関係する者ではない場合に限り、必ずしも違法ではない」としている（仲原 1993）。地方公務員については、1949 年 5 月 26 日（自発 546）総理庁自治課長より愛知県知事あて回答「外国人を県職員として採用することについて」は、国籍による制限はなく任免権者によって判断すべきものとする。なお、1951 年 8 月 15 日（地自公 332）地方自治庁公務員課長より青森県人事委員会あて回答は、地方公務員法第 13 条・第 19 条の「すべて国民は」には外国人は含まれないかという照会に対して「含まれない」としている。

8　第 4 章で述べたように、公立学校の管理職任用は制限されていた。

9　日本政府は、旧日本領海外諸地域の運命、帰属を規定したポツダム宣言を受諾したものの、それらの領域、人民の帰属は平和条約によるという伝統的国際法理論を一貫して保持し、講和前の朝鮮人の国籍変更を認めなかった（大沼 2004）。平和条約による日朝国籍の自動変更との主張は「行政・判例・多数説」であるが、大沼（2004）は、この「自動変更」に至る経緯、及び大韓民国（1948 年 8 月 15 日）・朝鮮民主主義人民共和国（同年 9 月 9 日）の成立による国籍の誕生と在日朝鮮人との関係について詳細に検討している。

10　岩沢（1985）は次のように批判している。「行政府は、「通達」によって全く新しい立法をしたのである。仮に、平和条約 2 条 a 項〔領土権の放棄〕が、国籍問題に関する何らかの合意を含んでいたとしても、この規定は、この点に関してあまりにも不明確であり、直接適用可能な規定といえるかは大いに疑問である。…行政府が「通達」によって「条約を適用する」という建前の下で朝鮮人の日本国籍を喪失させたことは、「日本国民たる要件は、法律でこれを定める」と規定した憲法 10 条（法治主義）に反する疑いが濃いといわねばならない」。なお、岩沢は国連・自由権規約委員会委員を 20 年近く勤め、現在は国際司法裁判所判事である。以上は田中宏氏のご教示による。

11　平和条約発効と同日に外国人登録法が制定され、朝鮮人、台湾人はその対象となった。在留資格については、ポツダム宣言の受諾に伴い発する命令に関する件に基づく外務省関係諸命令の措置に関する法律（法律第 126 号）によって「当面の在留が許される」とされた。田中（2013）は、「旧植民地出身者をあたかも外国人であるかのように装うことによって、歴史の抹消がはかられたといっても過言ではなかろう」と断罪している。

12　平和条約発効の前月である 3 月 6 日の内閣官房副長官依頼法務府総裁官房長あて通知（内閣甲 44）が、現に国家公務員又は地方公務員の地位にある者が日本国籍喪失後も引き続きその地位を保有することができるかどうかについては疑義があるので、帰化を希望し、発効後も引き続きその地位に止まらせることを相当とするものについては、疑義を避けるため、発効と同時に帰化によって日本国籍を取得させるのが適当であると思料されるとして、帰化手続について言及している。これを受け、同 3 月 19 日の法務府民事局長通達（甲 270 号）では、簡易的な帰化手続について法務局長、地方法務局長に通達している。岡崎（2020）は、当人の希望が前提であるものの、公務員としての「身分継続保有相当性」の判断権や申請後の「帰化の許可相当性」の判断権も当局が保持していること、帰化手続として 1952 年 4 月 19 日通達では一般外国人と同様国籍法（1950 年制定）による帰化手続によるとしているのに対して、簡略的な方法を示したことを、「政府の「追放と同化（帰化）」政策における対「親日派」への「在日」対策というべきもの」としている。

13　うち「現国籍」が朝鮮 52 人、中華民国 17 人、米国 1 人、無国籍 1 人である。法務研修所編（1975）では「朝鮮 52 人」、金（1990）では「同 51 人」とあり、藤川正夫氏が官報を確認した情報の提供を受けた。

14　「（平和条約発効の日において）当然に国家公務員たる身分を失うものではない」との行政実例が確認される（1952 年 7 月 22 日人事院事務総長回答 71 - 65）。

15　「日本国籍を喪失した場合の公務員の地位について」1953 年 3 月 25 日法制局 1 発第 29 号　内閣総理大臣官房総務課長栗山廉平あて、法制局第一部長高辻正己回答。

閣総理大臣に関する憲法第67条及び公職選挙法第10条)、一般にわが国籍の保有
がわが国の公務員の就任に必要とされる能力要件である旨の法の明文の規定
が存在するわけではないが、公務員に関する当然の法理として、公権力の行
使又は国家意思の形成への参画にたずさわる公務員となるためには、日本国
籍を必要とするものと解すべきであり、他方においてそれ以外の公務員とな
るためには日本国籍を必要としないものと解せられる。

　すなわち、「公権力の行使または国家意思の形成への参画」に携わる公務員と、
それ以外の公務員に区別した上で、後者についてのみ外国籍者でも就任可能であ
るとした。よって、前者の官公職にある者は国籍の喪失によって公務員たるの地
位を失うが、後者の官公職にある者は国籍の喪失によって直ちに公務員たる地位
を失うことはないものと解せられるとされた。その後の事例を見ても、造幣局大
蔵技官、国立病院看護婦(当時)、公立大学助教授など、公権力行使等にたずさ
わる職務以外の技術的・学術的・定型的職務には就任可能とする行政実例がみら
れる(仲原1993)。なお、「高辻回答」における制約基準の根拠は、「自国の主権
維持と他国の主権の尊重」と示されている。
　この「高辻回答」が公務員に関する「当然の法理」の原型とされるが、そもそ
もこれは法律でもなく、内閣法制局による「法制意見」である。

(3) 第3期：同「法理」の拡張(1967年〜1982年)[16]

　この時期では、まず、国家公務員採用試験に関して、従来受験要項の公告に
「日本国籍を有しない者」は受験できないとしてきたが、1967年に人事院規則
8-18を制定し、その第8条で国籍要件を設けた[17]。これは、職務内容を具体的に
判断すべきものとしてきた先例に反して、職種に関係なく日本国籍を有しない者
を一律に排除するものである[18]。
　地方公務員については、1973年5月28日付自治省公務員第1課長の回答(自
治公28)が重要となる。それまで国家公務員が対象であると考えられてきた同
「法理」が、表現を変えて地方公務員にも及ぶとされた。
　これは、大阪府総務部からの「日本国籍を有しない者の職員の任用について」
とする照会、「1.地方公務員法上、日本の国籍を有しない者を地方公務員として
任用することについて直接の禁止規定は存在しないが、公務員の当然の法理に照
らして、地方公務員の職のうち公権力の行使又は地方公共団体の意思の形成への
参画にたずさわるものについては、日本の国籍を有しない者を任用することはで

きないと解すべきかどうか。 2. 前問と関連して公権力の行使又は地方公共団体
の意思の形成への参画にたずさわる職につくことが将来予測される職員（本市に
おいては一般事務職員、一般技術職員等）の採用試験において、日本の国籍を有しな
い者にも一般的に受験資格を認めることの適否はどうか」に対して、「1. できな
いものと解する。2. 適当でない」と回答しているものである[19]。

　ここでは、「公権力の行使又は国家意思の形成への参画にたずさわる公務員」
としてきた「高辻回答」が、「公権力の行使又は地方公共団体の意思の形成への
参画」と表現を変えることによって、地方公務員にも及ぶものとされている。ま
た、公権力行使等にたずさわる職務以外の、技術的・学術的・定型的職務は就任
可能としたこれまでの事例に代わって、公権力の行使又は地方公共団体の意思の
形成への参画にたずさわる職につくことが将来予測される職員として、一般事務
職員、一般技術職員等への任用を禁ずる内容となっている。

　これら「国家意思」「地方公共団体の意思」とした表現が、「公権力の行使又は
公の意思の形成への参画にたずさわる公務員」へと変わって登場したのが、1979
年 4 月 13 日の大平正芳首相答弁書（内閣衆質 87 第 13 号）である。大平答弁書では、
「公務員に関する当然の法理として公権力の行使または公の意思の形成への参画
にたずさわる公務員となるためには日本国籍を必要とするが、それ以外の公務員
となるためには必ずしも日本国籍を必要としない。このことは国家公務員のみな
らず、地方公務員の場合も同様である」と、国家公務員と地方公務員を同様とし
た。また、国籍等のいかんによって区別されるべきものではないとした。ただし、
公権力行使等にたずさわる地方公務員であるかどうかは、「一律にその範囲を確
定することは困難である」ので、管理職かどうかを問わず、任用にかかる職務内

16　仲原（1993）や岡崎（1998）は、第三期の開始を日韓法的地位協定が発効し協定永住という新
　　たな永住資格が誕生した 1966 年とするが、それが公務就任権に変化を及ぼしたとする記述は
　　ない。
17　その理由は、一般行政の係員を対象とした試験については国籍要件を課す必要がないのでは
　　ないかという意見もあるが、終身雇用が慣行となっている現状では、経験を積んだ後は累次昇
　　任して国家意思の形成への参画にたずさわる官職に就くこととなるのが通例であるから国籍を
　　要件とする必要があるとの意見もあり、現在すべての採用試験の受験資格に国籍要件を設けて
　　いるとされている（鹿児島他編 1988）。なお、人事院規則は委任立法（法律の委任に基づき立
　　法府以外の機関、特に行政機関が法規を定めること）である。
18　地方公務員については、地方公務員法で地方公共団体に人事委員会をおいて「職員の競争試験
　　及び選考並びにこれらに関する事務を行うこと」とされている。兵庫県では 1953 年、神戸市
　　では 1954 年実施の試験から募集公告に国籍条項が示されたという（仲原 1993）が、他自治体
　　でも同時期かどうかは不明である。
19　この回答が示された背景については、第 4 章で触れた保母と医師の国籍要件廃止があり、一般
　　職への波及を抑えるためだったのではないかとされる（仲原 1993）。

容を検討して「当該地方公共団体が具体的に判断」すべきとした。

　なお、この答弁書は、大阪府八尾市の公務員国籍条項撤廃の動きにかかわる質問に対するもので、この時期各地で国籍条項撤廃運動が活発化していたことが背景にあり、「当該地方公共団体が具体的に判断すべき」という文言がその後運動側の論拠とされていったという（仲原 1993）。

（4）第 4 期：大学は可・小中高校等は不可（1982 年〜 1991 年）

　この時期は、外国人の教員任用に関して、国公立大学では教授等の任用を可とする一方で、国公立学校の教諭には認められないものとするというように、教員に関しては独自の動きがあったため、独立して扱う（一般公務員に関しては第三期を引き継いでいると考えられる）。

　1982 年 9 月 1 日に「国立又は公立の大学における外国人教員の任用等に関する特別措置法」（法律第 89 号、以下、「任用法」）が制定され、この制定に伴う 9 月 13 日付文部事務次官通知「同法の施行について」及び 9 月 18 日付の文部省初中局地方課長通知において、国公立小中高校等の教諭等には外国人の任用は認められないとしたことによって、第 3 期にいくつかの自治体で徐々に進んできた公立学校の外国籍教員の任用にストップがかかった（第 4 章参照）。

　外国人の国公立大学教員については、詳しくは第 5 章で述べたように、従来「法理」に抵触しない範囲の任用として、外国人は国公立大学の助手までとされていたが[20]、「任用法」では、外国人の国公立大学の教員（教授、助教授、講師）への任用と教授会の議決への参加を認めた（ただし学長や学部長等の管理職には任用できないとされた）。政府はこの規定を「例外措置であり、公務員に関する当然の法理を否定するものではない」とし、「教育の進展や学術の国際交流の必要性に鑑みてとられた、大学教員だけの例外措置」（「創設規定」）であるとした。それに対して、外国人の任用を促進する運動にかかわる法学者等は、現行法制下でも外国人の任用は可能で、「任用法」は「確認規定」だとしていた。

　一方、「任用法」の制定過程で、文部省内では法案推進の立場に立つ大学局に対して、小中高校への波及を危惧する初等中等教育局が慎重な姿勢を示し、地方公務員問題を担当している自治省も難色を示していた。その結果、法成立に伴って文部省は 2 通の通知を出し、外国人の公立学校教諭の任用は認められないとするとともに、1983 年 4 月 1 日中曽根康弘首相答弁書において、公立学校の教諭の職務が「校長の行う校務の運営に参画することにより、公の意思の形成への参画に携わる」ため、「法理」の適用があるとの解釈が定着した（第 4 章参照）。

この時期、教員以外の公務員に関する動きもあった。当時国家公務員であった郵便外務職の国籍要件が外され（1984 年）、運用にばらつきの生じていた地方公務員看護三職（保健婦・助産婦・看護婦）について、専門的、技術的な業務であり、公権力の行使、公の意思の形成への参画に該当しないため日本国籍は不要という判断が示された。[21]

（5）第 5 期：「91 年日韓覚書」以後（1991 年〜現在）

1991 年 1 月 10 日に交わされた「日韓法的地位協定に基づく協議の結果に関する覚書」（「91 年覚書」）には、地方参政権は取り上げられなかったが、地方公務員と公立学校教員について以下のように示された。

　　地方公務員への採用については、公務員任用に関する国籍による合理的な差異を踏まえた日本国政府の法的見解を前提としつつ、採用機会の拡大が図られるよう地方公共団体を指導していく。

　　公立学校の教員への採用については、その途をひらき、日本人と同じ一般の教員採用試験の受験を認めるよう各都道府県を指導する。この場合において、公務員任用に関する国籍による合理的な差異を踏まえた日本国政府の法的見解を前提としつつ、身分の安定や待遇についても配慮する。

いずれも「公務員任用に関する国籍による合理的な差異を踏まえた日本国政府の法的見解」としているのは、「当然の法理」の文言使用への韓国側の強い抵抗があったためいい換えたもので、日本政府は「当然の法理」のことだとしている（韓国政府はそれに了解していない）。その上で、「地方公務員」については「採用機会の拡大が図られるよう地方公共団体を指導していく」とし、「公立学校教員」については「日本人と同じ一般の教員採用試験の受験を認めるよう各都道府県を指導する」としている。

地方公務員については、すでに「任用にかかる職務内容を検討して当該地方公共団体が具体的に判断すべき」としていたので、その判断に変更はなく、今後は

20　第 2 期で公立大学助教授の任用を可とした行政実例は、教授会に参加しないことを前提にしているからという（渡辺 1990）。
21　「保健婦・助産婦・看護婦の国籍要件について」（1986 年 6 月 24 日自治省行政局公務員課第二課長、自治公 2‐33）。

実際の採用が拡大するように指導するというものである。公立学校教員につい
ては、教諭には日本国籍を必要とするとして採用選考の受験を認めなかったも[22]
のを覆したことになる。ただし、合格しても教諭ではなく「法理」が適用されな
い「任用の期限を附さない常勤講師」としての任用を各教育委員会に求めたので
（91年3月通知）、日本政府にとっては「91年覚書」によっても教諭への任用を不
可とする「法理」の解釈や適用に変化はないという姿勢である。

　こうして、公立学校教員については、「91年3月通知」の直後から翌年にかけ
て多くの自治体はこれに従う形となった。地方公務員の採用については、自治体
によって異なる対応がしばらく続き、今日においてもなお流動的である。

　ここで、地方公務員の国籍要件の適用状況について遡ってまとめると、1970
年代から撤廃運動が行われ、各自治体によって個別の対応が行われてきた。最も
早いものとしては、1973年の大阪市が保母（当時）と医師の国籍要件を、同年兵
庫県内6市1町が一般事務・技術職等の国籍要件を外したのを皮切りに、その後
少しずつではあるが、広がりをみせていた。[23]「91年覚書」後、自治省指導との対
応のなかで一般職に「専門」事務職と名づけた新職種を設けるという国籍要件の
部分撤廃が、大阪市・神戸市・川崎市・横浜市で行われた。

　その後大きな転換点となったのが、1996年に川崎市が消防職を除いた職種の
すべてから国籍要件を外したことである。これは、公務員に関する「当然の法
理」の新たな運用方式として「川崎方式」といわれるもので、これまで「法理」
の適用があるとされてきた職種を、「法理」の適用がある職務、すなわち公権力
の行使にたずさわる職務の集合と、公権力の行使にたずさわらない（「法理」の適
用がない）職務の集合とに分割し、後者への配属を第一の前提とし、さらに、将
来の昇任について、公の意思の形成の参画にたずさわるポストへの就任をあらか
じめ制限することを第二の前提とすることによって、職種を単位として包括的
に「法理」を適用することを技術的に回避するという方式である（岡・水野1998）。
1996年11月に自治大臣が外国人の採用について地方自治体の裁量を認めたこと
や、1997年の東京都管理職選考国籍条項訴訟高裁判決（後述）を背景として、門
戸を開く自治体が続いた。[24]

2　同「法理」をどのように考えるか――外国人の人権の視点から

　以上みてきたような「法理」の形成過程やその適用範囲の変遷について考える
ために、本節では、外国籍者の人権・権利に関する憲法学説ではどのように議論

されているのか、また関連する判例ではどのようになっているのかをみることにする。

（1）外国人の権利に関する法学説
日本国憲法と外国人の人権

　まず、外国人（日本国籍を有しない者、無国籍者を含む）が日本国憲法の保障する人権の享有主体たりうるかについては、〈消極説〉〈積極説〉〈準用説〉があるとされる（以下、芦部1994による）。

　〈消極説〉は、憲法第3章が「国民の権利及び義務」と題している点を重視して外国人の権利享有主体説を否定する説である。ただし、この説でも、憲法がある事項について国民に求めている地位を外国人に対して与えることを政治道徳上妥当とする場合が少なくないことを認めるので、立法政策として外国人をできるかぎり国民に準じて扱うことは、憲法の精神に適合し望ましいということになる。

　〈積極説〉は、日本国民のみを対象とする権利を除き、保障の程度に相違はあっても、憲法第3章の人権は外国人にも適用されるとする説である。主要な論拠に二つの立場がある。①人権が人間性に由来する前国家的ないし前憲法的性格を有するものであることを強調する立場、②憲法が国際主義、すなわち条約および確立された国際法規（国際慣習法のほか文明諸国で認められている法の一般原則）の遵守を定めていること（98条）、それを条文化した世界人権宣言・国際人権規約は、人権の尊重と遵守を明記し、自国民と外国人を原則として差別しないとしていることを強調する立場。この2つの論拠は相互に排他的ではなく、むしろ補う関係にあるとされる。

　〈準用説〉は、〈積極説〉が人権規定の外国人への適用を認めながら多様な制限も承認するので、具体的な事案によっては外国人は国民と本質的に異なるものだ

22　教員採用選考は主として教諭・養護教諭・栄養教諭（2005年以降）の採用を目的として実施される。1991年以降の採用選考実施要項には、多くの自治体で「なお、日本国籍を有しない者は任用の期限を附さない常勤講師とします」のような一文が挿入された。外国籍者が任用される〈常勤講師〉が含まれることから、出願区分の名称を「教諭」ではなく「教諭等」や「教員」とする自治体もある（中島2018）。

23　兵庫県では1986年までに兵庫県と神戸市を除くすべての市で撤廃された。大阪府内では、1979年八尾市一般事務・技術職ののち、1988年までに大阪府と大阪市を除く府内すべての市が撤廃した。東京都では、1985年日野市の全職種撤廃から始まり1991年までに東京都と23区以外を残すだけとなった。神奈川県では、1989年から県内での撤廃が始まった（以上、仲原1993）。しかし、府県や政令市の一般事務職の撤廃が進んでいなかった。

24　しかし、2019年に実施された民団による地方公務員国籍条項全国実態調査によれば、自治体による門戸開放はなおさまざまで、一旦開いたのちに閉じられたところもあり、また実際の採用数も限定されている。

という考え方を前提としているような判断を示すことが多い点で問題があるとし、基本的には消極説に与みしながら、積極説の理念を活かす解釈である。すなわち、「現行憲法の精神、人権の前国家的性質、国際的人権保障の趨勢に鑑みて、憲法の人権規定がその保障を直接に予定している日本国民と異なる立場に立つ外国人にも、それらを準用して日本国民と等しく取り扱うべきだとする見解」をいうとされる。

　判例では早くから人権の享有主体性については肯定的な立場をとり、ほぼ維持されている。学説でも一部に消極説はあるものの、積極説が支配的であるという。よって、外国人の権利が憲法で保障されているか否かの別はあってもそれを認めることが全否定されていない以上、どのような権利がどの程度保障されるかが具体的に問われることになる。

外国人に保障される人権の判定基準

　そこで、保障される人権の判定基準をどのように考えるかであるが、これには〈文言説〉と〈性質説〉があるとされる。

　〈文言説〉とは、人権規定のうち、「何人も」という文言が用いられている条項は外国人にも適用されるが、「国民」という文言が用いられている条項は日本国民にのみ適用されると解する説である[25]。

　〈性質説〉とは、権利の性質によって外国人に適用されるものとそうでないものとを区別し、できるかぎり（その範囲・程度については争いがあるが）人権の保障を外国人にも及ぼすべきという説である。日本国憲法の人権思想・国際主義にも適合する説として日本での通説であり、判例でもほぼこれに固まっているとされる。また、諸国の学説・判例の立場を一概に論じるのは難しいが、いずれかといえば性質説を採るところが圧倒的に多いという。

外国人に保障されない人権

　それでは、外国人に保障されない人権とは何か[26]。一般に参政権や社会権、入国の自由等が主たる検討対象とされるが、本章で問題となる公務就任権（特に地方公務員）については、参政権の一種とする立場と職業選択の自由の一環とする立場があるようである。

　参政権については、実定法上、国政・地方とも選挙権・被選挙権ともに外国人には否定されている（公職選挙法9条、10条、地方自治法18条）。「国民主権（ないし民主化された立憲君主制）の憲法下で選挙ないし「自国の公務に携わる」政治的権

利の主体が、その性質上、当該国家の「国民」に限定されるのは極めて当然のこと」（芦部 1994）で、これは日本でも通説であるとされる[27]。

　なお判例としては、1995 年 2 月 28 日最高裁判決がある[28]。原告は①自分の生活に影響を及ぼすことがらを自分で決める手続に参加するという参政権の性質から、憲法 15 条 1 項に定める「国民」には国籍に関係なく日本国内における定住者が含まれる、②憲法 93 条 2 項に定める「住民」とは国籍に関係なくその地域で共同生活上の利害関係を有する居住者が含まれる、との立場から参政権を主張したが、最高裁判決ではこのそれぞれを否定して、日本に在留する外国人には及ばないとした。ただし、訴えそのものは棄却されたものの、地方自治体レベルにおける選挙権については、「（永住者等について）法律をもって地方公共団体の長、その議会の議員等に対する選挙権を付与する措置を講ずることは、憲法上禁止されているものではない」「措置を講ずるか否かは、専ら国の立法政策にかかわる事柄である」との傍論が示された。

　以上は、選挙権・被選挙権という狭義の参政権に関するものだが、広義の参政権的な権利と一般に考えられてきた公務に就く権利ないし資格は、それとは別に考えられるかどうかという問題がある。

　これについては、「外国人を全面的に排除することの合理性は別として、憲法上の権利として外国人に及ぶと解する必要はない」という考え方が通説的見解だとされる。しかし、公務就任権は、広義の参政権的権利と捉えても、権利の性質上、すべての公務に携わる権利（ないし資格）が外国人には認められないという

25　芦部は、文言が一応の基準になることは疑いないとするものの、憲法第 22 条第 2 項国籍離脱の自由のように権利の主体が国民であるのに主語が「何人も」となっていたり、反対に納税の義務（30 条）のように主体は国民であるのに外国人にも適用される規定があること、居住・移転の自由や職業選択の自由では「何人も」となっているのに包括的基本権を保障する 13 条が「国民」となっていること、主語の定めのない規定も少なくないことなどの例を挙げて、文言説には種々の難点があるとする。

26　この問題を検討するためには、外国人を一律に考えるのではなく、たとえば定住外国人、難民、一般外国人のように区別して、保障される権利・自由の範囲と程度を具体的に考えることが要請されるとする論があり注目される。定住外国人とは、法令上定まっていないが、「日本社会に生活の本拠をもち、その生活実態において自己の国籍を含む他のいかなる国にもまして日本と深く結びついており、その点では日本に居住する日本国民と同等の立場にあるが、日本国籍を有しない者」の総称とされ、「日本に一定期間（5 年程度）在住して生活を営んでいる者」を含むとの考えもある（大沼 1983）。

27　外国人の参政権についての学説には、「全面否認・禁止説」「国政禁止・地方許容説」「全面許容説」「憲法要請説」などがあるとされる。

28　1990 年に特別永住者である在日韓国人が、大阪市の各選挙管理委員会に対して、選挙名簿への登録を求めて公職選挙法 24 条に基づき異議の申出をしたが、選挙管理委員会がこれを却下したことから、却下取消しを求め大阪地裁に提訴した。1993 年 6 月 29 日に請求が棄却され、これを不服とした原告は最高裁に上告した。

結論が当然に出てくるわけではなく、外務公務員のように法律で規定される場合を除く一般の公務について、ある種の限られた職に従事する権利（ないし資格）を一定の外国人に認めても、参政権的権利の性格と矛盾することにはならないであろうとされる（芦部1994）。

　そうだとしても、実際には「ある種の限られた職」をどのように考えるかは、すでに見たように行政実例でも錯綜し、かの「法理」の適用も拡張解釈されてきた。

　一方、公務就任権の法的性格を参政権の一種でなく職業選択の自由の一環とする立場がある。すなわち、現在公務員は生計を維持するための職業の一つとみなすことがむしろ一般的であって、特に一般職の公務員の場合には公務就任権はむしろ憲法第13条の幸福追求権や第22条の職業選択の自由の保障対象として考える方が、現在の市民感覚に見合っており実質に即しているというものである（渋谷2005、根森2006、阪本2011）。

（2）外国人の公務就任権にかかわる判例

東京都職員管理職任用裁判

　そこで、次に公務員にかかわる判例をみると、東京都職員管理職任用にかかわるものが最高裁判決によって確定している。これは、韓国籍の特別永住者である原告[29]が、1988年東京都に保健婦（当時）として採用され、1994年度の課長級の職への管理職選考試験を受験しようとしたところ、要綱に国籍要件がないにもかかわらず、日本国籍ではないことを理由に受験を拒否されたため、東京都に対して受験資格の確認請求と損害賠償請求を訴えたものである。

　一審の東京地方裁判所は1996年5月16日の判決で、かの「法理」を前提に、日本国憲法の下での国民主権原理から、地方公務員であってもある種の上級公務員になるためには日本国籍が必要であり、受験拒否は違憲でないと判断した。

　ところが、二審の1997年11月26日の判決で東京高等裁判所は、「管理職選考の受験機会を奪うことは外国籍の職員が管理職に昇任する途を一律に閉ざすもので、法の下の平等と職業選択の自由を定めた憲法に違反する」との司法判断を示した。判決文では、日本国憲法下での国民主権原理から、公務員を選定罷免する権利を保障した憲法15条1項の「国民」や憲法93条2項に定める「住民」には外国人は含まれないとしながらも、これらの規定は「我が国に在住する外国人が公務員に選任され、就任することを禁止したものではないから、国民主権原理に反しない限度において我が国に在住する外国人が公務員になることは、憲法上禁

止されていないものと解すべきである」とした。

そして、国の公務員を、①国の統治作用である立法、行政、司法の権限を直接行使する公務員（国会議員、内閣総理大臣その他国務大臣、裁判官等）、②公権力を行使し、又は公の意思形成に参画することによって間接的に国の統治作用にかかわる公務員、③上司の命を受けて補佐的・技術的な専門分野の事務に従事する公務員、の 3 つの類型で検討したのち、「国の公務員にも我が国に在住する外国人の就任することのできる職種が存在するものというべきであ」り、これへの就任は憲法第 22 条第 1 項、第 14 条第 1 項の各規定の保障が及ぶとされた。その上で、地方公務員にも原則的に妥当するとして、地方公務員の場合は地方自治の観点からもより緩やかな制約基準によることが憲法上要請されているとして、管理職への外国人登用の一律禁止を違憲としたのである。

これに対して、2005 年 1 月 26 日最高裁判所大法廷は、高裁判断を退け、再び合憲判決を下して原告は敗訴した。最高裁では、高裁の 3 類型はとらず、「地方公務員のうち、住民の権利義務を直接形成し、その範囲を確定するなどの公権力の行使にあたる行為を行い、若しくは普通地方公共団体の重要な施策に関する決定を行い、又はこれらに参画することを職務とするもの」を「公権力行使等地方公務員」と称し、これには「原則として日本国籍を有する者が想定されているとみるべきであり、我が国以外の国家に帰属し、その国家との間でその国民としての権利義務を有する外国人が公権力行使等地方公務員に就任することは、本来我が国の法体系の想定するところではない」（想定外）とした。

また、管理職への昇任については、地方公共団体は公権力行使等地方公務員の職とこれに昇任するのに必要な職務経験を積むために経るべき職とを包含する一体的な管理職の任用制度をもうけることができるとし、当該制度を適正に運営するために、日本国籍を有する職員に限って管理職への昇任を可能にすることは、合理的な理由に基づく区別であり、労働基準法 3 条（均等待遇）にも憲法 14 条 1 項にも反しないとした。

最高裁判決への批判

この判決に対しては、条例によらずに国籍要件を定めてよいか疑問である、外国人の公務就任権を職業選択の自由の問題として位置づけ、その制約として許されるかとの観点から検討すべきであった、国民主権の原理は外国人の公務就任権

29　1950 年に日本で生まれ、1952 年にサンフランシスコ平和条約発効と同時に日本国籍を喪失している。父が朝鮮人、母が日本人である。

の制約根拠にならない、「公権力行使等地方公務員」の概念は制約基準として曖昧である、などの批判がなされている。

　また、仮に一定の管理職に就任するために日本国籍を要するとすることは違法でないとしても、管理職のうちに公権力行使等地方公務員に該当しない職が存在するにもかかわらず、判決が管理職昇任を一律に制約することの合理性を認めた点を疑問視する意見もあるという。

　なお、この判決の論理を前提としたとしても、「公権力行使等地方公務員」の範囲はおのずから限定されること、「公権力行使等地方公務員」に外国人が就任することが許されないとは判示しておらず、外国人の就任を認めるか否かは地方公共団体の裁量に委ねられていると解すべきであるとする意見もある（以上は、自由人権協会編 2017）。

　したがって、こうした批判的立場からは、地方公共団体は、「公権力行使等地方公務員」の範囲を厳格に解すること、「公権力行使等地方公務員」に該当する場合であっても日本国籍を必要とする理由を吟味し、制限の必要性について十分検討すべきということになる。外国人を含む住民が公務に携わることは、以下の点から合理性が述べられている。①地方自治の本旨である住民自治（憲法第 92 条）にむしろ適合すること、②各職員は、地方公共団体の統治の補佐をしているにすぎず、統治のあり方に最終的な責任を担うものではないこと、③公権力を行使する地方公務員も、憲法尊重擁護義務を負っている（憲法第 99 条）ほか、その職務を遂行するに当たって、法令、条例、地方公共団体の規則等に従い、かつ、上司の職務上の命令に忠実に従わなければならない義務を負っており（地方公務員法第 32 条）、その枠内で公権力を行使するにすぎないこと。したがって、日本国籍を有する者に限定すべき地方公務員はごくわずかにすぎないとされる（自由人権協会編 2017）。

公立学校教員の国籍要件に関する裁判

　なお、公立学校教員の国籍要件に関する裁判としては、日本国籍を有しないことを理由に教員採用選考試験の願書が受理されなかったことから提訴したケースが、これまでに 2 件あった。[30]

　一つは愛知県の場合で、1981 年に願書を受理されなかった志願者 2 名が、試験 10 日前の 7 月 11 日に県を相手に地位保全の仮処分を申請、続いて同 16 日県教育長に対して願書受理拒否処分の取り消しを求める行政訴訟と願書受理拒否処分の執行停止の申し立てを行った。同年 7 月 18 日名古屋地裁は訴えを退け、名

古屋高裁も 7 月 20 日抗告を棄却した[31]。ただし、翌年愛知県・名古屋市は採用試験の国籍要項を廃止した。

　愛知県の裁判は受験を可能とさせるための仮処分申請だったのに対して、もう一つの福岡県の場合は、県及び県教育長に対して受験拒否に対する損害賠償と今後の受験申請受理を求めたもので、1988 年 6 月出願を拒否された志願者が 1989 年 3 月 30 日に福岡地裁に提訴した。裁判は、同年 6 月 14 日から 1991 年 9 月 17 日までの間に 11 回の口頭弁論が行われたが、1991 年 1 月に「日韓覚書」が交わされ、3 月に教員採用選考試験の門戸を開放するようにとの文部省通知が出されたことで、9 月 17 日に原告は訴訟を取り下げた。通知によって採用試験の門戸が開放されたとは言え、任用の職は教諭ではなく「任用の期限を附さない常勤講師」であることから、取り下げまでには相当な議論や葛藤があったようだが、原告は裁判にかけるエネルギーを教員になることに向けたいとして受験に臨み、1994 年 4 月に福岡市教育委員会に採用された（在日韓国・朝鮮人教師を実現する会編 1996）。

　口頭弁論の内容をみていこう。裁判で原告側は、（1）憲法の保障する職業選択の自由、法の下の平等、適正手続の保障は、在留外国人にも及ぶ、（2）福岡県教育長のなす同県公立学校教員候補者選考試験の申込受付拒否処分は前記で原告の享有すべき人権を侵害する行政処分である、（3）本件行政処分は法律の根拠を欠く基本的人権の制限として違憲・違法である、（4）本件行政処分には合理的理由は存在せず、違憲・違法であると主張した。

　これに対して被告側は、事実関係としては、公務員に関する「当然の法理」を根拠に、教諭は自らまたは校長の行う校務の運営に参画することにより公の意思の形成に携わることをその職務としているとし、また仮に一般教諭が公権力の行使にあたる公務員に該当しないとしても、一般教諭は当然校長に昇格することを予定して採用を行っているもので、採用後に昇任、昇格を行わないことは不利益

30　2 つの裁判に関する記述は、たて（2018）、中島（2018b）による。

31　この裁判において原告は、国籍要件は教育職員免許法 5 条、地方公務員法 16 条、学校教育法 9 条の欠格事由に該当せず、職業選択の自由を侵害している、公立学校教員は「公権力の行使又は公の意思の形成に参画」するものではない、教育基本法 6 条は国公私立学校を同質と認めている、在日朝鮮人の特殊性、外国人の基本的人権擁護の国内的国際的動向などを訴えの理由としたが、地裁判決は、願書払戻行為は受験拒否の意思を表示しており、受験者もその趣旨を理解することが可能等の理由を述べ、行訴法 44 条の規定により仮処分はされない、というものであった。高裁決定は、拒否処分の執行によって受験が期待できるとしても、それは事実上のものにすぎず、法律上義務づけられる結果ではないので、法的利益は生じないというものだった。

取扱いに当たるとして、福岡県公立学校教員採用候補者選考試験実施要領の受験資格欄に日本国籍を有する者と明記しているので、被告教育長のなした本件申込書受付拒否処分には何ら違法はなく、右処分による被侵害利益がないのであるから、損害賠償請求は失当であると反論している。また、法律問題としては、憲法第11条、第13条、第14条等の規定の主語は「すべて国民は」であるから日本国民を対象としている、外国人の権利・義務は公法の領域において内外人平等取扱いの原則の適用はなく、公務員の適用についても一定の制約を受けるとし、外国人を公権力の行使又は公の意思の形成への参画に携わる公務員に任用するためには、新たに法律を制定する必要があるなどの主張がなされた。

　その後も、原告側は公務員に関して、1)「公権力の行使等に携わる公務員」と「公の意思の形成への参画に携わる公務員」との区別、2)「公権力の行使等に携わる公務員」又は「公の意思の形成への参画に携わる公務員」とそれ以外の公務員との区別、3) それ以外の公務員に日本国籍を有しない者が採用されている例の釈明を要求し、また、「校務」とは何か、「校務」のうちどのような部分が「公権力の行使又は公の意思形成への参画」に該当するのか、国公立学校の「校務」と私立学校の「校務」とは性質が異なるのか等具体的な説明を求めるなど、公立学校の教諭任用にかかわる中心的な議論に導こうとしていた[32]。証人申請においては、被告側は文部省人事課職員、原告側は憲法研究の浦部法穂（神戸大）を立てて尋問がなされた。ここでは詳細は省くが、裁判がこのまま継続していたら、公立学校教員への外国人の就任に関する議論が深まったと思われる。

　なお、神戸市立中学校における外国籍教員の副主任解任問題[33]にかかわって、2009年1月に日本弁護士連合会に人権救済申し立てが行われ、2012年に日弁連の勧告が出された。勧告では、「91年3月通知」に基づく取扱いは憲法第14条に反する不合理な差別的取扱いで、公立小中学校、高等学校の教員になろうとする外国人の職業選択の自由を侵害するものとして、文部科学大臣に同通知の日本国籍を有しない者を教諭でなく「任用の期限を附さない常勤講師」とすべきとする部分を取り消すこと、以下を各都道府県指定都市に通知することとした。(1) これからは外国籍者も「教諭」任用し、またこれまで「常勤講師」に任用されている教員は「教諭」とすべきこと、(2) 外国籍教員でも校長を含む管理職に登用しても支障はないこと、(3) これまで昇進が認められなかった者には昇進すべきこと（神戸市教委への勧告は略）。

3　同「法理」が体現する外国人排除の構造

　以上をまとめると、学説においては、外国人の人権は、権利の性質によって外国人に適用されるものとそうでないものとを区別し、できるかぎり人権の保障を外国人にも及ぼすべきとする説が日本での通説であり、判例でもほぼこれに固まっているようである。また、外国人を一律に考えるのではなく、定住外国人、難民、一般外国人などのように区別して、保障される権利・自由の範囲と程度を具体的に考えることが要請されるとする立場もあった。

　ところが、行政の現場や裁判における行政側の主張では、公務員に関する「当然の法理」を前面に押し立てるばかりで、同「法理」を掘り下げる議論が成立しにくかった。

　日本において外国人の公務就任権の制約基準となっている同「法理」には、①法律ではない、②その内容は「広汎的かつ抽象的」であるため、解釈によっていかようにも変更が可能、③適用においては、日本国籍を有するか否かという一種類の区別のみしかない、という問題がある。

　このうち①と②は、外国人の公務就任を認めるか認めないか、どの程度認めるかの権限は、すべて行政（政府）にあるという点に重要な問題性が認められる。運用上では、実務者は戦後紆余曲折した行政実例の経緯にあたって検討することなく、「公務員に関する当然の法理により」という文言のみで説明を省略させ、それによってますますかの「法理」が「神格化」されていったといえよう[34]。

　また③については、「法理」の原型たる「高辻回答」は、平和条約の発効に伴って国籍を喪失した朝鮮人、台湾人の公務員たる地位についての回答であったが、これを日本国籍を有するか否かという抽象化した論理によって裁断を下したことで、その後も旧植民地出身者やその子孫による公務就任権の問題は一般外国人の問題として扱われることになった。旧植民地出身者の参政権という観点から

32　文部省は同裁判での県への「指導助言」を通して、「91年通知」で示された教諭の職の「論理」を形成したのではないかと考えられる。

33　2007年4月、神戸市立中学校校長からの問い合わせに対し、神戸市教育委員会は、「91年3月通知」にあるように外国人の常勤講師は主任になれない、「主任の不在時に主任を代行することがあれば、副主任が校長の行う校務の運営に参画することになるから、副主任はできない」と伝え、その結果、同校長は外国人教員の副主任の任命を撤回した。なお、同通知では副主任については言及していない。

34　岡・水野（1998）は、実際の運用においてその解釈論の内容をほとんど省みることなく文言だけが一人歩きして、外国人の公務員任用を実際上全面的に制約するための常套文句として機能してきたと批判している。

みても、狭義の参政権は日本国籍を有するとされた時期に早くも停止され、広義
の参政権とされる公務就任権が「法理」で否定されたことになる。しかしながら、
そもそも平和条約の発効に伴い朝鮮人、台湾人を一般外国人の範疇に収めたので
あるから、「法理」はその原理に従い、補強するものであった。

　外国人として一律に扱うということは、1991年日韓覚書とそれにもとづく文
部省通知の間の「落差」として象徴的に表れている。同覚書には、前文に「在日
韓国人の有する歴史的経緯及び定住性を考慮し、これらの在日韓国人を日本国で
より安定した生活を営むことができるようにすることが重要であるという認識に
立ち」とあり「在日韓国人の」「歴史的経緯及び定住性」を踏まえていたが、文
部省通知は、「法理」を前提に教諭任用を認められないとした上で、対象をすべ
ての外国人に拡張した。仮に、同通知の内容を「在日韓国人」（もしくは同様な歴
史的経緯及び定住性を有する者）に限るようなことがあれば、「法理」の適用におい
て、日本国籍を有する者（＝教諭）と有しない者（＝従来の期限のある講師等）の二
区分の他に韓国人（もしくは同様な歴史的経緯及び定住性を有する者＝任用の期限のな
い講師）という第3項を立てることになるが、それは日本国籍の有無という二分
法を前提とする「法理」が認めるものではなかったであろう。採用試験の門戸を
すべての外国人に拡張したのは、この二分法の原理を徹底させるためであり、国
際人権の精神に感化されたからではなかったようである。

　以上、法律でもない「法理」が聖域化され演繹的に解釈されることで、それに
よって生じる諸矛盾は後景化され、外国人の公務就任権に関する本質的な議論や
判断が制限されてきた。諸矛盾は、「法理」を前提にする限り解消するものでは
ない。だからこそ論理を超えた「当然の法理」とされる所以であり、そもそも外
国人の公務就任権問題は「法理」の検証をいくらしたとしても解決するものでは
ない。その作業にのみ埋没することは、かの「法理」によって公務就任権を枠づ
けるという罠に嵌まってしまうことにならないだろうか。法律でもない「法理」
にすべてを帰して議論を封じるという外国人排除の構造こそが、問題にされねば
ならない。

35　岡・水野（1998）は、同回答を旧植民地出身の公務員からその地位を剥奪するために新たに「発
　明」されたという理解はニュアンスが異なり、まず旧植民地出身者を公務員から排除しようと
　する動きがあり、それを解釈論的に根拠づけ定式化する役割を果たしたものだとしている。
36　「覚書」以前のことであるが、「在日韓国人の歴史的な社会的な地位」の観点から特例を認めら
　れないかと政府部内で検討したことがあることを認めた発言がある。しかし、同「法理」の適
　用除外にするわけにはいかないという「大変厳しい姿勢で」あったため、「私どもはその指示に従っ
　て仕事を進めておる、こういった状況でございます」としている（1985年5月21日第102回
　国会参議院外務委員会での文部省教育助成局地方課長の発言、同委員会会議録第12号）。

　外国人の人間としての尊厳や人権の上に無条件に「法理」が置かれてきた。そうすることで、外国人という一括りの言葉では表しえない一人ひとりの実在がないがしろにされてきた。日本における外国人の歴史的な背景と今後の日本社会のあり方を見据えて、外国人の実在に目を向けた議論と具体的な構想がもとめられる。

〈参考文献〉

芦部信喜（1994）『憲法学 II 人権論』有斐閣

芦部信喜（高橋和之補訂）（2019）『憲法　第 7 版』岩波書店

安西文雄他（2006）『憲法学の現代的論点』有斐閣

岩沢雄司（1985）『条約の国内適用可能性』有斐閣

榎井縁編（2014）『外国人問題理解のための資料集 1　外国人の公務就任権』大阪大学未来戦略機構第 5 部門

大沼保昭（1983）「「外国人の人権」論再構成の試み」法学協会編『法学協会百周年記念論文集』第 2 巻、有斐閣

大沼保昭（2004）『在日韓国・朝鮮人の国籍と人権』東信堂

岡義昭・水野精之編著（1998）『外国人が公務員になる本』ポット出版

岡崎勝彦（1998）『外国人の公務員就任権──当然の法理の形成と崩壊』自治総研ブックレット

岡崎勝彦（2020）「「当然の法理」（内閣法制局回答）・原則否認論の創出（成立）史序説」在日本大韓民国民団中央本部・人権擁護委員会『地方公務員国籍条項　外国籍教育公務員採用・任用 全国実態調査報告書』

鹿児島重治・森園幸男・北村勇編（1988）『逐条　国家公務員法』学陽書房

金英達（1990）『在日朝鮮人の帰化』明石書店

近藤敦（2019）『多文化共生と人権』明石書店

阪本昌成（2011）『憲法 2 基本権クラシック（第四版）』有信堂

渋谷秀樹（2005）「定住外国人の公務就任・昇任をめぐる憲法問題──最高裁平成 17 年 1 月 26 日大法廷判決をめぐって」『ジュリスト』1288 号

渋谷秀樹（2010）『日本国憲法の論じ方　第 2 版』有斐閣

在日韓国・朝鮮人教師を実現する会編（1996）『「在日教師」とともに──周人植教員採用裁判闘争の歩み』創言社

在日コリアン弁護士協会 LAZAK 編著（2008）『裁判の中の在日コリアン』現代人文社

在日本大韓民国民団中央本部・人権擁護委員会（2020）『地方公務員国籍条項　外国籍教育公務員採用・任用　全国実態調査報告書』

自由人権協会編（2017）『外国人はなぜ消防士になれないか──公的な国籍差別の撤廃

　　に向けて』田畑書店

高乗智之（2014）「外国人の公務就任権と主権問題」『高岡法学』第 32 号

たてなほこ（2018）「愛知における経緯——裁判敗訴も国籍要件は外された事例」『グ
　　ローバル化時代における各国公立学校の外国籍教員任用の類型とその背景に関する
　　研究』（平成 27 〜 30 年度科学研究費補助金基礎研究(c)研究成果報告書、研究代表者：
　　広瀬義徳）

田中宏（2013）『在日外国人 第 3 版——法の壁、心の溝』岩波新書

中島智子（2018a）「公立学校教員採用選考試験実施要項と日本国籍を有しない教員」在
　　日本法律家協会会報『エトランデュテ』第 2 号

中島智子(2018b)「福岡における経緯——裁判係争中に「91 年覚書」が出た事例」同上『グ
　　ローバル化時代における各国公立学校の外国籍教員任用の類型とその背景に関する
　　研究』

仲原良二（1993）『在日韓国・朝鮮人の就職差別と国籍条項』明石書店

中村一成編、田中宏著（2019）『「共生」を求めて——在日とともに歩んだ半世紀』解放
　　出版社

根森健（2006）「憲法 15 条」『基本法コンメンタール憲法〔第 5 版〕』日本評論社

法務研修所編（1975）『在日朝鮮人処遇の推移と現状』湖北社

渡辺賢（1990）「いわゆる外国人教員任用法と「当然の法理」」『北大法学論集』40（5‐6 上）

第7章　教育のグローバル化と外国籍教員

中島智子

はじめに

　文部省（当時）が1991年の「3月通知」において、日本国籍を有しない者にも公立学校の教員採用選考受験への門戸を広げたのは、教員として日本人と変わらぬ資格・能力を有することが前提であり、他の志願者と同じ採用試験を同一基準で合格することが条件だった。しかし、合格しても国籍のみを理由に、その職が日本人なら教諭であるところを講師とされた。

　「3月通知」において、公立学校における外国籍教員への門戸開放は、「教員採用への途をひらき」「身分の安定や待遇についても配慮すること」という日韓外相覚書の文言以外にその目的は示されていない。ただ、第4章で取り上げた「3月解説」の末尾には、以下のような言及がある。

> 　今回の措置は、所要の教員免許状を所持している者であれば、在日韓国人のみならずすべての日本国籍を持たない者に対してもその効果は及ぶものであり、AETなどの経験を生かして日本の高等学校などの外国語の講師をめざす外国人もその対象となる。今回の措置が韓国との友好親善の増進に寄与することとなるとともに学校教育の国際化にも役立つ結果となれば望ましいと考える。

　「3月通知」や「3月解説」では、日本国籍を有しない者が就く職の説明と、しかしながら教諭と同等の「身分の安定等」を配慮することに終始した内容となっている中で、同解説のこの数行は異色である。本文全体からするといかにもとってつけたような数行であり、注目されることはなかった。実際、公立学校の外国籍教員の採用を学校教育の国際化と結びつけて積極的に意義づけることは、その当時もその後も行われてこなかった。「3月通知」がもとづく日韓覚書の趣旨のように、国籍要件を外すことが定住する外国人の就職機会の拡大を目的とするな

らば、あえて国際化と結びつける必要はない。しかし、そもそも文部省（2001年以降は文科省）も公立学校教員の任命権者である教育委員会も、外国籍であっても採用試験に応募できることや採用実績について今日まで積極的に公表してこなかった。外国籍でも公立学校の教員になれることが確認できるのは、採用試験実施要項の中の一文でその職について触れている箇所のみである。[2]すなわち、定住する外国人の就職機会の拡大という意味においても、公立学校教員の門戸開放は積極的に位置づけられていなかったのである。

　ところが、近年、教育のグローバル化に関連して、外国の言葉や文化等に通じていることや、さらには外国籍であること、「英語ネイティブ」であることを条件とした教員採用を特別選考（一般選考とは別枠を設けた選考）として実施する教育委員会が増えている。特別選考であるので、採用試験の実施方法が柔軟に対応され、多くの場合は教員免許状の取得も前提とされない。外国籍であることや外国に繋がる特別の資格・能力を有する者が積極的に求められている。

　このような大きな変化は、二つの潮流が出会ったところで生じている。一つはグローバル化への対応であり、もう一つは教員採用選考方法の改革である。本章では、これら二つの背景を押さえた上で、昨今の教員採用選考の動向から、初等中等教育における外国籍教員をめぐる状況の変化について見ていきたい。そして、この新たな傾向が公立学校の外国籍教員問題にどのような意味をもつのかについて検討する。

1　グローバル化への教育対応と教員採用の弾力化

（1）日本におけるグローバル化への教育対応

　グローバル化（グローバリゼーション）は、日本では、1990年代以降の世界規模の経済活動を指す日本語として定着し、2000年代以降に「グローバル人材」という用語の使用頻度が高まってきた。元々海外に派遣した日本人、現地採用の外国人や日本人、日本で採用した留学生など、多様性を増す従業員の人材育成という企業経営内部に閉じた課題であったグローバル人材の育成の議論が、2010年代に入り、経済界、経済産業省、文部科学省が同一歩調をとって高等教育の課題とされるようになった（吉田2012、2014）。現在ではさらに、初等中等教育までにその対象が広がっている。

　日本政府は、民主党政権時の2011年5月、新成長戦略実現会議の下に関係閣僚からなるグローバル人材育成推進会議を設置した。[3]その審議のまとめ（2012年

6月4日）では、1990 年代以降の日本の経済活動の状況を「ガラパゴス化」、「本格的な再生のきっかけを失い」、「後退していくのではないか」と懸念し、それを回避するためには、トップエリートのみが国の成長を牽引するのではなく、「社会全体のシステムをグローバル化時代に相応しいものに構築し直し、個々人の人生設計を柔軟かつ多様に支援する複線型の社会システムへと変革しなければならない。そしてその第一歩であり眼目ともいえるのが、国家戦略の一環としての「グローバル人材」の育成にほかならない」とする。ここで、グローバル人材の概念に含まれる 3 要素は、①語学力・コミュニケーション能力、②主体性・積極性、チャレンジ精神、協調性・柔軟性、責任感・使命感、③異文化に対する理解と日本人としてのアイデンティティ、とされた。

　また、今後のグローバル人材の育成・活用のための課題には、初等中等教育、高等教育、経済社会の諸課題があげられ、このうち、初等中等教育の課題は、1）実践的な英語教育の強化、2）高校留学等の促進、3）英語担当教員の資質・能力の向上とされた。そのため、ALT や外部検定試験の活用、国際バカロレア資格の取得可能な高校を 5 年以内に 200 校に増加させること、英語担当教員の採用段階での英語資格の考慮や外国人教員採用の促進などに言及している。

　政権交代後の第二次安倍内閣の成長戦略である「日本再興戦略——JAPAN is BACK」（2013 年閣議決定、以後 2016 年まで毎年改訂）においても、「グローバル化等に対応する人材力の強化」として、初等中等教育に関連するものとしては、英語教育の強化、スーパーグローバルハイスクールの創設、国際バカロレア認定校等の大幅な増加（2018 年までに 200 校）をめざすことがあげられた。

　文科省は 2013 年 12 月、初等中等教育段階からグローバル化に対応した教育環境づくりを進めるため、小学校における英語教育の拡充強化、中等教育における英語教育の高度化など、小中高校を通じた英語教育全体の抜本的充実を図ることを目的とした「グローバル化に対応した英語教育改革実施計画」を発表した。指

1　ただし、外国籍教員の任用を「国際化」と結びつけて容認するという日本政府の言説ないし姿勢は、国公立大学外国人教員任用法制定過程でもみられたものだった（第 5 章参照）。また、JET が開始した 1987 年から英語指導助手（AET、のちに外国語指導助手 ALT）が増加していた。第 1 章のライフストーリーで取りあげた事例は、この「言及」に当たるケースといえる。
2　自治体によって表現は若干異なるものの、多くは「なお、日本国籍を有しない者は任用の期限を附さない常勤講師となります」というだけで、なぜ教諭ではないのか、その職がどういうものか、管理職登用の制限等について説明している自治体はほとんどない。記載箇所も見つけにくい。一方、国籍に関係なく教諭任用する自治体ではそれ故に外国籍者に関する言及が一切なく、受験が可能かどうか逆にわかりにくい（中島 2018）。
3　関係閣僚とは、外務大臣、文部科学大臣、厚生労働大臣、経済産業大臣及び国家戦略担当大臣で、内閣官房長官が議長を務めた。

導体制では、教員の指導力の向上や英語教育推進リーダーの養成等をあげ、特に
中等教育機関の英語科教員には外部検定試験を活用し、県等ごとの教員の英語力
の達成状況を定期的に検証することとし、必要な英語力を具体的に明記している。
また、教員の確保や指導力の向上だけでは十分対応できない部分について、JET
や民間の ALT 等[4]、外部人材のさらなる活用が必要だとしていた。

（2）教員採用選考方法の改革

　日本の公立学校教員採用選考は、教員免許状を有する者を対象に、筆記試験な
どによって一律に選考する方法が一般的だった。それが変化したのは、1990 年
代半ばからだと思われる。1996 年に出された「教員採用等の改善について（通
知）」（1996 年 4 月 25 日、文教地第 170 号）では、改善の基本方向の第一として、「個
性豊かで多様な人材を幅広く教員として確保していくことが必要」であり、選考
においては知識の量よりも人物評価を重視することが求められた。これは、学校
教育の指導のあり方の質的変化や生徒指導上の諸問題に適切に対応するためで
あった。
　その 10 年後の「「規制改革・民間開放の推進に関する第 2 次答申」における教
員採用、教員評価等に係る運用上の工夫及び留意点について（通知）」（2006 年 3
月 31 日、文科初第 1183 号）では、社会人経験者を含む多様な人材の確保・活用の
ために、免許状を有しない者の採用選考の拡大、特別免許状の活用の促進、任期
付き採用制度の活用を示している[5]。特別免許状の活用については、すでに中央教
育審議会答申「今後の教員免許制度の在り方について」（2002 年）においても提
言されており、社会人特別選考実施も促していた。
　さらに、2011 年の「教員採用等の改善について（通知）」（12 月 27 日、文科初第
1334 号）では、「筆記試験だけではなく、面接試験や実技試験等の成績、社会経験、
スポーツ活動、文化活動、ボランティア活動や大学等における諸活動の実績等を
多面的な方法・尺度を用いて総合的かつ適切に評価することにより、より一層人
物を重視した採用選考を実施し、真に教員としての適格性を有する人材の確保に
努めること」とされ、具体例として民間企業等での勤務経験や留学経験のある者、
スポーツ・文化や青年海外協力隊等国際協力の分野において特に秀でた技能・実
績を有する者、理工系学部や大学院出身者などがあげられ、ここでも特別選考や
特別免許状制度の活用の検討が要請されている。
　特別免許状とは、免許状を有しない優れた知識経験を有する社会人を学校現場
へ迎え入れるため、都道府県教育委員会が行う教育職員検定の合格により授与す

る教諭の免許状で、学校種及び教科ごとに授与されるものである。1988 年に創設されたが、その利用を積極的に促すようになったのは近年のことだ。2013 年に出された授与促進を依頼する通知では、その理由を「全国的に制度の利用が進んでいるとは言えない状況や、近年グローバル化に対応した教育環境づくりが喫緊の課題となっている状況を踏まえ」としている[6]。翌年には「特別免許状の授与に係る教育職員検定等に関する指針」が示された（初教職第 6 号）。その結果、特別免許状の授与件数が、2013 年度 59 件だったのが、2014 年度 92 件、2015 年度215 件と急増した（その後減少に転じたが 2018 年度は増加して 208 件[7]）。

　以上のように、当初は画一的な学校教員文化や生徒指導の諸問題の解決のために社会人の採用を目して推進された採用選考方法の柔軟化、多様化は、対象者を広げ、さらにグローバル化への対応にも適用されるようになった。それを後押しするために、特別免許状制度の活用が何度も要請された。

　文科省は、各県市教育委員会における教員採用改善例や先導的な取組例を把握・整理して情報提供するために、2003 年度より毎年度「教員採用等の改善に係る取組事例」を、2006 年度より毎年度「公立学校教員採用選考試験の実施方法について」をまとめている。年度により内容は変化しているが、選考方法、受験年齢制限、特別選考の実施、障害のある者への配慮、選考の透明性等の詳細なデータを示している[8]。

2　英語能力を重視した特別選考と外国籍教員

　現在では、特別選考は多岐にわたって実施されている[9]。英語の資格等を有する者を対象とした特別選考には、一部試験免除や加点という方法があり、特別免許状を活用するところもみられる。対象校種は小学校、中学校、高等学校にわたり、英語の資格は英検、TOEFL、TOEIC などの外部試験の基準が校種毎に示されて

4　JET や ALT については第 1 章 3 を参照。
5　この通知では、公立学校だけでなく、私立学校や国立学校法人の学校の教員も対象としている。
6　「平成 24 年度教員免許状授与件数等調査及び教員免許制度の適切な運用について（依頼）」（2013年 12 月 19 日初教職第 23 号）。
7　文科省総合教育政策局教育人材政策課教員免許企画室「平成 30 年度教員免許状授与件数等調査結果」。
8　毎年度公表されている「取組事例」では詳細な内容を網羅的に記していたが、2019 年度採用から簡素化が進み、2020 年度「取組事例」では、教育課題の解消やよりよい教育に向けた取組、年齢構成の平準化に向けた取組、受験者数の増加や教員不足への対応に向けた取組に限定された。「取組事例」は 2018 年度採用までは初等中等局が扱っていたが、2019 年分から総合政策局教育人材政策課の扱いとなった。

いる。なお、特別選考によらない英語資格による一部試験免除はかなり以前から
実施されているようだ。

　以上の特別選考には国籍要件はないので、日本国籍の有無にかかわらず対象に
なる。ところが、外国籍の者に限定した選考や外国籍と限定はしないが英語を母
語とする者に限定した選考が、2015 年頃から実施されるようになっている。以
下では、英語を母語とする外国人を対象とする特別選考と、国籍は問わないが
「英語ネイティブ」であることを受験資格とする特別選考についてみていく。

（1）英語を母語とする外国人を対象とする選考

　これに該当するのは、広島県・広島市（以下、広島県・市）「グローバル人材を
対象とした特別選考【教職経験者（英語）】」、さいたま市の「英語ネイティブ特別
選考」、福井県「教育エキスパート特別選考②英語教育分野」である。詳細は表
1 に示した。

　広島県・市とさいたま市では、「出願時に外国国籍を有する者、又は出願時に
日本国籍を有する者のうち過去に外国国籍を有した者」及び「外国での居住経験
があること」を要件とし、福井県は「英語を母語とする外国籍を有する者」とし
ている。英語能力については、広島県・市とさいたま市では「英語を母語または
それと同等の英語力を有する」ことが求められている。

　これ以外の要件として、さいたま市と福井県では「教員の職務を行う上で必要
とされる日本語の能力」も要件としている。前職については、広島県・市では受
験時までの過去 3 年間の同県・市の公立学校での教職経験（ALT を含む）を、さ
いたま市では 3 年以上の日本国内における英語教育関係の職の勤務経験を要件と
するが、福井県では特に条件はない。

　なお、広島県・市では、グローバル人材を対象とした特別選考にもう一つ「外
国人留学生等」とするものがあり、国籍要件や外国居住経験は「教職経験者（英
語）」と同じだが、英語能力を求めるものではなく、全校種・全教科が想定され

9　2019 年度に実施された 67 都道府県・指定都市教育委員会及び大阪府豊能地区教職員人事協議
　　会（68 県市）の教員採用選考試験において、特定の資格や経歴等をもつ者を対象とした特別
　　の選考は、英語の資格等 62（県市、以下省略）スポーツの技能や実績 46、芸術の技能や実績
　　22、国際貢献活動経験 36、民間企業等経験 50、教職経験 64、前年度試験での実績 45、複数免
　　許状の所持 44、障害のある者 68、である（文部科学省「令和 2 年度（令和元年度実施）公立
　　学校教員採用選考試験の実施方法について」）。
10　本章では、引用元によって「外国人」を用いることがある。
11　「英語ネイティブスピーカー」もしくは「英語母語話者」の意と思われるが、特に説明がなく
　　使用されている。

表 1　外国人であることを求める特別選考

教育委員会	広島県・市	広島県・市	さいたま市	福井県
特別選考名	グローバル人材を対象とした特別選考【教職経験者（英語）】	グローバル人材を対象とした特別選考【外国人留学生等】	英語ネイティブ特別選考	教育エキスパート特別選考②英語教育分野
校種・教科	中高、英語	全職種、全校種、全教科	中高、英語	中高、英語
国籍要件	出願時に外国国籍を有する者、又は出願時に日本国籍を有する者のうち過去に外国国籍を有した者	出願時に外国国籍を有する者、又は出願時に日本国籍を有する者のうち過去に外国国籍を有した者	出願時に外国国籍を有する方、又は出願時に日本国籍を有する方のうち過去に外国国籍を有した方	英語を母語とする外国籍を有する者（日本人は別要件）
外国居住要件	外国での居住経験があること	外国での居住経験があること		（日本人）5 年以上の英語圏在住経験
英語要件	母語が英語であること、又はそれと同等の英語の語学力を有していること		英語を母語とする方又は同等の英語力を有している方	英語を母語とする外国籍を有する者もしくは英語が堪能な日本人
日本語要件			教員の職務を行う上で必要とされる日本語の能力を有する方	教員の職務を行う上で必要とされる日本語能力を有する者
学歴要件	大学（日本国内の 4 年制大学又はそれと同等の外国の教育機関）を卒業していること			
前職要件	広島県・広島市の公立学校で育休任期付職員、臨時的任用職員、非常勤講師又は外国語指導助手等として、平成 27 年 4 月から平成 31 年 8 月までの期間に通算 36 月以上の英語の指導に関する教職経験あること		日本国内において、英語教育関係の職の勤務経験が 3 年以上ある方	日本人は 3 年以上の民間企業等における英語を用いた実務経験を有すること
特別免許状交付	有	無	有	有
その他の要件		出願時に、出入国管理及び難民認定法（昭和 26 年政令第 319 号）別表第 1 の 4 の表の「留学」の在留資格を有し、同表に定める機関において教育を受ける活動を行う者であること、又は、過去に該当在留資格を有し、当該活動を行った者であること		
選考方法	面接・模擬授業	一般選考と同じ	模擬授業・論述・面接	英語による作文・個人面接（英語による面接を含む）
開始年度	2016 年度採用	2017 年度採用	2019 年度採用	2017 年度採用

出典：2019 年度実施（2020 年度採用）の教員採用選考実施要項をもとに筆者が作成。表現はそのまま記載しているが、一部変更している場合もある。

ている。外国人留学生に特化した特別選考は他自治体には見られないものである[12]。

　また、福井県のこの特別選考は、外国籍者だけでなく「日本人」〔ママ〕も対象としており、その場合は5年以上の英語圏在住経験があり、英語が堪能であること、3年以上の民間企業等における英語を用いた実務経験を有することが要件となる。

　このように、採用試験の出願において国籍に関する要件が課せられるというのは、1991年以前に日本国籍を有する者に限定した自治体以外にはないことだった。1991年以降は国籍は問われなかった。ところが、ここに来て日本国籍でないことが積極的に求められているのである。外国籍であることは常にマイナス要件でしかなかったなかで、注目される。

（2）「英語ネイティブ」を対象とする選考

　外国籍と限定はしないが、「英語ネイティブ」を対象とする特別選考もある。筆者が確認した限りでこれに該当するのは、京都府スペシャリスト特別選考（高等学校英語）、京都市フロンティア特別選考英語ネイティブコース、岡山県特別選考試験Aグローバル人材、静岡県特別選考高等学校スペシャリスト・英語のネイティブスピーカー、茨城県ネイティブ英語教諭の選考、大阪府ネイティブ英語教員採用選考である。詳細は表2に示した。

　この類型に属するものには国籍要件はなく、外国居住経験も要件ではない[13]。英語能力では、英語が「母語」「第一言語」「母国語」「母国語又は公用語」などといわゆる「英語ネイティブ」を要件としている。ただし、厳密にいえば、「母国語」や「母国語又は公用語」という要件では、志願者が英語ネイティブであるということにはならない。また、大阪府の場合は、「英語を母国語又は公用語とする国において」学士以上の学位を取得し、一定以上の英語資格を求めており、選考名称である「ネイティブ」を必ずしも要件としていない。

　「英語を母語とする」といっても、それをどのように確認するのか。ある教育委員会の担当者に確認したところ、「経歴書や職務経験内容、面接において確認」するということだった。英語ネイティブ教員にも一定の日本語能力が求められている（大阪府以外）。その日本語は、教員としての職務を遂行する上で必要な程度であるが、これについても同教委の回答では、志願書や面接において確認するということだった。

12　日本の大学での教員免許状の取得が要件であり、試験科目も一般選考と同様である。

13　茨城県では、英語が母国語でない場合に、公用語が英語である国・地域に在住すれば要件を満たす。

表2 「英語ネイティブ」を要件とする特別選考

教育委員会	京都府	京都市	岡山県	静岡県	茨城県	大阪府（別日程）
特別選考名	スペシャリスト特別選考	フロンティア特別選考英語ネイティブコース	英語を母語とする者を対象とした特別選考（グローバル人材）	高等学校スペシャリスト・英語のネイティブスピーカー	ネイティブ英語教諭の選考	ネイティブ英語教員採用選考
校種・教科	高、英語	中高、英語	中高、英語	高、英語	小中高、英語	高、英語
国籍要件	なし	なし	なし	なし	なし	なし
外国居住要件					英語が母国語である又は公用語が英語である国・地域に在住していた方	
英語要件	英語を母語とする方	英語を第一言語とする方	英語を母語とする者	英語が母国語又は公用語であること	英語が母国語である又は公用語が英語である国・地域に在住していた方	文部科学省が作成した「各資格・検定試験とCEFRとの対照表」において、記載されている各種英語試験のCEFR C1以上のスコア証明書を有していること
日本語要件	教員の職務を行う上で必要とされる日本語の能力を有する方	教員の職務を行う上で必要とされる日本語能力を有する方	職務を行う上で必要とされる日本語能力を有する者	教員の職務を行う上で必要とされる日本語の能力を有すること	教員の職務を行う上で必要とされる日本語の能力を有する方	
学歴要件		大学卒業（学士号取得）以上		大学又は大学院（短期大学を除く。）を卒業（修了）し、学士以上の学位を取得していること	大学又は大学院（短期大学を除く。）を卒業（修了）し、学士以上の学位を取得している方	英語を母国語又は公用語とする国において、大学又は大学院（短期大学を除く）を卒業（修了）し、学士以上の学位を取得していること
前職要件	日本国内において、英語教育関係の職の勤務経験が5年以上ある方	平成26年4月1日から平成31年3月31日までの間で、国公私立学校での勤務歴が通算3年以上（実勤務月数として36以上。休職期間は含まない）ある方、または外国語としての英語指導法に関する課程（TESOL、CELTA）を修了または令和2年3月31日までに修了見込みであること	日本国内の国公私立学校で、英語の指導に関する3年以上の教職経験があること	学校教育法第1条に規定する高等学校において、平成31年3月31日までに通算2年（24月）以上の勤務実績を有すること（外国語指導講師としての勤務を含む。休職期間は含まない）。なお、その場合の勤務は週31時間以上であること	日本国内において国公私立中学校、高等学校（中等教育学校を含む。）において、令和2年3月31日までに、英語教育に関連する通算2年（24月）以上の勤務実績（ALTや常勤の英語講師等）を有する方	（備考に記載）
特別免許状交付	有	有	有	有	有	有
選考方法	一次：小論文・個人面接 二次：教育実践力テスト	一次：論文 二次：論文（日or英）、集団面接（日or英）	一次：特別面接、二次：面接、模擬授業	一次：書類選考、課題作文（日or英）二次：個人面接（日）、集団討論（英）、模擬授業（英）	小論文 個人面接	一次：書類選考、課題作文（日） 二次：個人面接（日）、集団ディスカッション（日・英）、模擬授業（英）
募集人員						10名程度
開始年度	2016年度採用	2017年度採用	2019年度採用	2019年度採用	（未確認）	（未確認）

＊平成31年（2019年）3月31日までに、以下の教育関連機関での勤務経験が通算3年以上（実勤務月数として36月以上。休職期間は含まない）であること。なお、いずれも週10時間以上、英語の指導をしたものに限る。a）学校教育法第1条に規定する高等学校（外国語指導助手含む）。b）学校教育法第1条に規定する大学（助教、助手、講師等）。c）企業（語学学校を含む。英語教授法等に関する資格を持ち、高校生、大学生もしくは社会人に英語を指導したものに限る）。d）外国にある教育施設（高校生、大学生もしくは社会人に英語を指導したものに限る）。

出典：2019年度実施（2020年度採用）の教員採用選考実施要項をもとに筆者が作成。表現はそのまま記載しているが、一部変更している場合もある。

　前職については、日本の国公私立学校での教職経験を求める場合が多いが（校種の限定がある場合も）、学校と限定しない場合や外国の教育施設を含む場合もあり、教職経験がなくても外国語としての英語指導法に関する課程の修了だけでもよいとする場合もあって幅が広い。実際には、ALT 経験者を想定しているようである。なお、大阪府では、スーパーイングリッシュティーチャー（SET）[14] として大阪府立高等学校に 3 年間勤務した場合は要件が緩和される。

（3）採用状況と職

　以上二つのタイプの特別選考のうち、確認できる受験者・採用者数を表 3 にまとめた。これを見る限り、受験者数は多くなく、採用に至るのは毎年 1 ～ 2 名程度のようである。

表 3　受験数・採用数

教育委員会	広島県・市	福井県	京都府
特別選考名	教職経験者（英語）	教育エキスパート②	スペシャリスト特別選考
2016 年度受験者数	2（中 1、高 1）	0	0
2016 年度採用者数	1（高 1）	0	0
2017 年度受験者数	2（中 1、高 1）	4	1
2017 年度採用者数	2（中 1、高 1）	1	1
2018 年度受験者数	2（中 1、高 1）	2	1

＊大阪府の場合は、2018 年実施の採用試験では応募者 11 名、合格者 5 名、2019 年度実施では応募者 12 名、合格者 1 名、2020 年度実施では応募者 9 名、合格者 1 名だった（大阪府ホームページ、2020 年 11 月 6 日閲覧）。
出典：文科省「平成 30 年度教師の採用等の改善に係る取組事例」2018 年 2 月より筆者作成。

　（1）（2）いずれのタイプとも、日本国籍を有しない者が採用される場合の職は、さいたま市以外では任用の期限を附さない常勤講師であるが、さいたま市では教諭として採用している。さいたま市は、2018 年度までは日本国籍を有しない者は任用の期限を附さない常勤講師としていたが（ただし任用実績はなかった）、英語ネイティブ特別選考の実施に合わせて教諭として採用することになった[15]。さいたま市では、英語ネイティブ特別選考を初めて導入した 2018 年実施の採用選考で 4 人が合格し、うち 3 人が 2019 年度に開校した同市立大宮国際中等教育学校に配属された。同校は、国際バカロレアの導入をめざしている。

（4）国際バカロレア[16]と外国人教員

　このように、英語ネイティブ教員を求める背景には、公立中学校や高校での英語教育の改善・向上（4 技能に対応した授業づくり等）があるが、それだけでなく、自治体によっては公立学校における国際バカロレアの導入との関連もうかがわれる。

　前述したように、2018 年までに国際バカロレア認定校等（IB 認定校。「等」は候補校を含む意）を 200 校にするという目標が掲げられていた（その後 2022 年度に修正）。IB 認定校推進の理由は、当初は海外の優秀な人材を受け入れるためにその子どもの教育環境の向上と関連づけられたが、徐々に日本人を「グローバル人材」に育てるという側面や日本の教育の質の向上が強調されてきている（渋谷 2019）。そうした中で、IB 認定校はインターナショナルスクールや私立学校だけでなく、公立学校にも出現している。

　2020 年 11 月現在、日本における認定校のうち、学校教育法第 1 条に規定されている学校は 48 校である。このうち、公立学校は、札幌市立札幌開成中等教育学校（MYP、日本語 DP）、宮城県仙台二華中学校・高等学校（日本語 DP）、東京都立国際高等学校（DP）、神奈川県立横浜国際高等学校（日本語 DP）、山梨県立甲府西高等学校（日本語 DP）、滋賀県立虎姫高等学校（日本語 DP）、大阪市立水都国際中学校・高等学校（日本語 DP）、広島県立広島叡智学園中学校・高等学校（MYP）、高知県立高知国際中学校・高等学校（MYP）であり、国立は筑波大学附属坂戸高等学校（日本語 DP）、東京学芸大学附属国際中等教育学校（MYP、日本語 DP）大阪教育大学附属池田中学校（MYP）である（文科省 IB 教育推進コンソーシアム）。

　外国籍や英語ネイティブの教員の特別選考を実施する自治体と IB 認定校の有無とは直接結びつかない。IB 認定校（候補校を含む）の教員採用は、通常の教員採用選考時におこなっている場合もあれば、別途実施しているところもある。[17]学

14　SET は、高校で英語 4 技能の能力を高める TOEFL iBT 等を活用した英語教育を担う特定任期付き職員として大阪府教委が 2015 年度から採用を開始した。募集当初、日本国籍の要件が付されていたが、それに対する抗議があり、外された経緯がある。

15　英断を下した教育長は、元県立高校の英語科教員であり、県内に多くの ALT がいてもその仕事は限定され、生徒や教員とも限定的にしかかかわれない状況を熟知していた。グローバル化時代にあることも考慮して、英語ネイティブ特別選考では正規教員として採用し、他の教員と同様の職務を果たすためには、同等の教諭とすることが肝要だと判断したとのことである（さいたま市教育委員会の訪問調査より）。

16　国際バカロレア（IB：International Baccalaureate）は、国際バカロレア機構（本部ジュネーブ）が提供する国際的な教育プログラムで、国際的に通用する大学入学資格（国際バカロレア資格）が与えられる。IB プログラムには、PYP（プライマリー・イヤーズ・プログラム）、MYP（ミドル・イヤーズ・プログラム）、DP（ディプロマ・プログラム）、CP（キャリア関連プログラム）がある。日本語 DP とは、DP の一部科目を日本語で実施するもの。

校毎に状況が異なると思われ把握できていないが、別途に実施する方が適しているとの判断にいきつくのかもしれない。また、IB 認定校または候補校に採用された外国籍教員の職の実態は把握できていない。さいたま市と東京都の場合は教諭であるが、他の場合は任用の期限を附さない常勤講師や期限付き常勤講師のようである。期限付き講師であれば、別途の採用になる。

なお、IB 認定校での活動に従事するために特別の免許状が必要であるわけではない。国際バカロレア機構では、IB 主催のワークショップへの参加、または大学等の IB 研究コースの修了等による認定書（IB certificates）の取得を求めている。すべての授業を英語で行うわけではないものの、教員には英語で授業ができる者と、そうした教員とチームティーチングができる英語能力を有する教員が求められる。

（5）英語ネイティブ外国人教員採用のジレンマと課題

以上でみたように、近年、英語を母語か第一言語とする「英語ネイティブ」、もしくは外国籍であったり外国に居住経験があったりする者を公立学校教員として求める自治体が、少数ではあるが確認された。外国籍で外国に居住経験を有することまで要件とするのは、ただ英語が堪能であるというだけでなく、それが使用される環境や文化等を自然に身につけていることまで求めるためであろう。いずれの場合も、応募者として想定されているのは、ALT や民間の英語学校等の教師である。したがって、日本の教員免許状の取得は条件ではなく、採用にあたっては特別免許状が授与され、選考内容は一般選考とはちがって筆記試験はなく、面接や模擬授業、課題作文や小論文などである。

中学・高校の英語科の担当教員として正規に採用されるのであるから、実際には英語の授業以外の教育指導や校務も担うことが期待されている。ある教委担当者によると、英語の授業を行うだけならば ALT でよいという。正規教員であるからには、担任をもつこともあり、そうなると成績をつけたり所見を書いたり、保護者対応も必要になる。そのためには、日本語能力がある程度求められる。日本の学校文化についての理解も必要になる。募集要項に日本語要件を記載したり、前職に日本の学校での教育経験を求めるのはそのためであろう。しかし、面接をしてみると日本語によるコミュニケーションが難しい場合も多いという。説明会の参加者は多くても、実際の受験者は多くない。毎年度優秀な教員を採用し続けるのは、なかなか難しいようである。

応募者の側からすれば、ALT や民間の英語学校講師など期限のある不安定な

仕事よりも、定年まで保障される公立学校教員の職は魅力的である。応募者の中には、配偶者が日本人であるなど今後も日本に住み続けることが想定されるケースも多いようだ。しかし、仮に採用されたとしても、その職は任用の期限を附さない常勤講師とする自治体は多い。契約条件や待遇を重視するならば、講師であっても給与は教諭と同じだが、教諭という名称が使用できないことや、主任や管理職になれないことなど、制約が課されていることに疑問を抱く場合もあろう。ゲストや助っ人ではなく、教員集団の一員としてその能力を発揮してもらいたいと望むならば、外国籍教員の職を再考する必要があろう。

3　ニューカマー児童生徒の教育支援と外国籍教員

　ニューカマー児童生徒の増加とその教育課題に対応するべく、近年積極的に施策が実施されている。なかでも日本語指導に重点が置かれ、2014 年より「特別の教育課程」としての編成・実施が可能になった。教員採用にかかわっては、2017 年度及び 2018 年度の「教員採用等の改善に係る取組について（通知）」において、専門性を考慮した採用選考の実施の項目に「外国人児童生徒等に対する教育支援」が明示されている（2019 年度採用からこの通知がなくなった）。

　その内容は、「学校における外国人児童生徒等に対する教育支援の充実方策について（報告）」（学校における外国人児童生徒等に対する教育支援に関する有識者会議 2016 年 6 月）から引用する形で、外国人児童生徒等教育を担う人材を確保するため、「大学で日本語教育や外国語教育、国際理解教育、多文化共生等の専門的な

17　広島叡智学園中学校・高等学校に配置する教員は通常の選考時とは別に行っており、受付期間が 9 月〜 10 月、合格発表（名簿登載者発表）は 12 月である（広島県教育委員会ホームページホットライン教育ひろしま）。職歴要件は、国際バカロレア事務局（略称 IBO）の認定を受けた学校又は教育施設において、正規職員又は臨時的任用職員、非常勤講師等として、通算 36 月以上の教科に関する教職経験（受験する教科と同一の教職経験に限る）がある者で、語学力要件が具体的に指定されている。志願者には日本国籍を有しない者も見込まれることから、実施要項では、「日本国籍を有しない者は、任用の期限を附さない常勤講師に任用することになります」「日本国籍を有しない者は、学校において勤務するために必要な在留資格を取得する必要があります」の部分が太字で強調されている。大阪市立水都国際中学校・高等学校は公設民営であるため、採用選考は独自に行っており、採用後は学校法人 YMCA との雇用契約になる。
18　札幌市立札幌開成中等教育学校には 2016 年 4 月から 2 名の外国人教員が採用されているが、いずれも期限付き常勤講師である。一人は、イギリスの高校での日本語教師、日本の英会話学校講師、札幌開成高等学校での特別非常勤講師を経ており、もう一人は、日本の中学校のALT、オーストラリアの州政府で保険数理業務を経ていて英語・日本語・中国語ができる。前者は英語、後者は数学を担当し、いずれも特別免許状が授与されている（「公立でも「バカロレア」中高一貫 6 年英語漬け」『朝日新聞』2019 年 5 月 26 日付）。同記事では広島叡智学園の教職員35 人のうち 4 人が外国人とするが、職への言及はない。

教育を受けた者や、海外留学や海外ボランティア等において外国人児童生徒等教育に関係する経験を積んだ者をより積極的に評価して、採用選考において考慮する」ことが求められるとしているが、「国内での外国人に対する日本語教育に関する学習歴・資格や指導に従事した経験も含め、これらの経験や専門性を考慮した一部試験免除や特別の選考など、教育支援の充実に向けた採用選考の実施に努めてください」とするのみで、外国語の活用等に関しては触れていない。

　外国人児童生徒の指導等には、当該言語に堪能な教員や支援員が必要とされる。ここでは、外国語に堪能な教員の採用と日本語教育指導員の状況についてみていく。

（1）外国語に堪能な教員の採用

　ニューカマー児童生徒や保護者にその母語で対応できる教員の採用を試みたものとして、早くから外国語堪能者を対象とする特別選考を実施している自治体がある。岐阜県「多文化共生特別選考」、静岡県「ポルトガル語・スペイン語が堪能な者を対象とした選考」、浜松市「バイリンガル選考」、愛知県「外国語（ポルトガル語、スペイン語、中国語、フィリピノ（タガログ）語　堪能者選考」である。

　表 4 は、実施の詳細を 2018 年度採用の選考における取組事例をもとに作成したものである。なお、静岡市も以前は実施していたが現在は行っていない。下記の表と静岡県、浜松市、愛知県各教育委員会への訪問調査（2017 年 10 月 6 日）をもとに考察する。

　まず、対象となる校種・教科では、教育委員会により違いが認められ、高校や特別支援学校を含むのは愛知県と浜松市である。教科は特定されていない。募集人員は別に設定されず、一般採用見込み数に含められる。資格要件で指定されている言語は、岐阜県がポルトガル語・タガログ語、静岡県と浜松市はポルトガル語・スペイン語、愛知県はポルトガル語・スペイン語・中国語・フィリピノ（タガログ）語であり、資格要件から想定される役割は、児童生徒や保護者とコミュニケーションをとり、文化や生活習慣の違いを説明することである。資格要件の確認は出願時にはなく、選考において当該外国語による面接が行われる。外国語による面接結果は、愛知県では加味される。我々の訪問調査の聞き取りでは、浜松市では加点を行っているとのことだった。また、静岡県では当該言語の検定資格を持つ場合に加点される。なお、それ以外の選考方法は一般選考と変わらず、外国語による面接結果が良好でなくても、一般選考で不利になることはない。

　静岡県は検定資格を有する者への加点制度を 2016 年度実施の選考から採用し

表 4　外国語堪能教員特別選考

教育委員会	岐阜県	静岡県	愛知県	浜松市
特別選考名	多文化共生特別選考	ポルトガル語・スペイン語が堪能な者を対象とした選考	外国語（ポルトガル語、スペイン語、中国語、フィリピノ（タガログ）語）堪能者選考	バイリンガル選考
校種・教科	小、中	小、中、養護教員	小、中、高、特別支援学校の全教科	全校種、全教科
募集人員	一般採用見込み数に含める	一般採用見込み数に含める		一般採用見込み数に含める
資格要件	児童生徒及び保護者に対して、文化や生活習慣の違いを説明できる程度のポルトガル語又はタガログ語の語学力を有する者	日常生活や学校で必要なポルトガル語またはスペイン語を理解し、口頭で表現できる	ポルトガル語、スペイン語、中国語、フィリピノ（タガログ）語が堪能（児童生徒及び保護者とのコミュニケーションを図り、文化や生活習慣の違いを説明できる程度の語学力を有する）であること	日常生活や学校現場に必要なポルトガル語又はスペイン語を理解し、口頭及び簡単な文章で表現できる者
資格要件確認方法	第 1 次選考試験の面接試験の一部を当該外国語により行う	ポルトガル語・スペイン語を母国語とする試験委員と口頭面接を実施し、その語学力、表現力を確認する	願書の「外国語」欄に堪能な外国語名を記入する	受験者の自己申告
選考方法	第 1 次選考試験の面接試験の一部を当該外国語により行う	ポルトガル語・スペイン語を母国語とする試験委員と口頭面接を実施するほかは、一般選考と同様	第 1 次試験の口述試験に加えて、当該外国語による面接を行い、結果を成績に加味する。それ以外は、「一般選考」と同じ	1 次選考時に特別面接を行う
特別免許状交付	無	無	無	無
開始年	2013 年度採用	2010 年度採用	2008 年度採用	2010 年度採用

出典：『平成 30 年度教師の採用等の改善に係る取組事例』（文部科学省平成 30 年 2 月）より筆者作成

ており、加点申請条件は「ポルトガル語又は、スペイン語に関する資格等の所有」で、加点点数を 5 点としている。2019 年度採用の選考（2018 年度実施）からは特別選考としては実施せず、小中学校の教科専門試験の加点制度で対応するよ

表 5　外国語堪能教員特別選考の受験者と採用者数　　　　　　　（単位：人）

教育委員会	岐阜県	静岡県	愛知県	浜松市
特別選考名	多文化共生	ポルトガル語 スペイン語	外国語（ポ他）	バイリンガル選考
平成 28 年度受験者数	1（中 1）	4 （小 1、中 3）	31 （小 11、中 19、特 1）	4 （小 2、中 2）
平成 28 年度採用者数	0	1 （中 1）	7 （小 2、中 4、特 1）	0
平成 29 年度受験者数	0	2 （中 2）	32 （小 8、中 15、高 8、特 1）	4 （小 1、中 3）
平成 29 年度採用者数	0	0	9（小 2、中 5、高 2）	1（小 1）
平成 30 年度受験者数	1 （中 1）	5 （小 3、中 2）	33 （小 6、中 16、高 11）	9 （小 5、中 3、養 1）

出典：『平成 30 年度教師の採用等の改善に係る取組事例』（文部科学省平成 30 年 2 月）より筆者作成

うになった。加点制度の適用の方が基準が明瞭で手間も省けるため、特別選考の受験者や採用者が少ない一方で他の特別選考が増えているためになされた変更だと考えられる。

　受験者と採用者数をみると、愛知県で 30 名以上の受験者がある中で 7 人、9 人と採用者を出しているのに対して、他の 3 教委では受験者もそれほど多くなく、採用されるケースもわずかである。特別選考とはいっても、募集人員が別に定められているわけではなく、一般選考と同様の資格をもち（この選考では特別免許状は適用されない）、同様の選考内容を通過しなければならないことから、たとえ特定の言語による面接や資格で加点もしくは加味されるとしても、ハードルは高い。

　また、採用後の配置校に関しては、教育事務所の管轄になるので訪問調査では詳細を十分確認できなかったが、新任時に当該言語を必要とする児童生徒や保護者のいる学校に配属されたとしても、その後の異動では特別選考による採用であることがどこまで意識されるのかは不明ということだった。ただし、愛知県ではこれまで、ポルトガル語で合格した者が外国人の多い学校に着任したり、スペイン語で合格した者が日本語指導教室の担当になったり、中国語で合格した者が漢文を担当するだけでなく修学旅行先で中国語で交流したりする例があったという。

　このように、ニューカマー児童生徒や保護者の母語に堪能な教員の採用を行っている自治体はわずかであり、特別選考を実施している自治体でも採用した教員を有効に活用できているかどうかは不明だった。

　なお、大阪府立高校のうち、日本語指導が必要な帰国生徒・外国人生徒入学者選抜を行ういわゆる特別枠校には、正規教員として「ネイティブ教員」が配置さ

れている（第 1 章 5 参照）。

（2）日本語指導員

　多くの自治体では、ニューカマー児童生徒の日本語指導は、日本語指導担当教員以外に日本語指導を支援するスタッフによって支えられている。これらのスタッフは、日本語指導員、サポーター、日本語支援者、巡回指導員など、様々な名で呼ばれており（本稿では日本語指導員とする）、外国籍であったり外国にルーツをもつ者も少なくない。

　これら日本語指導員の身分保障や待遇について、佐久間（2011）は、「これほど重要な役割を担いながらも、かれらの身分保障がなされていない。多くが臨時雇用・嘱託扱いであり、採用期間はほとんどが一年ごとの更新である。ときには、半年の人もおり、なかには予算の出所によっては採用の更新が認められない場合もある」、「呼び方が自治体によってまちまちだということは、それだけ責任の範囲と仕事の内容が定まっていないことを示す」、「ほとんどの人が、時給単位で計算されている」と指摘している。

　こうした人びとの実態を把握した調査や統計が見あたらないなかで、山本（2014）は愛知県豊田市の日本語指導員について調査している。それによると、調査時の豊田市には日本語指導員が 50 人、うち 26 人が外国籍、多数が女性である。委嘱の条件に特別な資格や能力に関する規程はない。委嘱期間は 1 年で、更新は可能であり、年数制限はない。常駐月給制と巡回時間給制があり、給与は、常駐月給制で月額 25 万 2000 円、巡回指導員は時間給で 1 時間あたり 1800 円、賞与や昇給はない。年次休暇等がある場合もある。

　山本（2014）によれば仕事の内容は、初期の頃に比べて、児童の日本語指導に占める部分よりも、文化的背景を異にする保護者対応の比重が増加しており、「文化の認識の違いによるトラブル等では、保護者と同じ文化的背景を持つ外国籍の職員や、海外生活の経験がある等保護者の持つ文化に精通している職員から話す方が解決につながることが多い」という。日本語指導員の中には、判断が難しくまた責任も重い内容の役割を果たしているにもかかわらず、その待遇への不満や、問題解決に関する十分な知識がないことについて問題意識や不安をもち始めている者もいるということである。

19　外国語としてのポルトガル語検定（APLE）A2（準初級）以上、外国人のためのポルトガル語検定（Celpe-Bras）中級以上、スペイン語技能検定（西検）3 級（上級）以上、外国語としてのスペイン語検定（DELE）B1（中級）以上。

　筆者が聞き取りをした京都市の場合では、日本語指導担当教員のうち、教諭7人は全員日本人で、常勤講師8人のうち2人が外国籍、2人が外国にルーツがあり、非常勤講師17人のうち外国籍が1人だった。また、母語支援員として8人が採用されており、フィリピノ語、中国語、英語、ネパール語で対応できる。母語支援員は非常勤嘱託という位置づけで、時給と交通費が支払われる。初期の適応指導と保護者との連携、学校文書等の翻訳業務を担当し、日本語の読み書きができることが要件である[20]。

　同市の時給は、豊田市よりもかなり低い。豊田市でも常駐月給制はともかく、時給制の場合、それだけで生計を営むことは難しく、賞与や昇給がないことも含めて、仕事にやりがいを感じても継続することには困難が伴う。佐久間（2011）は、「最前線の仕事をしながら、生活が安定せず、さらに保険や年金で不利な扱いを受けるというのは、この分野の仕事の専門性が認められていないに等しい」と指摘し、「日本語指導員やバイリンガル相談員の雇用の安定化」を提言している。

　すなわち、日本語指導というニューカマー児童生徒の定着にとって最も大事だとされる領域において、表立って指導する日本人教員の周辺に、多くの外国人や外国に繋がる支援者がいる。支援者は非正規雇用であり女性が多い。

　近年文科省は「次世代型グローバル人材の育成に向けて」、外国人児童生徒等への教育支援を積極的に行うようになった。支援策として、教員の指導力向上や教員配置の充実、指導支援実践の集約普及、指導支援体制の整備などが盛り込ま[21]れ、その中で支援者の研修については言及されているが、待遇の現状とその改善については出てこない。

おわりに

　日本におけるグローバル化への教育対応としては、日本人の子どもの教育のグローバル化と、外国人の子どもへの教育対応という、両側面で進行している。

　前者では、公立学校における英語教育の強化や国際バカロレアの導入を目的として、英語がネイティブである教員や外国籍の教員の正規採用が加速されている状況を見てきた。正規教員であるとは、ALTのように限定した職務ではなく、公立学校教員としての職務を同僚と協働し、児童生徒や保護者との関係を築きながら務めることが期待されているのだが、そのような人材は日本にそれほど多くない。その中には、日本国籍を有する者も有しない者もいる。同じ選考によって

採用しても、多くの自治体では「91年3月通知」への対応を変更することなく、日本国籍を有しない場合は講師としている。

　一方、後者のニューカマー児童生徒や保護者に対応する多言語堪能教員や日本語指導員にも、外国人や外国にルーツをもつ者が多いが、なかでも正規教員ではなく臨時的な雇用である日本語指導員の職や待遇問題については表面化していない。

　いずれにも共通するのは、日本の教育の国際化、グローバル化のために必要であれば外国人に頼りながらも、その職や待遇の問題に正面から向き合おうとしないことである。

　本章で扱った外国籍または外国出身教員は、外国での居住経験があるとか、英語がネイティブであるといった要件が課されている。これは、一般外国人に広く門戸を開けるのではなく、ある特性をもつ外国人に限定したものである。特性にもとづいて受け入れるというスタンスは、「91年3月通知」の趣旨とは異なるものである。

　「3月通知」は、すべての外国籍者に教員採用選考の門戸を開いた。そこには、旧植民地出身者や定住外国人という枠もなく、日本の教員免許状を有した者が同じ内容の教員採用選考で合格することとされていた。外国人としての特性が要求されることはなく、就職機会の拡大や日本社会への参入、社会権の保障という意味合いがあった。しかし、それとは別に「特性のある」外国人を特別選考で採用することが広がると、「特性のある」外国人とそうではない外国人が併存することになる。その結果、「特性のある」外国人の採用の強調は、それ以外の外国籍教員の存在をいっそう見えなくしてしまわないだろうか。それどころか、「特性のない」外国籍教員無用論に繋がらないだろうか。また、それとは逆に、「特性のある」外国籍教員だから職においても日本国籍者とは別でいいのだという安易な了解を推し進めることにならないだろうか。

　外国籍者に限らず特別選考は、一律な資格・能力にもとづいていたこれまでの教員採用選考の方法を変更、拡張するものである。本稿は、それ自体を問題にするものではない。問題は、外国籍者の応募が想定される選考方法を検討したときに、どれだけ外国籍教員任用の経緯や現状を踏まえたのか、どこまで議論したの

20　2019年11月7日に同市教委の担当指導主事に聞き取りを行った。
21　公立義務教育諸学校の学級編制及び教職員定数の標準に関する法律の一部改正が行われ、2017年度より日本語能力に課題のある児童生徒への指導のための基礎定数が新設された。児童生徒18人に対して1人である。

かという点にある。外国籍教員の存在について、改めて考えるべき大きな問題が
横たわっているように思える。

〈参考文献〉

小野元之（1991）「在日韓国人など日本国籍を持たない者の公立学校教員への採用につ
　　いて」文部省教育助成局地方課編集『教育委員会月報』No.487

佐久間孝正（2011）『外国人の子どもの教育問題――政府内懇談会における提言』勁草
　　書房

渋谷真樹（2019）「公設民営学校による国際バカロレアの導入は国際理解を推進するの
　　か――新自由主義と国際理解教育の結節点としての「グルーバル人材」育成」『国
　　際理解教育』Vol.25

中島智子（2018）「公立学校教員採用選考試験実施要項と日本国籍を有しない教員」在
　　日法律家協会会報『エトランデュテ』第 2 号

山本直子（2014）「公立学校の日本語指導員が現実に果たす多様な役割――愛知県豊田
　　市の事例から」『移民政策研究』第 6 号

吉田文（2012）「2000 年代の高等教育政策における産業界と行政府のポリティックス」『日
　　本労働研究雑誌』No.629

吉田文（2014）「「グローバル人材の育成」と日本の大学教育――議論のローカリズムを
　　めぐって」『教育学研究』第 81 巻第 2 号

第8章　諸外国における外国籍教員の任用・雇用状況

権　瞳

はじめに

　諸外国では外国籍教員の任用・雇用はどのように行われているのだろうか。私たち外国籍（ルーツ）教員研究会では、オーストラリア、アメリカ、カナダ、イギリス、フランス、ドイツ、韓国、中国、台湾、ノルウェー、フィンランド、フィリピン、シンガポール、南アフリカ、の14の国・地域を取り上げ、それぞれについての公立学校教員の採用における国籍要件と、関連する背景についてまとめ、現在の日本の状況を国際的文脈で相対的に位置づけるための手がかりとすることとした。

1　調査の概要と背景

(1) 先行研究と対象国

　日本でも海外でも、諸外国における教員の養成や教員資格、人事行政についての比較調査研究は多々あるが、公立学校教員資格としての国籍・市民権について直接取り上げた調査研究はほぼ見当たらなかった。不在の理由としては、これまで外国籍教員に関心が向けられてこなかったことが第一にあるだろうが、各国の国家体制や国籍法、公務員制度、教育システムなど、採用に関わる複数の要因が、それぞれの国や地域の歴史的・社会的文脈とあわさって絡み合っている上、こうした政策や教員養成制度は目まぐるしく変化するため、単純な比較が困難であることも一因と考えられる。

　私たちの調査では、教員養成課程に関する先行研究（日本教育大学協会2005、小川・服部2012、東京学芸大学教員養成カリキュラム開発研究センター2014等）を参考に、最終的に前述の14の国・地域を対象とした。そして、研究会メンバーが分担して、各国の関連法令、教育省・地方教育委員会等のホームページに掲載された資料、その他参考文献を用いて情報を収集し、各国の行政・教育関係者や対象国に

ついて詳しい日本国内外研究者の協力も得ながら、諸外国の状況についての把握に努めた。[4]

　また、各国の外国籍教員の採用状況を総合的に理解するために、国籍取得条件、外国人の参政権や教員以外の公務就任の可否状況についても確認し、別表 1 に大略を掲載している。政策や教員養成に関わる状況は各国とも刻々と変化するため、2020 年 12 月現在での情報を基にしていることをお断りしておく。

(2)「外国籍」教員について

　「外国籍」教員という用語については、日本でも海外でも一般的に使われるものでないが、教員の採用に当該国の国籍が必要か否かの諸外国の状況を見ることが本章の目的であるため、当該国籍をもたない者（無国籍者含む）として、引き続きこの用語を用いる。

　「外国籍者」が公立学校教員になれるかどうかという問いは、各国で受け止められ方がずいぶんと違ってくる。それは、各国の国籍法によって、だれが「外国籍者」に相当するかの線引が異なるためである。

　出生による国籍取得においてアメリカやカナダのように無条件の生地主義で国籍が認められる国、あるいは、親のうちのどちらかが永住者であれば生地主義によって国籍が認められる永住者生地主義の国（イギリス、ドイツ、オーストラリア）では、移民の 2 世は通常、居住する国の国籍を得る。また、フランスのような 2 世代生地主義の国では、親も子もその国で生まれたという 3 世は生地主義が採用されフランス国籍取得が可能である（近藤 2019）。

　血統主義の国であっても、一定の居住や教育などの要件を満たせば、フランスやフィンランドのように「届出」によって国籍が認められる国や、重国籍が容認されているため、従来国籍の放棄が求められない国では、当該国の国籍を取得しやすい。[5]

　このように生地主義を採る国や国籍変更が容易な国では、「外国籍者」は移民 1 世や短期滞在者と、少なくとも法的には限定的であるため、2 世、3 世以降も帰化をしない限り、外国籍者であり続ける日本とはその層が全く異なる。こうした国ぐにでは、教員の国籍ではなく、人種やエスニシティが採用における主たる課題とされるわけである。

　アメリカやカナダ等の英語圏では、「外国籍教員」にあたる用語としては、"internationally educated / overseas trained teacher（海外で教育を受けた教員）" あるいは主として教員不足補充のために海外から受け入れた教員を指す "migrate teacher

（移民教員）"という語が用いられる。近年は、教員不足による教員移動の高まりとともに、「外国籍教員」についての関心や研究も徐々に増えつつあるが、外国での教育課程や教育経験の受入国での認定、言語、文化の違い、あるいは短期労働者としての労働条件に関する諸問題を取り扱うものが多く、教員採用における国籍や市民権という資格を中心課題とはしていない[6]。

（3）公立学校教員と雇用形態の多様性

公立学校教員の雇用形態の多様性についてもあらかじめ触れておきたい。

日本では、公立学校教員は教育公務員特例法第2条で定義されている地方公務員である。

諸外国でも、一般的には、教員が公教育を担っており、給与が公費から支払われるという点において、公立学校教員を公務員と認識していることが多い。しかし、公務員制度は多様で、実際には公務員の定義も広範にわたる。近年の民営化の加速によって、私法上の雇用契約の下で公務に従事する者も増加しているが、これについても法令上は公務員として扱われる場合がある。

国際労働機関（ILO）と国連教育科学文化機関（UNESCO）による教職員勧告適用合同専門家委員会（CEART）は、教員の雇用形態については複雑で曖昧としながらも、暫定的に、①公務員（civil servant）、②公共事業従事者（public employee）、③民間機関による雇用者（private employee）、の3つに分類している（Ratteree 2015）。

これによれば、公務員と位置づけられる教員は、国等で定められた基準（教員

1　任用とは、日本の公務員法上は、採用、昇任、降任、転任の4種類の人事行為に関する制度とその運用を指す。日本以外については、本章でも触れる通り、公務職の位置づけが多様である。公立学校教員が雇用契約上の職員という扱いである場合は、採用行為は雇用となる。本章では、昇任、降任など詳細まで含めて取り上げていないため、任用、雇用を含め、「採用」と記載する場合がある。
2　国籍は特定の国家の所属員としての資格を指し、当該国民としての法的権利と義務を持つことになる。市民権は、所属する国家内における市民としての資格を指す。国籍と市民権が同義語として用いられることも多く、本章でもそのように扱う。当該国の国籍を有していない場合でも市民としての権利が認められることがあれば、米国領のサモアとスウェイン諸島住民のように、アメリカ国民ではあるが、市民権は持たないというケースもある。
3　本章では、台湾について、便宜上「国」として取り扱い、「諸外国」「各国」として含める場合がある。
4　各国の概要、出典の詳細については、権ほか（2018）。
5　近年では、韓国（2011年）、台湾（2016年）が条件付きの重国籍容認となり、ノルウェーも長年の議論を経て2020年に二重国籍が容認されることになった。
6　Guo（2009）は、オーストラリア、ニューサウスウェールズ州において、海外で教育を受けた教員の公立学校における採用・雇用時および教員経験での課題について取り上げている。雇用時に、制度的、文化的な障壁があるとして、その中で、国籍・永住権という資格についても触れている。

資格、能力、国籍、年齢など）を満たし、国や州、都道府県市町村などの地方行政機関といった公的機関によって雇用・任用される者を指す。任用されるためには、国家試験や採用試験などの競争試験に合格する必要があり、一般的に、基準を満たせば終身雇用となる場合が多い。

　公共事業従事者は、主に、地区、州、市町村レベル、各自治体の教育委員会などの雇用当局によって雇用される者を指す。雇用形態は 1 年ごとの契約更新を含めた契約雇用、補助教員としての雇用、終身雇用の場合もある。終身雇用の場合は、一般に他の公務員とほぼ同等の地位が与えられることが多い。

　民間機関による雇用者は、主として私学が想定されるが、民間組織によって採用され公立学校に雇用されるケースも含まれている。たとえば、同じ公立学校で勤めていたとしても、学校によって雇用される場合と、民間組織で採用され、そこを通して公立学校に派遣される教員が混在することもしばしばである。

　そもそも公立学校の形態も多様化している。よく知られているように、イギリスでは、公立学校の中にも、すべての経費を地方当局が負担する学校や、土地や建物などの一部は設立母体である宗教団体等が所有する学校があるなど、複数の形態が混在する。

　加えて、近年の新自由主義、市場原理の潮流は、諸外国の教育システムに規制緩和や自由化をもたらしており、公立学校の設置形態や雇用形態に影響が及んでいる。アメリカでは 1990 年代に公設民営のチャータースクールが登場し、日本では、2013 年の国家戦略特別区域法により、公立学校の運営を民間に委託することが可能となった。

　規制緩和によって、日本の公立学校での非専任化も進んでおり、小中学校の教員のうち、非正規教員（非常勤講師、臨時的任用教員）の占める割合は、2012 年時で 16.0%[7] であるが、これは年々増加傾向にある。

　欧米のみならず、アフリカ諸国、西・南アジアでも、公共事業コスト削減、教員不足などを背景に、公務員としての位置づけから、契約雇用へと切り替えが行われ、契約教員の比率が高まり、世界各地において、ひとつの学校の中に複数の雇用形態が混在する状況となっている（Ratteree 2015）。

　このような複雑な状況であるが、本章では、公務員を、国、地方自治体、国際機関等で公務に従事する者、およびその身分や職の総称とし、公立学校を公費によって運営される学校と見なすこととする。教員の職や、地方公務員にあたるか公共事業従業者にあたるかという定義等は、必ずしも各国の関連法令等に明確に規定されているとはいえない場合もあり、その場合は実例をもとに紹介するにと

どめている。また、連邦制国家の場合は、教育に関する行政は各州に委ねられていることもあるため、このような場合は一部の州を事例として取り上げることとした。

2　国籍要件の要否状況

14 か国についての国籍要件の要否状況について、1）国籍要件有り、2）なんらかの制約や条件付きで国籍要件有り、3）国籍要件無し、の順に見ていこう。表 1 は、別表 1 をさらに簡略化し、国籍要件のみを示したものである。

（1）国籍要件がある国

中国、韓国は、公立学校の教員には当該国籍が必要である。また、フィリピンについては、終身職公務員となるためには国籍要件がある。

中国

中国では、公立学校教員は、公務員ではなく契約任期制に基づく準公務員として扱われる。1994 年に施行された「中華人民共和国教師法（教師法）」によって、1949 年以来続いていた終身雇用制が廃止され、契約任用制度（招聘制）がとられるようになり、従来の任命制ではなく、学校ごとの採用が行われるようになった。待遇等は国家公務員に準ずる。

「教師法」には教員の資格要件として、「中国公民」であることが記載されている。また、管理職については「中華人民共和国教育法（教育法）」に、「学校及びその他の教育機関の校長又は主たる管理責任者は中華人民共和国の国籍を持ち、中国国内に居住し、国家が規定する職務要件を持つ者が担当しなければならず、その任免は国家の関係規定に従って行う」と定められている。つまり、中国では、教員は公務員ではないものの、一般職も管理職も明確に国籍要件が置かれているということになる。

中国の公教育は、「教育法」に掲げられている通り、社会主義国家としての政治体制を厳格に維持していく基礎となるものであり、愛国主義に基づく、中華民族の歴史的文化的伝統の継承をその目的としている。教員には「社会主義事業の

7　文部科学省「非正規教員の任用状況について」（「公立義務教育諸学校の学級規模及び教職員配置の適正化に関する検討会議」第 14 回、2012 年 6 月 19 日配布資料、文科省ホームページ）。

建設者と後継者を育成し、民族の資質を高める使命（教師法）」が求められている。

　2019年1月より、中国では、台湾、香港、マカオ出身者に対して、中華人民共和国の憲法と法律を遵守し、社会主義教育を守ることなどを条件に小中学校教員の資格試験受験を認め、任用可とすること、また、すでに教員資格を有していれば幼稚園から高校までの教員資格を申請できるとした。マカオ、香港、台湾を中華人民共和国の一部とする中国の立場から、教員の国籍はあくまでも中国公民に限っているという点で、ここでは、国籍要件有りとして分類している。

　この他、外国語教育のために、学校が外国籍教員を招聘しているが、こちらはあくまでも非正規の取り扱いである。小中高等で教える外国籍の非正規教員はすでに相当数おり、語学学校や大学などを含めると、数十万人はいると見られている。しかし、就労ビザや、教員に必要な学歴や経験などを問うこともなく採用さ

表1　各国の教員採用における国籍要件の有無

国名／地域	国籍・市民権要件の有無 △は条件・制約等有り	条件や制約について
中国	有	「一つの中国」のもと、香港、マカオ、台湾出身者に教員資格試験受験と小中校での任用を許可。
韓国	有	
フィリピン	有	
フランス	△	フランス国籍、またはEU加盟国、EEA加盟国、アンドラ公国、スイス、のいずれかの国籍が必要。
ドイツ	△	ドイツ国籍、またはEU加盟国、EEA加盟国、スイス、のいずれかの国籍が必要。それ以外の者は、官吏でなく、職員として雇用。
南アフリカ	△	南アフリカ国籍あるいは永住権保持者で不足の場合に限り、外国籍者の任用が可能。
アメリカ	△	州により条件が異なる。
オーストラリア	△	州により条件が異なる。
シンガポール	無	
フィンランド	無	
ノルウェー	無	
イギリス	無	
カナダ	無	
台湾	無	
日本	△	一部自治体を除き、外国籍保持者は「任用の期限を附さない常勤講師」として条件付き採用。管理職には日本国籍が必要。

れている状況などが問題視されるようになり、今後は、一定の教育スキルや資質や中国の法律の遵守、適切な就労ビザの保持などを、外国籍教員に求めていくことが検討されている[9]。

韓国

　韓国では、公立学校教員は国家公務員（特定職公務員）であることが、「国家公務員法」により定められている。また、憲法によって、国家公務員である公立学校教員の任用には韓国籍が必要となる。

　それ以外の教育公務員の資格や任用については「教育公務員法」で規定され、各校に配置する教員の任命権者は韓国政府教育部長官だが、教職員の採用・配置等、人事権は広域市・道教育庁の所管事項とされている。ただし、国籍要件が伴わない臨時的任用教員、非正規職員、外部講師については学校の裁量で採用可能である。教員免許自体は外国人でも取得可能である。しかし、難関の採用試験を合格したとしても、韓国籍がなければ任用されない。

　韓国では、国家公務員法、地方公務員法の改定により、国家安保及び保安・秘密に関する分野を除いて、例外的に外国人や重国籍者を任用できるようなっている。また、大学教員については、国際化を目的に 1999 年から外国人を任用することが可能となった[10]。しかし、公立の初等・中等学校では国際化、特に英語教育のためとして、「原語民教師」と呼ばれるネイティブスピーカー教師、あるいは、革新都市[11]の学校で、「教育課程運営に必要な」外国人教員を、契約講師として任用することが制度的に認められているにとどまる。

　韓国は、日本と同様、単一民族主義のイデオロギーによって国家統一を強く維持し、概して外国人や他者に対しては排外的であった歴史がある。しかし、2000年以降は、グローバル化や少子高齢化を背景に、次第に多文化社会を目指すようになっており、「多文化相生」のキャッチフレーズのもと、政府や非営利団体、地域住民レベルで、外国人労働者や移住者受け入れのための施策が検討・実施されてきた。2005 年には永住権取得後、3 年以上居住した外国人に地方参政権の付

8　中華人民共和国教育部ホームページ「香港・マカオ・台湾居住者の大陸における小中学校教師資格申請に関する事項についての通知」2019 年 1 月 18 日。
9　「中国、教育部など 4 当局が共同で外国籍教員の招聘・管理弁法を発表」『人民網日本語版』2020 年 7 月 24 日付。
10　教育公務員法第 10 条第 2 項。
11　革新都市とは、ソウルに集中する都市機能や人口を分散できるよう公共機関を移転させ、首都圏と世宗市を除く全国の広域自治体に 1 つずつ建設される都市をいう。

与、2010 年の国籍法改正による条件付きの重国籍の容認、さらに国家安保及び保安・秘密に関する分野以外で公務員としての外国人および重国籍者任用など、制限が緩和されつつある[12]。

　2009 年には、教育部は「多文化家族の生徒のエンパワメントのための教育支援法」において、「二重言語教育制度」を導入し、増加する多文化的背景を持つ子どもたちに対して、出身国の母語維持のための教育を開始した。この教育の担い手としては、国際結婚による韓国への移住者など、多文化的背景のある高学歴の女性を講師として採用しているが、こちらもやはり非正規の雇用である。

フィリピン

　フィリピンでは、教員は国家公務員にあたる。国家公務員には、任期のない終身職公務員と、任期付きの非終身職公務員があり、前者にはフィリピン国籍が必要であるが、後者については、永住権と適切な労働許可を保持していれば採用されることがある。

　教員になるためには、教員免許試験を受験する必要があり、この受験資格としては、18 歳以上のフィリピン市民権保持者であることが定められている。こうしてみれば、任期付きの非終身職というのは、非正規としての雇用とみなすことが妥当であると考えられるため、国籍要件有りと分類した。

　教育省より、各学校に人事権の一部を含む行政機能が委譲されており、任命権は教育省にあるが、採用は学校ごとに行う。

　フィリピンは長期に渡って、スペイン、アメリカ、日本、という複数の外国による統治下に置かれてきた歴史がある。戦後、東南アジアでは、植民地支配からの解放を目指す闘いとナショナリズムが表裏一体となり、国民国家形成の基盤となっていたが、フィリピンでは、やや遅れた 1950 年初めに反米ナショナリズムとして出現し、その後 60 年代にはナショナリズムが国家政策の柱となった。フィリピン共和国憲法にも「愛国心とナショナリズム」というフレーズが散見され、教育に関する法を定めた条項の中には、すべての教育機関において「愛国心とナショナリズムを説き聞かせる」よう記載されている[13]。

　しかしながら、先進国における教員不足を補うために、フィリピン人教員が海外に大量に流出するため、国内での優秀な教員の確保に問題が生じている。給与改善の方策や、教員養成課程において、教員志望の学生たちに自国の教育の重要性を訴えるが、よりよい待遇を求めて海外に流出する状況を食い止めるには至っていない。

（2）条件・制約付きで国籍要件がある国

　フランス、ドイツ、南アフリカでは、原則として自国の国籍が必要だが、制約付きで当該国以外の者が採用可能である。アメリカ合衆国およびオーストラリアについては、一部、国籍を要件とする州がある。

フランス、ドイツ

　フランスでは教員は国家公務員で、競争試験による採用が原則であり、大学区ごとに審査委員会が設置され、採用が行われる。

　連邦制国家であるドイツでは、教員は原則的には州の公務員（地方法務員）である。ドイツでは公務員が、公権力の行使に携わる公務員（官吏）[14] と、私法上の雇用関係にある雇用者または、公務職員に区別されており、一般的に、教員は、旧西ドイツ諸州では公務員、旧東ドイツ諸州では公務職員とされている。

　官吏には、ドイツ国籍、欧州連合（EU）および欧州経済領域（EEA）の国籍が必要であるため、これらの国以外の者が教員になる場合は、私法上の雇用契約に基づく公務職員としての採用になる。ドイツの教員の法的地位は、各州の公務員法によって規定されている。教員の選考についても、原則として州の教育省、または州学務局が行う。

　フランスや、ドイツの官吏教員としての採用の場合は、原則は自国の国籍を有することが必要であるが、国際協定のある国の国籍保持者に限り、その任用が認められている。具体的には、EU 加盟国であるフランスとドイツは、協定に基づき、EU 市民および EEA 加盟国の国籍保持者も任用可能である。

　EEA とは、EU に、欧州自由貿易連合（EFTA）加盟国のノルウェー、アイスランド、リヒテンシュタインの 3 カ国を含めた共同市場で、基本的に EU の法規制に準じている。また、スイスは EEA には加盟していないものの、EU との協定により、人の移動が認められている。そのため、ドイツ、フランスの両国では、この 4 カ国の国籍保持者についても、国家公務員ないし官吏としての教員の任用が

12　国家公務員法第 26 条 3、地方公務員法第 25 条第 2 項。
13　フィリピン共和国憲法第 14 章第 3 節第 2 項。
14　官吏とは、一般に公法上の任命行為によって国や州等の官公庁の国家事務・公務に従事するものを指す。一般的には、公権力や公務の行使を託されたものを官吏と見なすが、国などによってその範囲が異なるため、本章では他国についてはこの用語を使用していない。ドイツについては、公共部門の職員が制度上、明確に官吏（Beamte）と雇用者（Angestellte）とに区分されているため、この用語を用いている。

可能である。さらに、フランスではアンドラ公国の国籍保持者にも公務就労の権利を認めている。

南アフリカ

南アフリカ共和国の教員は地方公務員であり、南アフリカ市民権または永住権が必要である。ただし、当該職に市民権・永住権保有者を持って充足できない場合に限り、外国人を雇用できる。

南アフリカ国内における移民教員の実態調査によれば、2010年時点で、公立初等中等教育機関に約1300人の外国籍教員が在籍し、臨時教員、また任用の期限のない教員として採用されており、校長や教頭などの管理職にも就いている（Keevyほか2014）。

先のフィリピン同様、南アフリカでも、自国での教員の流出が大きな問題である。教員不足の穴を埋めるのは、周辺の国ぐにからの移民教員で、特に隣国ジンバブエからが多い。

アメリカ

連邦国家であるアメリカ合衆国では、教育は州の権限であり、教員免許取得要件や資格も州が設定し、採用・雇用は主として各学区の教育委員会が行う。

一般的には、公立学校教員は州に雇用される地方公務員として認識されているものの、実はその解釈は曖昧で、公務員と位置づけるのか、漠然とした意味で公務にあたる職員と見なすか、あるいはそのどちらでもないとするかが州により異なる。

市民権要件についても、州によって異なる上、流動的でもある。そのため、全米の教員採用情報についてのウェブサイトや、各州の教育省のホームページでは、常に最新の情報を確認するよう注意が記載されている。

たとえば、ペンシルバニア州では、2020年現在、公立学校教員に市民権要件が置かれている。ただし、永住権保持者については、将来的に市民権を取得する意思があることを示す書類を提出することで教員免許状が発行される。一方、カリフォルニア州では、公立学校の教員になるためには、州の合法的居住者であることが要件で、市民権の有無は問われない。

市民権要件を撤廃あるいは緩和した州もある。かつて、ニューヨーク州では、教員免許取得のためには、永住権保持者は5年以内に[15]、イリノイ州では6年以内に、市民権を取得する必要があった。ペンシルバニア州と類似するケースである。

　しかし、2000 年以降、法改定が行われ、現在では、ニューヨーク州では終身・専門・教育助手レベル III の 3 種の免許において、永住権保持者にも教員免許申請資格を認める他[16]、これより下位・初級段階の免許には市民権要件を課していない。イリノイ州でも 2003 年に法律の改定が行われ、教員・職員の採用において永住者に課していた一定期限内の市民権取得条件が緩和された[17]。

　公立学校教員の外国籍者任用に関する判例には、1979 年のニューヨーク州の最高裁判決、Ambach v. Norwick[18] がある。この裁判は、アメリカ永住権を保持する 2 名が、ニューヨーク州法の市民権要件を満たしていないという理由で教員免許状の申請を拒否されたことを巡って争われたものである。2 名は同州が定めた教員免許取得のためのその他の要件は全て満たしていた。

　原審のニューヨーク地方裁判所は、州法が外国人を差別しており平等保護条項を侵害するとしたが、最高裁では州法を合憲とした。最高裁判決によると、州の教育目的は、生徒に公民的道徳と公民的理解を育成することであり、その責任を持つ教員の役割は、「政治的機能の原則」つまり、「広範な公的政策の形成、執行、審査に関わる公務員の地位で、重要な、選挙によらない行政、立法および司法に関する地位」に含まれるものであり、したがって、州が外国人であることに基づいて米国市民と区別することは、平等保護条約に反しないとした。

　しかし、ニューヨーク州ではその後、2002 年に州法改正により、永住権保持者およびそれ以外の外国籍者に門戸を開いた。法改定を前に、当時の市の教育長は、「よい教員であるために、市民権の有無が基準である必要はない[19]」と述べ、適切な資格を持つ外国籍の教員を任用することへの積極的な姿勢を見せたが、このことから緩和の背景に教員不足があったことがうかがわれる。

　管理職については、資格・要件は州ごとに定められており、州の教育長職について例に挙げると、2007 年時点においては、12 州については市民権要件があるが、それ以外では必要とされていない（Colasanti 2007[20]）。

15　EDN. LAW § 3001 : NY Code − Section 3001.
16　2012 年、オバマ政権時代に導入された「若年移民に対する国外強制退去の延期措置（DACA）」該当者も含む。
17　HB3587, PA98-572 Signed 8/20/03, Effective January 1, 2004.
18　Ambach v. Norwick, 441 U.S.69, 99 S. Ct.1589 (1979). 2 名のうち 1 名は臨時免許状を保持していたが、1975 年に更新申請を行った際、拒否された。更新前の免許状がなぜ取得可能であったかは不明。
19　Lombardi, Frank, *Daily News*, "Teacher Citizen Rule Hit," 2002 年 4 月 12 日付。
20　12 州は以下の通り。アリゾナ、カリフォルニア、ジョージア、アイダホ、ミズーリ、ノースダコタ、オクラホマ、オレゴン、テキサス、ワシントン、ウィスコンシン、ワイオミング。

オーストラリア

オーストラリアでも教育は州の権限下にあり、州により教育制度や教員採用の条件が異なる。ヴィクトリア州を始め、ほとんどの州では教員採用の資格に国籍条件は見当たらない。しかし、ニューサウスウェールズ州および北部準州では、終身雇用の場合、オーストラリア国籍あるいは永住権を要件としている。

オーストラリアとニュージーランドは、経済緊密化協定（CER）を締結しており、これにより二国間での就労や滞在の自由が認められている。そのため、たとえば、ヴィクトリア州では、州政府職員の資格要件として、オーストラリア国民、永住者に加え、ニュージーランド国籍保持者も認めている。ただし、すべての州の公共セクターで同様であるとはいえない。

教員の雇用形態には、一般的に、終身、期限付き、臨時などの別があり、本人選択制であるが、若い教員では任期付きとなる場合が多い。教員免許制度はなく、大学等の教員養成機関で取得する教員資格が必要である。海外で取得した教員免許状は、建前としては、英語力の基準を満たし、要求される試験に合格すれば有効だが、それだけでは採用されにくいため、実際には現地の大学や大学院のコースを修了し、州の教員資格と公立校教員の登録ナンバーを取得することが多いという。

州によっては、海外で得た教育資格や教育経験の審査に時間がかかる、それらを読み替えてもらえないなど、手続きが煩雑で困難であることも指摘されている。外国籍教員が、ヴィクトリア州ではすでに教員として登録し雇用されていたにもかかわらず、ニューサウスウェールズ州では再登録が必要となるなど、特定の州の制度あるいは州による違いが、十分な資格や実績を持つ教員の採用の障害となっているという批判もある（Guo 200）。

なお、例えばヴィクトリア州では、管理職についてもオーストラリア国籍は要件ではない。だが、実際に外国籍保持者で管理職になっているのは、ホスト国であるオーストラリアと、出身国の国籍の重国籍を持つケースが多いという。

（3）国籍要件のない国

シンガポール、ノルウェー、フィンランド、イギリス、カナダ、台湾については、公立学校教員の採用・雇用に国籍要件はない。

シンガポール、フィンランド、ノルウェー

シンガポールでは教員は国家公務員である。国家公務員のうち、国益に関わる意思決定権限のある職、外交、国家の安全に関わる職については、シンガポール

国籍が求められるが、それ以外は、国籍も年齢も問われない能力主義が取られている。公立学校教員は国益に関わる意思決定権限のある職にあたらないため、任用に際して国籍要件はない。ただし、教職プログラム所属中に教育省が支給する奨学金の対象者については、シンガポール市民または市民権取得の意思のあるシンガポール永住者に限定されている[21]。都市国家であるシンガポールでは、地方自治体は存在せず、教員採用、任命権など人事全般は、教育省が直接管理する[22]。

　フィンランドの教員は地方公務員の扱いである。法務大臣や各省の局長レベル以上の公務員、外交など、公務員法で定められた一部公務職ではフィンランド国籍が必要であるものの、教職を含むその他の公職には国籍要件はない。地方自治体が任命権をもち、採用は学校ごとに行われる。英語、スウェーデン語などの外国語や宗教学の教員、クラス担任として、外国籍教員が勤務している実例も認められる。

　1989 年以前は、一部例外を除いては公務就任に国籍要件があり、高校以下の学校では、外国語教員以外はフィンランド国民でなくてはならなかった。ところが、1989 年の憲法改正以降段階的に変化し、現在のように国籍を要件とすることが例外的となった（近藤 2019）。背景には、フィンランドが 1970 年から移民の受け入れを始め、80 年代後半から移民が急増して、移民国家へと変容したことがあるだろう。

　ノルウェーもフィンランドと同時期に移民の受け入れが進んだ。警察、法曹、軍人など、公権力の行使を伴う公務職についてはノルウェー国籍が必要であるが、教員はこれにあたらない地方公務員として位置づけられており、国籍要件はない。教員採用においては、養成課程で定められた所定の単位数を満たすことが必要で、外国の教員養成課程を出ている場合は、政府の資格管理庁で認定を受ける必要がある。管理職登用には、それに加えて経験やその他の資格取得などが重視される。採用は学校単位で行われ、雇用主は地方自治体となる。

イギリス、カナダ

　イギリスおよびカナダにおいては、国家や連邦レベルの一部公務職は、自国民に限っている。ただし、イギリスの場合は旧植民地である英連邦諸国出身者とアイルランド国民にも公務就任権を認めている。いずれの国でもその他の多くの公務職は外国籍者にも開放しており、教員の採用に際しても国籍は問われない。

21　シンガポール教育省ホームページ。
22　Public Sector (Governance) Act 2018.

イギリスでは、教員は統計上等で「地方自治体職員」と分類される。イギリスの公立学校（State School）は、地方当局が設置・維持する公立学校（community school）、経費などは地方当局負担であるが、設置母体と運営に自由度がある運営地方補助学校（foundation school）や有志団体立学校（voluntary school）、そしてアカデミーやフリースクールなど、公営であるが非営利団体などによって設立・運営される学校[23]等、多様な設置運営形態があり、雇用者も学校種によって異なる。地方当局が教員の任命者となる学校もあれば、アカデミーなどは学校が雇用者となる（文部科学省 2013）。いずれも、イギリスの教員資格を保持しており就労資格があれば、外国籍であっても公立学校の正規教員として採用される。

カナダでは各州の教育省が教育権をもち、州法で資格や要件を定めている。どの州においてもカナダの教員免許があれば、国籍に関わらず教員として採用される。採用は地域の教育委員会が行い、教員は教育委員会の職員のような位置づけである。日々雇用、有期雇用、無期雇用など、雇用形態や身分は多様である。

カナダ以外で教員資格を取得した移民出身者に対しては、たとえばオンタリオ州では、出身国等での資格や教職経験を認定し、州の教員資格を付与する海外出身教員制度を設けている。また、州内のいくつかの大学の教員養成系学部では、定員の一部を海外出身教員の入学希望者に充てることができる制度を持っている。この他にも、ほとんどの州で外国で教育を受けた教員の積極的募集や情報提供が行われている。

台湾

台湾では公立学校教員は公務員ではない。公務員は中華民国の国籍を要するが、教員任用を規定する「教員人員任用条例」に国籍要件はない。

以前は、教員は国家公務員としての身分を有し、教員養成の段階から学費や生活費の免除、任用後は所得税免除や充実した年金制度など、かなりの優遇措置の恩恵を受けていた。ところが、経済不況や就職難により批判が増し、1994年には師範教育法の改正、1995年には教師法が制定されるなど、教員養成や教員の身分などの見直しが行われた。

国家公務員ではなくなったものの、準公務員のような身分を有しており、職業軍人や公務員と同様に、年金制度などで優遇措置があるため、一般的にも教員は公職にあると認識されている[24]。

外国籍者は永住権をもっていても退職金制度等の適応外であったため、外国語担当を除いては、教員になることは想定されてこなかった。しかし、2017年に

は「外国人専門人材の招聘及び雇用法」が可決（2018 年施行）され、永住権をも
つ外国人専用人材（外国語の教員免許を持つ教員含む）や公立学校に雇用される現
職の専任教員について、台湾人と同等の退職金制度が適用されることになった。
　また、2016 年 12 月の国籍法改正によって「高度な専門能力」をもつ外国籍者に
ついては、元の国籍を喪失することなく中華民国に帰化することが可能となる
など、規制緩和が進んでいる。

　以上、国籍が採用要件として定められていない国においては、その他の条件や
資格を満たし、永住権や就労ビザなどを保持していれば、外国籍であっても採
用は制度上可能である。ただし、当該国で教育を受けていない外国籍者であれば、
必要な教員養成課程の修了、決められた採用試験に合格するなど、それぞれに求
められる条件をクリアし、さらに当該国・地域の言語に熟達し、文化等にも精通
していることが求められることから、実際には外国籍の者が教員になることはた
やすいことではない。

3　諸外国の状況と日本の位置づけ

（1）諸外国のまとめ
　調査対象国の状況をまとめてみると、なんらかの国籍要件があるのは、①中国、
韓国、フィリピン（自国籍保持者のみ）、②フランス、ドイツ（EU/EEA 市民など国際
的共同体構成員は容認）、③南アフリカ（ただし、永住者も国民と同等の扱い）、④アメ
リカの一部州（例えば、ペンシルバニア州は永住権があってもアメリカ市民になる意思
の確認要求がある）、⑤オーストラリアの一部州（ただし、永住者も国民と同等の扱い）、
⑥日本（外国籍者は〈常勤講師〉として任用可）と分類される。
　一方、国籍要件がないのは、シンガポール、ノルウェー、フィンランド、イギ
リス、カナダ、台湾である。これらの国では、公務就任全般について、国籍要件
を課す職を、国家、連邦レベルにおける統治機構の長など直接的な公権力行使、

23　アカデミーは公営独立学校とも呼ばれる。地方当局ではなく国から直接補助金を受けるが、人
　　事や雇用などの管理運営、カリキュラムなどは、学校ごとに自由裁量が認められている。フリー
　　スクールは 2011 年から新設されるようになった公立民営学校で、保護者や教員、その他有志
　　が教育省に設置申請・審査を受けた後、国から補助金を得て運営されるものである。フリー
　　スクールもアカデミーの一種といえる。2010 年の教育改革以降、地方教育行政の管轄下にあった
　　公立学校のアカデミー化が進んでいる。
24　2018 年の年金改革法案によって、軍人、公務員、教職員に適用されていた退職金優遇利率が
　　段階的に廃止されることとなった。

またはその意思決定を行う公職に限定し、その他の分野についてはその制約範囲から除外している。

　私たちの調査の対象国は限定されているが、公立学校における教員の国籍要件の要否状況は、公務就任権に限らず、移民をどのように受け入れるのか、取り扱うのか、という各国の移民政策と強い相関関係があることがうかがわれる。

　本章末の別表1に示した、各国の出生における国籍取得、重国籍の容認、外国人参政権、外国人の公務就任についての状況は、移民受け入れ体制の目安になるだろう。前述したとおり、国籍取得が生地主義によるものであれば、日本のように何代にも渡って外国籍者のまま居住するということは起こらない。また近年では国際結婚や国際移住により複数の国籍を持つ状況が増しており、それに伴って、各国でもこれを容認する傾向が見られる。対象国のうち、重国籍を限定的であっても認めていないのは、いまでは日本と中国のみである。

　永住者がどの程度の権利を与えられているかについては、別表には含めなかった。なぜなら、今回の調査対象国については、南アフリカ、アメリカおよびオーストラリア一部州を除いては、永住権の有無が教員採用における国籍要件の要否と直接関係しなかったためである。つまり、国籍要件のない国では適切な就労ビザさえあれば認められるのであり、永住権の有無も問われないからである。

　また、別表には記載していないが、旧宗主国の旧植民地出身者の取り扱いについても留意が必要である。旧宗主国であるイギリスでは、旧植民地出身者である英連邦諸国やアイルランド国民に、国民同等の公務就任権を認めており、フランスでは、旧植民地出身者がフランスに居住し続ける際、フランス国籍の保持が認められている。またドイツの場合は、一時期ドイツに併合されたオーストリア人が、独立後もドイツに住み続ける場合に、事実上の国籍選択権が認められていた（近藤 2019）。ところが、日本の場合は、サンフランシスコ平和条約発効に伴い、旧植民地出身者の日本国籍を一方的に離脱させ、その後も諸権利の保障を否定してきた。このように、フランス、ドイツ、日本は、国籍要件を条件・制限付きで課す国として分類してはいるが、その社会的状況は同質とはいえないことに留意が必要である。

（2）移民統合政策指数と国籍要件

　別表にある情報は断片的に過ぎないため、より詳細かつ正確な各国の移民政策状況を基に作成された、移民統合政策指数（MIPEX）を参照し、本調査で得た国籍要件の要否状況と比較してみることとする。

　各国の移民の社会参加や受入状況を示すこの国際比較調査では、EU 諸国、OECD 諸国を中心に、52 か国について、8 領域（労働市場、家族呼び寄せ、教育、保健、政治参加、永住許可、国籍取得、反差別）に複数の政策指数を設け、定量分析による測定をおこなっている。[25] 各領域中では、①基本的権利（移民が国民同等の権利を享受できるか）、②機会均等（移民が国民同等の機会を享受できるか）、③安全な未来（移民が長期的に安心して定住できるか）、の 3 側面について評価される。

　そして、各領域の指標のスコアに基づき、各国を移民統合についての 4 つのアプローチ、①包括的統合（移民に対する平等な権利、機会、安全の保障）、②書類上での平等（平等な権利と安全は享受するが、平等な機会がない）、③一時的統合（基本的権利と機会均等は享受するが、安全保障は平等ではない）、④統合拒否（たとえ定住できても、基本的権利と機会均等が拒否される状態）、に分類している。

　2019 年の各国の状況をまとめた MIPEX2020 には、本章で取り上げた 14 か国のうち、11 か国が含まれており、これを総合順位（100 点満点中のスコア）で並べたものが表 2 である。

表 2　移民統合政策指数 総合評価　2020 年（52 カ国中）

順位		総合評価	労働市場	家族結合	教育	保健	政治参加	永住許可	国籍取得	差別禁止
2	フィンランド	85	91	67	88	67	95	96	74	100
4	カナダ	80	76	88	86	73	50	77	88	100
6	アメリカ	73	69	62	86	79	40	63	88	97
8	ノルウェー	69	85	58	71	75	80	71	50	65
9	オーストラリア	65	37	68	79	79	65	46	76	65
14	ドイツ	58	81	42	55	63	60	54	42	70
18	韓国	56	65	54	72	40	65	60	44	51
18	フランス	56	52	43	36	65	45	58	70	79
18	イギリス	56	48	29	40	75	45	58	61	94
34	日本	47	59	62	33	65	30	63	47	16
49	中国	32	44	56	7	25	0	54	50	19

出典：「MIPEX2020」より本章で取り扱った国を選択し作成。

25　公立学校教員の国籍に関してという個別事項ではないが、公務就労一般に関しては、「労働市場」分野を評価する 9 指標のうちの 1 つとして含まれている。

　フィンランド、カナダ、アメリカ、オーストラリア、ノルウェーは移民統合政策において、上位に位置づけられ、移民への基本的権利、機会均等、安全の保障のすべての側面において、包括的統合アプローチが取られていると評価されている。

　ドイツ、フランス、イギリスは、平均値よりも上ではあるが、MIPEXでは移民政策において「一時的な統合」として分類され、非EU市民に対する規制状況が問題として指摘されている。教員採用においても、EU市民やその他関係国にのみ門戸を開いている点で、MIPEXで示される評価の通りである。

　韓国はフランスやイギリスと総合評価では同位であるが、2014年（MIPEX2015）の調査時より上位に変移している。ただ、包括的なアプローチが推進されているものの、3側面についての政策の具体化については道半ばであると評されている。

　日本と中国は、総合評価が平均以下である。中国の現在の移民政策は、統合を拒否するものであり、一部の移民は長期的に定住できるとしても基本的権利や社会参加への機会均等が非常に弱いと評価されている。

　日本は中国よりは上位にあるが、「統合なき移民政策」の段階にとどまり、その政策が「依然として基本的権利と新規参入者への機会均等を否定している」と評価されている。具体的には、全体として永住者の地位や権利は保障されているが、労働市場においては国民同等の機会が不足していること、教育面での多文化への配慮や支援がまだ少ないこと、政治参加の機会が低いこと、重国籍が認められていないこと、移民への差別禁止の政策がないこと、新規移住者が永住権を取得するために必要な期間が10年と長いことなどが指摘されている。

　残念ながら、フィリピン、シンガポール、南アフリカ、台湾はMIPEX2020の対象外であり、また、本調査で取り上げた国は非常に限定的ではあるが、各国の移民統合政策状況は、公立学校教員採用における要否状況に深く影響することが類推される。

（3）国籍要件を課す理由

　日本の場合、第4章でも詳しく論じられたとおり、公務員に関する「当然の法理」が及ぶとされる地方公務員職には、日本国籍が必要であり、学校の校務の運営に参画（＝公の意思形成への参画）する教諭職にもこれが適用されてきた。したがって、日本国籍所有者でなければ、日本人教員と同等に教員免許状を取得し、教員採用選考試験を通過しても、ほとんどの自治体では、「常に教務主任や学年主任等の主任の指導・助言を受けながら補助的に関与するにとどまる」常勤講師としてしか任用されない。

　国籍要件を置かない国ぐにの多くでは、教員職は公権力の行使に当たらない公務職とみなされている。だだし、くり返しになるが、「外国籍者」とは、主として移民の1世の定住者であったり、短期定住者であることが想定されているため、当該国の教員資格に関する課程や試験要件に加え、言語能力、文化・社会の理解が求められ、これらをクリアして職を得るのはやすいことではない。しかし、定められた基準を満たし教員として採用されれば、国籍によって差別が生じることは少なくとも制度的にはない。

　国籍要件を置く国ぐにがいかなる理由で制限を設けているのかを示す具体的根拠資料については、今回の調査では把握しきれていない。日本においても、そうした根拠が法規定ではなく、政府見解として示されているだけに過ぎないが、各国においても確認が困難であった。

　もっとも、かつては各国が当然のように公立学校教員を自国民と自明視してきた背景には、近代公教育制度が、その成立と継続の中で「国民教育」の装置として機能してきたことも関係しているだろう。公教育は、近代啓蒙思想により、理性や普遍的真理を追求し、人間が自由かつ平等な存在となることを公的に保障すべきという理念を有する。だが、同時にそれは近代的国民国家の形成期と伴って、各国で標準化された国語の制定、国旗の掲揚、国歌の斉唱、国民統合のための文化継承と同質アイデンティティの育成という、国民教育の役割を負ってきた。その中で、国民教育の担い手は当然自国民に限るという観念が形成され、維持されてきたと推察される。

　しかし、グローバル化が進展する21世紀においては、人、モノ、情報などの移動と国際的相互作用が増加し、グローバル社会に対応できる教育への要望も高まってきた。ニューヨーク州やイリノイ州のように、教員不足という問題を発端にして、あるいはフィンランドのように、多民族国家への移行の過程で、国籍要件が緩和された事例があるが、これらもグローバル化の影響を受けての変化と見ることができるだろう。換言すれば、教員は自国民と自明視する、もしくは制約する理由は普遍的でも永続的でもなく、その合理性について状況に応じて検討された例であるともいえる。

おわりに

　今回の調査では対象が限られているため、諸外国の状況を把握できたとはとうていいえない。また、国籍要件の根拠についても十分確認できていないという限

界がある。しかし、外国籍教員の受入状況に関して、少なくともいくつかのパターンを抽出し、それが、移民をどのように受け入れるかという各国の姿勢と強く関係していることが見いだせた。

　日本については、各国の状況との比較の中では、全く閉鎖的ではないものの、MIPEX によって、自国民以外への基本的権利や機会均等の保障が「中途半端」であり、「国民が移民を隣人ではなく部下と見なすことを奨励する」政策であると指摘されている。留学生含め、外国籍の者を教員として任用を可とする日本の制度については一部の国より開放的と認められる。しかし、あくまで〈常勤講師〉としての任用にとどまる状況は、日本の移民に対する政策を如実に物語っている。

　各国の現在のパターンが今後どのように変化するのかの予測は困難である。しかし、グローバル化や新自由主義の浸透とともに、多くの国で教育の民営化や教員の非専任化が進行し、教員不足も相まって教員の移動が諸外国でくり広げられ、内側からも外側からも、長年維持してきた公立学校教員像が打ち壊されつつある。

　グローバル化と同時に強まる排外主義やナショナリズムの台頭や格差問題などに加え、2020 年は予想もしなかったパンデミックによる人の移動の停止、そしてインターネットによる、国境を超えた新たな公共圏が急速に構成されることも目撃した。

　このような不確定要素ゆえ、外国籍教員の採用状況への変化を単純に予見するものではないが、少なくとも大きな転換期にあるには違いなく、各国の状況を見守っていきたい。

〈参考文献〉

Aleinikoff, Alexander T. & Douglas Klusmeyer (eds.), 2001, *Citizenship Today: Global Perspective and Practice,* Carnegie Endowment for International Peace.

American Federation of Teachers, 2009, *Importing Educators: Causes and Consequences of International Teacher Recruitment.*

Bartlett, Lora, 2014, *Migrant Teachers: How American Schools Import Labor,* Harvard University Press.

Caravatti, Marie-Louise, Shannon McLeod Lederer, Allison Lupico, & Nancy van Meter, 2014, *Getting Teacher Migration & Mobility Right,* Education International.

Colasanti Michael, 2007, State Notes (Governance State Boards/Chiefs/Agencies), "Qualifications for Chief State School Officers," Education Commission of the States, February.

De Villiers, Rian, & Zenzele Weda, 2017, "Zimbabwean teachers in South Africa: A Transient Greener Pasture," *South African Journal of Education,* 37 (3), pp. 1-9.

Department of Education, Province of Kwazulu-Natal, HRM Circular No.21 of 2018, "Policy on the Recruitment and Selection of Public Service Employees."

Dunn, Alyssa H., 2013, *Teachers Without Borders? The Hidden Consequences of International Teachers in U.S. Schools,* Teachers College Press.

Guo, Wei, 2009, "Overseas Trained Teachers and Employment Strategies: A Multi-Method Study of Teacher Recruitment Issues in Australia." PhD diss. University of Western Sydony.

Ingersoll, Richard, 2007, *A Comparative Study of Teacher Preparation and Qualifications in Six Nations,* Consortium for Policy Research in Education (CPRE).

人事院（2017）『諸外国の国家公務員制度の概要』平成 30 年 4 月

Keevy, James, Whitfield Green & Sadhana Manik, 2014, "The Status of Migrant Teachers in South Africa, Implications for Policy, Research, Practice," *The South African Qualifications Authority.*

小林純子（2012）「フランスにおける教員養成制度と現職教員の役割」『教員養成カリキュラムにおける現職教員の役割に関する国際比較研究プロジェクト報告書』東京学芸大学教員養成カリキュラム開発研究センター

国立教育政策研究所（2015）『諸外国の教員数の算定方式に関する調査報告書』2015 年 3 月

近藤敦（2001）『外国人の人権と市民権』明石書店

近藤敦（2019）『多文化共生と人権　諸外国の「移民」と日本の「外国人」』明石書店

公務員制度研究会編（2000）『諸外国公務員制度の展開』良書普及会

権瞳、広瀬義徳、中島智子、李月順、薮田直子、たてなほこ、北山夕華、棚田洋平、呉永鎬、金侖貞（2018）「第 3 部　第 2 章　各国における外国籍教員任用・雇用」『グローバル化時代における各国公立学校の外国籍教員任用の類型とその背景に関する研究』（平成 27 年度～ 30 年度科学研究費補助金基盤研究 (c) 研究成果報告書（研究代表者：広瀬義徳）

Migrant Integration Policy Index 2020 (MIPEX), https://www.mipex.eu/.

Miller, Paul Washington & Guy Mulvaney, Kimberly Ochs, 2007, "The Commonwealth Teacher Recruitment Protocol: Its Impacts and Implications for the Global Teaching Profession," *Research in Comparative and International Education*, 2 (2).

文部科学省（2007）「平成 18 年度文部科学省委託調査研究 諸外国の教員給与に関する調査研究 報告書」平成 19 年 3 月 諸外国教員給与研究会

文部科学省（2013）『諸外国の教育行財政──7 カ国と日本の比較』ジアース教育新社

文部科学省初等中等教育局（2013）『諸外国の地方自治制度』

New York State Education Department, 2002, "Certification: Teacher Citizen Rule Hit," *Daily News*, April 12, 2002.

日本弁護士連合会（1986）『教員採用と国籍条項に関する調査研究報告書』

日本教育大学協会（2005）『世界の教員養成〈1〉アジア編』、『世界の教員養成〈2〉欧米オセアニア編』学文社

西村美香（2012）「資格任用制の再考：シンガポール公務員制度の事例から（前編）」『成蹊法学』80号

額賀美紗子（2013）『越境する日本人家族と教育』勁草書房

小川佳万・服部美奈編著（2012）『アジアの教員 変貌する役割と専門職への挑戦』ジアース教育新社

岡田泰平（2012）「ナショナリズムとアメリカ植民地期のフィリピン人教員層：植民地における公共圏とその限界に着目して」『成蹊大学文学部紀要』成蹊大学文学部学会　第47号

Ratteree, Bill, 2015, "Changing Employment Relationships in the Teaching Profession," Joint ILO–UNESCO Committee of Experts on the Application of the Recommendations Concerning Teaching Personnel (CEART).

篠原清昭（1995）「現代中国の教員政策：「中華人民共和国教師法」の分析（VII研究報告）、『日本教育行政学会年報』21巻

Smithers, Alan & Pamela Robinson, 2000, *Coping with Teacher Shortages*. National Union of Teachers.

東京学芸大学教員養成カリキュラム開発研究センター（2014）『教員養成と採用の接続に関する国際比較研究プロジェクト報告書』

UNESCO Bangkok, 2009, "Secondary Education Regional Information Base: Country Profile Philippines."

財団法人自治体国際化協会（2013）「シンガポールの政策（2013年改訂版）概要（行政・公務員制度）」「各国の地方自治シリーズ」第44号

別表 1　14 か国・地域の外国籍教員任用・雇用比較

国／地域	日本	中華人民共和国
政体等	立憲君主制	人民民主専制、22 省、5 自治区、4 直轄市、2 特別行政区から成る
超国家的共同体等		
国籍取得／単・重国籍状況*	両系血統／単国籍	両系血統／単国籍
外国人の参政権	なし	なし
外国人の公務就任権	国家公務員は日本国籍を要する。地方公務員は外国人も可能な場合あり。ただし、「公権力の行使または公の意思形成への参画に携わる」職には国籍要件あり。	中華人民共和国公務員法により採用には中華人民共和国国籍を要する。
教員の身分	地方公務員	契約任期制（聘用制）に基づく准公務員
教員の任命権者	都道府県及び政令指定都市教育委員会が任命権者。	特別行政区の香港・マカオを除き、教育については中央政府が統括。しかし、任命制から契約制に変わり、現在は学校が採用を行う。
公立学校教員の国籍要件	日本国籍を有しない者は「任用の期限を附さない常勤講師」として任用可。一部自治体を除いて教諭に国籍要件があるが、任用の期限を附さない常勤講師への任用可。法令主任は前者で可。管理職にはともに不可。	あり
養成機関	大学の教員養成課程。専修免許状は大学院博士課程。一部免許は文部科学省の教員資格認定試験で取得可。	中等師範学校（小学校）、師範高等専科学校（中学校）、師範大学・学院・総合大学（高校）などで養成。師範学校は 2 〜 3 年、師範大学など学部レベルは 4 〜 5 年、大学院（2 年）で教育修士を取得する者も増加。
教員資格・免許	教員免許状は、大学等の教職課程で所定の単位を取得し、都道府県教育委員会への申請によって授与。各自治体の教員採用試験に合格する必要がある。	養成機関での学歴要件を満たし、教員資格国家試験に合格する必要がある。その後教育行政機関や委託を受けた高等教育機関に教員資格証明発行を申請し、審査合格後に同証明書を取得。教員資格は 5 年毎に審査がある。
職階	学校教育法上の職として、小中高等学校には講師、助教諭、栄養教諭、養護教諭、教諭、指導教諭、主幹教諭、教頭、副校長、校長を置く。	教員評価にもとづく職階制の導入が進められている。小中高における職称は、「3 級」「2 級」「1 級」「高級」で、職務内容、任用条件（取得学歴等）等が明確に定められている。
ホスト国以外で教育を受けた外国籍者への対応	特別免許状による措置あり。	なし

*出生による国籍取得について、原則として血統主義か生地主義かの別、および単・重国籍の別について簡易に記載。条件付き生地主義の条件は、本章第 1 節（2）に例をあげたとおり各国で異なる。

台湾（中華民国）	大韓民国	フィリピン共和国
中華民国憲法に基づく民主共和制	民主共和制	立憲共和制
中国との間で、「一つの中国」をめぐる問題がある		
両系血統／重国籍	両系血統／重国籍	両系血統／重国籍
なし	一部定住外国人に地方参政権	なし
公務員、公職人員、文官は中華民国国籍が必要。	国家公務員は原則として韓国籍を要する。国家公務員、地方公務員ともに、例外的措置として、国家安保及び保安・機密に関係する分野を除いて大統領令等で定めるところにより外国人を公務員として任用可。	終身職公務員と非終身職公務員（身分保障がなく任期あり）からなる。競争試験を必要とする終身職公務員にはフィリピン国籍が必要。
准公務員	国家公務員（特定職公務員）	国家公務員
各学校や自治体による招聘、任用制。	任命権は大統領であるが、実際の権限は自治体に委任。	教育省より、各学校に行政機能（人事権の一部含む）が委譲。任命権は教育省の学校区教育事務所選考委員会だが、教員採用は学校ごと。
なし	あり	あり。非終身職であれば外国人も可。
大学・大学院等の教員養成課程。	初等教員は国立の教育大学で養成。私立では梨花女子大学の初等教育科のみ。中等教員の養成は、師範大学および一般大学の教職課程で実施。総合教員養成大学もある。	4年間の教員養成課程。
教員養成課程修了者は「実習教師資格者」となり、その後半年間の教育実習を経て、教員資格試験に合格すると、教員免許状を取得できる。	校種、資格の種別により、所定の大学の学部学科の卒業、あるいは教育大学院での履修または3年以上の教育経歴があれば研修受講後、資格証が取得可。任用においては、自治体が実施する教師任用候補者選定競争試験に合格が必要。	定められた課程の修了者に教員免許試験受験資格が与えられ、合格者に免許状が授与。
校長、学校管理職（主任等）、教員。現段階では職級制度がない。初任教員、専業教員、研究教員に分類すべきとの議論もある。	校長、校監、主席教師及び教師。生徒数によっては校監をおかなくてもよい。	校長（管理職）、マスター教員（専門職）、一般教員など。
課程修了と資格試験合格。	なし	なし

シンガポール共和国	南アフリカ共和国	オーストラリア
立憲共和制	共和制　9州から成る	立憲君主制　6州と2つの準州特別地域から成る連邦制
英連邦	英連邦、AU	英連邦、CER
両系血統／単国籍	両系血統・条件付き生地／重国籍	両系血統・条件付き生地／重国籍
なし	なし	定住の英連邦市民に、国政選挙権、地方選挙権（州で異なる）、定住外国人に一部地方選挙権（南オーストラリア州）
公務員とは、一府15省（教育省含む）と9つの国家機関に勤務する職員。国益に関わる意思決定・外交・国家の安全に関わる官職は国籍要件あり。それ以外の官職には国籍を問わない。	公務職員は南アフリカ国民または永住者。	各州政府職員管理法およびその施行規則により要件は州で異なる。例として、ヴィクトリア州政府職員の資格は、国民、永住権者、ニュージーランド国民。
国家公務員	地方公務員	州の雇用者
教育省が直接管理しており、教育長が教員の任命権者。	州が教育を管轄。教員採用は各自治体、学校。	教育に関する権限は州政府、人事権は学校、教員採用は校長に実質的な権限。
なし	南アフリカ国籍、または永住権。不足の場合に限り外国籍者の採用可。	州による。①なし、②市民権または永住権。
南洋理工大学（NTU）付属の国立教育研究所（NIE）で所定の学位・ディプロマを取得。教育学士号プログラム（4年間）、大卒者対象ディプロマプログラム（1～2年間）がある。	教育学の学士号、あるいは、その他の学士号に加えて1年間の教職課程（PGCE）。	総合大学の教育学部（科）で4年間の教育学学士号（または3年間で専門の学士号）取得後、大学院の教員養成課程で2年間のコース。
NIE入学のためには面接・試験（国家公務員試験に該当）に合格の必要。課程終了後、NIEが認定・NTUが発行する学位が教員資格。	課程修了後、南アフリカ教育評議会に登録（SACE）。	ほとんどの州で教員登録制度が導入。養成プログラム修了後、仮登録。各州の教育委員会の条件を満たせば本登録。
キャリアトラックとして、①ティーチングトラック（マスター教員長、マスター教員、指導教員、シニア教員、一般教員）、②リーダーシップトラック（校長、副校長、主任等管理職）、③シニアスペシャリストトラック（教育政策・開発等の専門家）の3種類がある。	校長、教頭、主任、マスター教員、シニア教員、教員と区分され、「人事行政施策」に職務内容等が記載されている。	管理職クラス、専任教員、サポート教員（実験助手）、インストラクター（教員資格をもたずに授業を行う）、事務職員。ヴィクトリア州の場合、職階として、リーダー教員、責任あるベテラン教員、ベテラン教員、ビギナー教員。
国家公務員試験合格と養成機関での学位。	南アフリカ資格能力局（SAQA）、地方教育省での教員資格の審査、労働許可、南アフリカ教員審議会（SACE）への登録。	英語能力（IELTS）証明、算数・読み書き能力テスト合格の後、教員登録番号取得。

アメリカ合衆国	カナダ	イギリス
大統領制　50州と準州等から成る連邦制	立憲君主制10州と3の準州から成る連邦制	立憲君主制　4つの地域から成る連合王国
自治領、海外領土などあり	英連邦	英連邦
生地／重国籍	生地／重国籍	両系血統・条件付き生地／重国籍
市町村レベルでは定住外国人地方参政権を認めているところがある（例としてメリーランド州では11自治体）	なし	英連邦市民及びアイルランド国民に国政・地方参政権
連邦政府の競争試験による公務員は、原則米国市民。一部、適任者がいない場合は採用可。州政府は州公務員法の規定による。永住者、外国人を問わない場合もあれば、一部職務には国籍要件を置く場合もある。	連邦公務員は公務員雇用法により、国民に優先権。競争試験受験資格は国民に限定。州の公務員は、国民と永住者は原則同じ扱い。	国家安全保障に関わる5～10％の公職については自国民に限るが、その他は、英連邦諸国、アイルランド国民も可能。EU離脱前はEU市民も同様であった。
学区雇用の公務職員	教育委員会の公務員	地方自治体／学校理事会に雇用される公務職員
教育に関する権限は州政府だが、学区が実質的に運営。教職員の採用は学区により異なり、学校や教育委員会等が行う。	教育委員会の公務職員は各州の教育省が任用権。地域の教育委員会が採用。	教育省が地方当局を監督するが、地方教育当局が教員を任命。基本的な裁量・権限は学校にあり、学校単位で募集・採用。校長の採用は学校理事会。
州による。①なし、②市民権または永住権、など。	なし	なし
認可を受けた大学での教員養成課程修了と学士号、または、学士号取得後所定の教職課程プログラム。期限付きの免許状から、正規教員の免許状を得るには、職務経験の他、修士号、研修への参加を必要とする州が多い。	大学に最低3年間在籍し、所定の単位を取得するとともに、教育の専門課程に属し最低1年間修学が必要。	大学主導型と学校主導型の養成ルートがある。大学型は教員養成課程（3～4年）または学士取得者を対象とした教職専門課程（1年）。近年増加する学校主導型は、大学と連携し①学校が養成教育を行うスクールダイレクト、②2年間給与付きで現場で学ぶティーチ・ファースト型など、現場主導のプログラムがある。
各州で定められた、基礎学力・教科試験の合格など要件を満たせば、免許状が発行される。上進制をとる州が増加しており、まず仮／期限付き免許状を得、その後、一定の職務経験、上位学位の取得、研修を経て、終身免許状や管理職の免許状を得ることができる。	オンタリオ州の場合、州の教育学部のある大学で教員養成課程修了。4つの免許区分（初等期、年少期、中等期、高等期）のうち、連続した2種類の免許取得が必要。同時に教員資格管理団体の研修プログラムを受講、認定を受けた後、教員として登録される。	原則、正教員資格（QTS）か、学卒後教員資格（PGCE）が必要。アカデミーやフリースクールでは不要。
教授職員、支援職員、管理職員など。学校内教職員の構成としては例として、校長および副校長、一般教員、助手、司書、進路指導教員、など。	校長、副校長、教育長、マスター教員、特殊教育教員、講師。	校長、校長補佐、副校長、一般教員など。
規定科目履修、各州の基礎学力試験、教員資格試験、英語能力証明など。	規定科目履修、語学能力証明、数学能力試験など。	QTSと適切な就労ビザ。

フランス共和国	ドイツ連邦共和国	フィンランド
共和制　13 の地域圏と 5 つの海外地域圏から成る	旧西独 10 州、旧東独 5 州及びベルリン州 1 から成る連邦共和制	共和制
EU ／ EEA	EU ／ EEA	EU ／ EEA　北欧理事会
両系血統・条件付き生地／重国籍	両系血統・条件付き生地／重国籍	両系血統／重国籍
EU 市民に地方参政権	EU 市民に地方参政権	EU 市民、定住外国人に地方参政権
公権力の行使にあたる防衛関係職、警察、司法官、内務、財務、外交などについてはフランス国民に限る。EU 加盟国、EEA 加盟国、スイス国民は国際協定により公務員として採用可。	憲法上は外国人の公務就任権を禁じるものではないが、法律上、ドイツ国籍を有しない者は官吏への任用の前提を欠く。EU 加盟国、EEA 加盟国、スイスの国民は国際協定により官吏登用可。ただしうち警察官、税務官等はドイツ国民のみ。	国防関係、警察、司法、外交、内務などについてフィンランド国籍（重国籍者含む）を要件とするが、それ以外は外国人も可。
国家公務員	各州の教育省が任用する国家（州）公務員　旧西ドイツでは官吏、旧東ドイツでは一般的に職員として雇用	地方自治体の公務員
国民教育省が統括。国民教育大臣が任命権者・給与負担者。初等教育は大学区視学官が任命権者。教員採用は大学区ごと。	教育の権限は州政府。各州の文部大臣が任命権者。採用選考は州教育省あるいは州学務局。	地方自治体が教育を管轄。任命権者は、市・郡レベルの地方自治体か地方自治体連合。採用権は学校長及び学校評議会。
あり。EU、EEA 加盟国の一部地域、アンドラ公国、スイスの国籍保持者も可。	官吏としての教員には、ドイツ国籍、EU/EEA 加盟国、スイスの国籍を保持していることが必要。職員としての教員の場合は国籍を問わず雇用可能。	なし
修業年限 3 年の学士取得後、ESPE 高等教員養成学院（2 年制）。	大学の教員養成課程（3 年半〜 4 年半）。	教員養成プログラムのある大学で、3 年間の学士課程と 2 年以上の修士課程。
ESPE の第 1 学年終了時に教員採用試験を受験（同学院に在学せず独学受験も可）。2 年目の課程修了時の審査を経て、教員資格を取得・正式に任官。	大学の教員養成課程修了時に第一次国家試験。試補勤務（2 年）修了時に第二次国家試験。合格後、教員免許状取得。学校種類別の資格を認める州と教育段階別の資格を認める州がある。	教育学（クラス担当教員）、または専門教科（教科担当教員）に関する修士号が教員免許に相当。
初等学校：校長、クラス担任（教科指導教員）、その他の教職員　その他。中等学校：校長、副校長、教科指導を受け持つ教員、教員以外の職員スタッフ。	校長、教頭、教員から成るが、校長・教頭も授業を担当する教員。各州の学校教育法でそれぞれの職務を規定。	校長、副校長、教職員等があり、職務内容は基礎教育法で規定されている。
EU ／ EEA 市民などであれば原則資格読み替え措置あり。	EU ／ EEA 市民などであれば原則資格読み替え措置あり。	EU ／ EEA 市民、北欧理事会加盟国であれば原則資格の読み替え措置あり。その他外国での教育・教職経験等フィンランド国立教育機関が審査。

ノルウェー王国
立憲君主制
EEA　北欧理事会
両系血統／重国籍
定住外国人に地方参政権
公権力の行使をともなう公務員職（警察、法曹、軍人など）はノルウェー国民に限るが、それ以外は外国人も可。
地方自治体の公務員
地方自治体が学校の管理・運営の権限。教員採用は学校単位で募集・選考、雇用主は地方自治体。
なし
5年間の学士・修士一貫コースの教員養成課程。
所定の科目の履修（教育実習を含む）と修了が要件。更新制ではないが、必要単位数など規定が変わった場合は、期限前に履修するなどして要件を満たす必要が生じる。
専門教員（音楽・体育など特定の教科のみ担当）、複数の教科を受け持つ一般教員など。近年一般教員も専門度を高める方向に。学校の状況に応じて、学年主任・教科主任を置くが、厳密な決まりはない。
外国で教職課程を修了したものは、ノルウェー政府の資格管理庁で認定が必要。

終章 外国籍教員研究の問題構成と今後の課題

呉永鎬

1 本書刊行の背景と問題意識——今、外国籍教員問題を語る意味

　外国籍教員を主題とする本書を刊行することに、私たちには少なからぬ葛藤が
あった。8年に及ぶ共同研究の中で知ることのできた外国籍教員当事者たちの経
験や願い、また日々の教員生活の中で直面する困難や悔しさを、そうした声を聴
いた者の責任として、一日でも早く広く発信したいという思いと、外国籍教員の
存在自体が知られていないがゆえに起こりうるバックラッシュへの憂慮との間で
生じる葛藤である。

　私たちが本格的な共同研究に取り組みはじめた2010年前後は、日本において
露悪的な排外主義が台頭する時期であった。在日コリアン集住地域を中心に、誰
憚ることなく人種差別的な罵詈雑言を撒き散らすヘイトスピーチが横行し（法務
省の調査では、2012年4月から2015年9月の間、ヘイトデモに限っても1152件が確認さ
れた）、書店には「嫌韓・嫌中」を冠する書籍が平然と並ぶようになった。政治
家は度々単一民族国家としての日本を礼賛し、2016年には排外主義団体を母体
とする日本第一党が結成された。その党首は2018年の都知事選挙で11万4000
票、2020年には17万8000票を獲得している。大手企業の会長がサイトで在日
コリアンへの蔑称を用いながら、かれらを社会から排除すべしと煽動し、イン
ターネット上では、特定の個人（特に女性）を標的とした人種差別的な書き込み
が躍る。2016年6月にはヘイトスピーチ解消法が施行されたものの、禁止規定・
罰則規定はなく実効性は弱い。地方自治体ではヘイトスピーチ抑止を目的とする
条例がつくられ、裁判ではヘイトスピーチによる損害賠償や名誉棄損が認められ
もしたが、標的となった者たちの生活、日々の安心や安全に多大な悪影響を及ぼ
したことはいうまでもなく、被害が救済されたとは言い難い現状が続いている。

　公立学校で外国人が教えている——。任用の職や昇進の問題以前に、数十年続
いてきたが一般には知られていないこの単純な事実が、排外主義者たちの胸に新
たな、あるいはさらなる火種を与える可能性を簡単には排除できない。それは当

事者たちの思いとは逆に、外国籍教員問題の解決ではなく、外国籍教員の存在を問題視し、かれらを公立学校から排斥する流れが生じうることを意味する。何より、調査協力者への攻撃や不当な批判がなされたり、かれらを煙たがる同僚の視線が投げかけられることは、決してあってはならないことであった。日本における多文化共生の社会意識や施策の萌芽期たる 1980 〜 90 年代ではなく、2010 年代以降にこの問題を論じる私たちには、否が応でもこうした葛藤がつきまとうのである。

だが、それでも、外国籍教員をめぐる問題が紛れもなく存在している事実から目を背けることはできない。京都で働く在日コリアンの教員は、私たちのインタビューにこう聞き返した。「でもね、先生。この問題って結局どうやったら解決するんですか。それを教えてください。僕は待っていられないから、自分で解決しようと思って、日本国籍を取る手続きをしています」と。

日本国籍を取得することが、この問題の解決といえるのだろうか。むしろ日本国籍を取得することでしか、表面的であれ解決を望めないような制度状況をこそ、問題化するべきではないのか。そうした正論を非当事者が述べることは容易い。彼と同じように、やり場のない悲憤、悔しさ、諦念を抱かざるを得なかった外国籍教員はこれまでもいたであろうし、また今この瞬間にも誕生し続けている。絶望の内から切実な思いをもって発せられる「結局どうやったら解決するんですか」という問いかけに、私たちは「こうすれば良い」と答えることはできない。しかし少なくとも、示された絶望を前に立ち尽くすのではなく、この問題があるということ、そしてどのような問題としてあるのかということを、きちんと示しておく必要があるのではないか。

かつては地方公務員や一般企業を問わず、外国籍者を採用しないという国籍差別が当たり前のように存在していた。1970 年 12 月から始まる朴鐘碩さんの日立就職差別裁判を大きな契機としながら、そうした国籍の壁は、当事者を中心とした運動・働きかけによって、一つずつ取り払われていった。1977 年には、初の外国人司法修習生が誕生（国籍要件自体が撤廃されたのは 2009 年）、また同年に公務員に準じるとされた日本電信電話公社（現在の NTT）職員採用における国籍要件が撤廃される。1984 年には郵便外務職、1986 年には保健婦、看護婦、助産婦の国籍要件が撤廃された。さらに 1979 年の国際人権規約、81 年の難民条約の批准を背景に、公営住宅への入居（1979 年）や、国民年金法（82 年）、児童扶養手当法（82 年）、国民健康保険法（86 年）等、様々な社会保障制度の国籍要件・国籍条項が撤廃されていった。公立小中高校等の教員採用に関しては、82 年に一時後退

を見せたが、91 年にはすべての外国籍者に門戸が開かれるようになったことは、本書でくり返し論じてきたとおりである。

　「任用の期限を附さない常勤講師」としての採用が始まって 30 年。外国籍者が教諭として採用されず、外国籍者のみに適用されるこの曖昧な職に据え置かれる状況は、この間、何も変わっていない。このことに関する日韓両政府による協議も途絶えたままだ（そもそも何の進展ももたらさなかったが）。歴史の中で生みだされたこの問題を、解決を見ぬまま、有耶無耶なまま、忘れ去ってはならない。自身の顔と名前、経験を詳らかにしながら、この問題を訴え続ける当事者もいる[1]。

　私たちは外国籍教員当事者の存在や思いに徹底的にこだわりながらも、かれらをめぐる問題を情緒の次元に押しとどめないよう、法制度や日本社会の問題を検討し、これを教育研究としても立ち上げるべく、本書を刊行した。本章では、先行研究との関係を整理しながら本書が示した知見および主張を改めて確認したうえで、今後の課題に関する論点を提示する。

2　本書の知見と主張──研究史上の位置

　本書は、外国籍教員（問題）について多角的に検討するために、第 1 部でその実態を、第 2 部でそれに関わる法制面を中心に検討した。ここでは外国籍教員（問題）に関する先行研究として、外国人の公務就任権や公務員に関する「当然の法理」に関する研究、外国籍教員の現実や経験に照準した研究、教師研究を取り上げ、それらとの関係から本書の各章が示した知見と主張の研究史上の位置を改めて確認しておきたい。

（1）外国人の公務就任権や公務員に関する「当然の法理」に関する研究
　公立学校の外国籍教員に関する先行研究のうち、外国人の公務就任権の問題や、そのことと公務員に関する「当然の法理」の関係を問う法学的アプローチからの研究には、一定程度の蓄積がある（岡・水野編 1989、中井 1989、仲原編 1992、徐編 1992、大沼 1993、岡崎 1998、近藤 2001 など）。時期的な傾向としては、国公立大学の外国人教員任用問題を扱う論考が 1970 年代末から 1980 年代初めにかけて集中し（岡崎 1978、徐 1979、日高・徐編 1980 など）、小中高校等の教員の国籍条項に関

1　たとえば、第 1 章で取り上げた方政雄さんを扱った「国籍の壁　今もなお　教員の管理職任用制限」『毎日新聞』2018 年 5 月 13 日付や、横浜市の李智子さんによる「私の視点　差別改め管理職への道を　外国籍教員の処遇」『朝日新聞』2019 年 2 月 7 日付など。

する論考は 1980 年代前半に（田中 1981、1982、1985 など）、外国籍教員の職である
「任用の期限を附さない常勤講師」を問うたものは 1990 年代初めに（仲原 1992、
1993 など）、外国籍教員の職や管理職登用制限を論じたものが 2010 年代に出てき
ている（兵庫在日外国人人権協会・兵庫在日韓国朝鮮人教育を考える会 2010、藤川 2013
など）。いずれも、国や地方教育行政の方針が策定されたり、社会的な問題とし
て提起された時期に集中して論じられていることがわかる。

　法学的アプローチに立つ研究では、公立学校の外国籍教員の任用問題は、日本
国籍を有しない者に公務就任をどこまで認めるかの法解釈問題として捉えられ、
それに制約を課す公務員に関する「当然の法理」の法的な妥当性・合理性を中心
に論じられてきた。本書ではこれら先行研究の成果を踏まえつつ、規範論ではな
く、歴史という縦軸と国際比較という横軸を引き、外国籍教員と同「法理」をめ
ぐる問題を捉えた。

　まず第 4 章では、1945 年から今日に至る公立学校外国籍教員の任用問題をめ
ぐる歴史的経緯を整理した。日本国籍を有した旧植民地出身者教員の処遇に端を
発するこの問題は、70 年代に各自治体で国籍要件が廃止され教諭任用が進んだ
一方、80 年代には国の方針を受けこの動きが止まり、さらに 91 年の日韓覚書を
機にすべての地域で国籍要件が撤廃されるといったように、極めて複雑な経緯を
辿った。二転三転する政府ないし自治体の対応は、外国籍者の権利保障という観
点が貫かれていなかったことを物語るが、重要なのは 91 年以降外国籍教員の数
は増え続けているものの、今なおその職が「任用の期限を附さない常勤講師」で
あり、事態改善の兆しがまったく見えないことであった。

　その最大の桎梏となっているのは公務員に関する「当然の法理」である。第 6
章では、同「法理」が有する性格と機能について検討した。法律ではなく、かつ
広汎的・抽象的な内容であるこの「法理」が存在することで、外国人の公務就任
の可否および範囲を決定する権限が実質的に行政に独占されており、また、その
適用においては歴史的経緯や定住性といった外国籍者が有する背景が加味されず、
日本国籍を有するか否かという唯一の指標によっていることを確認した。結果と
して、公務員に関する「当然の法理」は、まさしく「当然」のこととして神話化
され、それによって生じる諸矛盾が後景に退けられる。同「法理」に全てを帰し
て議論を封じるという外国人排除の構造をこそ、解消していかなければならな
い。

　また、第 5 章では、国公立大学における外国人教員の任用に関する特別措置法
の制定過程を検証した。1970 年代中頃から大学教員懇といった当事者・支援団

体による外国籍者の人権保障という観点からの働きかけがくり返されてきた一方、
国会議員や政府は、海外から優秀な研究者を招いて日本の大学の活性化・国際化
を果たそうと動いていた。特別措置法は、目的の異なる二つの流れの中で成立し
たのであった。政府は国公立小中高校等教員と同様、国公立大学教員にも同「法
理」が同じく適用されるとしながらも、同法を「大学教員だけの例外措置」とし、
大学と小中高校等とを切り分けた。大学は国際性が要請されるが小中高校等は国
民の育成を目的としており、国民教育に当たるのは日本国籍者であるというのが、
その理由の一つであった。ここからは、国民教育を行う初等中等教育には日本国
籍者があたるのが至当という、いわば「国民教育の当然の原理」が存在するかの
ような認識も見て取れた。

　第8章では、こうした日本の公務員に関する「当然の法理」を相対化すべく、
諸外国における外国籍教員の任用状況を検討した。諸外国の公務員制度や公立
学校およびそこで働く教員の位置づけは、簡単に比較できぬほど多様であったが、
少なくとも日本のように教育公務員の職に国籍による制約を課すことが「当然」
ではないことは確認できた。在留資格の種別や市民権の有無など、制約の基準は
国籍のみに限られなかった。また、グローバル化の進展に伴う多民族国家への移
行や教員不足問題への対応の過程で国籍要件が緩和された事例もあり、国籍によ
る制約が普遍的でも永続的でもないこと、公立学校教員任用の可否と各国の移民
統合政策状況との関連が示された。

　一方、移民統合政策指数（MIPEX）2020において「統合なき移民政策」に留ま
ると評される日本においても、近年教育のグローバル化への対応がなされている。
教員採用においては、外国の言葉や文化等に通じていること、外国籍であること、
「英語ネイティブ」であること等を条件とした特別選考が実施されている。第7
章では、教員採用選考方法の改革と、日本における教育のグローバル化への対応
（日本人の子どもの教育のグローバル化と、外国にルーツのある子どもへの対応）を背景に、
近年増加しているこうした特別選考と外国人教員の実態を明らかにした。重要な
のは、特性がある外国人とそうではない外国人とが峻別されること（＝外国人教
員の階層化）によって、後者の無用論や存在の不可視化、また前者の特殊化（日本
国籍者とは待遇が異なっていても良い）が生じうるということである。教育のグロー
バル化を歓待するにせよ、その先にどういった日本社会像を描くのか、そこにお
いて職業選択の自由をはじめとした外国籍者の人権が保障されているのか、新た
な分断を生むことになっていないかを、慎重に精査する視点が求められるだろう。

（2）外国籍教員の現実や経験に照準した研究

　法学関連分野の研究に対し、外国籍教員に関する教育学分野の研究は少ない。外国籍教員の現実や経験に照準した研究の嚆矢は、金（1987）といえるだろう。当時教諭採用されていた韓国・朝鮮籍教員へのインタビューに基づき、かれらの被差別経験や厳しい職場状況、またその中での努力や葛藤が描かれている。そして2000年代以降に、1980年から2002年までの全国在日朝鮮人教育研究協議会（2002年から全国在日外国人教育研究協議会）による研究集会での報告や関連資料から外国籍（ルーツ）教員23人を対象に分析した権（2004）、中国帰国者二世として8歳で永住帰国した著者が、長野県の公立中学校の英語教員となった自らの経験を分析した大橋（2011）、公私立学校にて民族名で教壇に立つ5人の韓国籍者への聞き取り調査を行った金・渋谷（2012）といった研究が発表されている。また、「ニューカマー教員」に着目し、学校におけるかれらの教育実践や、ニューカマーの子どもが多数在籍する学校でのその役割を論じた浜田・伊藤（2014、2015）といった研究も登場している。

　これら先行研究と、本書第1部「外国籍教員に出会う」で示された外国籍教員の経験の多くは重なるものであった。外国籍教員は、外国人ではあるが、まず何よりも教員として日々の教育実践に臨んでいる。外国人であるから外国にルーツのある子どもへのより深い教育が行えると期待されることもある。無論自身の経験に照らし合わせ多様な文化背景をもつ子どもへの「気付き」を自負する教員も多いが、具体的・直接的な教育実践をとおして関わるというよりは、どちらかといえば自身の存在そのものをとおして、それら子どもへの肯定的影響を与えていきたいとする教員が、採用世代や年齢問わず多く見られた。他方、同僚・管理職である日本人教員の無知や在日外国人教育の回避、当事者意識の乏しさといった問題に大きな改善が見られていないことが、教員養成・研修、教育行政上の引き続く課題として確認された。

　一方で、1970年代生まれ以降の関西地域出身のオールドカマーからは、子どもの頃から自身のエスニシティやルーツを隠さず、朝鮮の文化や歴史を学び、自身の異質性を肯定的に捉えていた経験が語られ、一部地域ではあるが、ニューカマーのインフォーマントからも同様の経験が語られた。外国にルーツのある子どもたちへのさまざまな教育や支援が、学校現場で次第に定着し、機能していっていることが、かれらの教職へのキャリア形成にも肯定的影響を及ぼしている側面があることが窺われた。

　また、第1章では、教員になった時期、国籍、来日の経緯、被教育経験等が

それぞれ異なる 6 人の外国籍教員当事者のライフストーリーを描いた。その特徴は、教員になってからの経験のみならず、かれらがどのような歴史的・社会的構造の中で生き、時に不当としかいえぬ差別に遭い、またそれにどのように向き合ってきたのかといった、かれらのライヴズ（生）を描いている点にある。そのねらいは、「顔の見えない外国人」ならぬ「顔の見えない外国籍教員」の存在を、リアリティをもって読み手に感得してもらうことであった。紙幅の関係上、伝えきれなかった経験やエピソードも多いが、それでも外国籍（ルーツ）教員として生きてきたかれらの姿が、生き生きと感じ取れたのではないだろうか。その意味で第 1 章は、日本で暮らすさまざまなエスニシティ、経緯等を有する外国人の生がいかに多様であるかを示すとともに、その理解を促す意義を持つものでもあろう。

（3）教師研究

　先述のように、教育学関連分野における外国籍教員研究の蓄積はほぼない。日本教育学会、日本教育社会学会、教育史学会、日本教育行政学会の機関誌や年報にも、外国籍教員を主題とする研究は見当たらない。異文化間教育研究の分野でも、外国籍や多様な文化背景をもつ子どもに関する研究は 1990 年代以降多く出てきており、また日本語教師や ALT 等非正規教員、外国籍の子どもにかかわる支援者等に関する研究はあるが、正規教員として任用された外国籍教員を扱ったものはない。2007 年には異文化間教育学会の紀要『異文化間教育』で「特集：異文化間教育と教師」が組まれており、さまざまな文化背景をもつ子どもたちに対応する教員の異文化間資質能力などの重要性が指摘されている。とはいえ、ここでも国籍やエスニシティなど、教員世界の多様性に注意が払われているわけではない。諸外国でのマイノリティ教員に触れる際にも、その役割は同じマイノリティの子どもの「一種のロールモデル」だという位置づけのみであり、マジョリティの子どもへの意義は語られていない。

　他方、日本における諸外国の国公立学校に勤務する教員に関する調査・研究においても、教員は当該国の国籍を有していることが暗黙の前提とされており、外国籍者が教員として任用されるケースが想定されても、そこにほとんど研究上の関心が払われてこなかった。教員養成に関する国際比較研究の成果である『教員養成と採用の接続に関する国際比較研究プロジェクト報告書』（東京学芸大学教員養成カリキュラム開発研究センター 2014）でも、同様の問題が指摘できる。公務員制度改革を推進してきた日本政府にしても、各国の教員以外の公務員制度の把握

において、国籍がその任用や身分保障、給与等にどう関連しているかについては無頓着である（行政改革推進本部 2006、人事院 2015）。

　概して、日本における教師研究は、公立学校で働く教員は、日本国籍で日本人であることを前提としている傾向があり、その多様性に目が向けられることはほとんどなかったといえる。本書は、教師研究に存するこうした視角の閉塞性を乗り越える一つの試みであった。

　一方、国籍やエスニシティ以外の教員の多様性に注目する研究が近年登場している。それらは、これまで蓄積されてきた当事者たちの語りや経験談を踏まえつつ、教育研究や教師研究の対象として、多様な教員たちを取り上げている。2018年には障害のある教員たちを扱った羽田野・照山・松波編（2018）が、2019年にはセクシュアルマイノリティの教員たちを扱った有間・植松・石塚・志津田（2019）が発表された。

　第3章においては、ここに被差別部落出身者、アイヌを加え、「マイノリティ教員」としてのかれらの経験を検討した。当然のことではあるが、かれらが教員になる経緯や教員として働いてきた経験は、それぞれ多様である。だが共通して指摘できるのは、マイノリティであり教員でもあるかれらが、制度的な差別に直面したり、あるいは日常的な学校生活の中で同僚、子ども、保護者をはじめとした関係者からのマイクロアグレッション（意図的か否かにかかわらず、マイノリティが日常の中でくり返し経験する小さな攻撃）に曝されているということであり、そのことに十分な関心や配慮が向けられていない職場環境のあり様であった。

　いうまでもなく人は多様であり、セクシュアルマイノリティや外国籍者、また日本国籍者と一括りにいっても、一様ではない。しかし無数に存在する多様性は現実において、すべて平等な関係にあるのではなく、権力関係や不均衡な関係に置かれている。目指されるべきは、マジョリティの安住を支えるそうした関係を自覚し、あらゆる人びとが自身の能力を発揮できる公正な職場環境をつくるための議論と実践を重ねていくことである。教員の多様性に目を向けた教師研究の蓄積が、そうした議論と実践に資するであろうことは言を俟たない。

（4）研究の深化に向けて

　以上、本書で明らかにしてきた知見は、上記関連諸分野において一層深く検討されなければならないだろう。私たちは諸領域での研究の蓄積が、外国籍教員をめぐる種々の問題の改善・解決のための一助となることを願うものであるが、本書の作業をとおし見えてきた、今後一層深めていくべき課題について述べておき

たい。

　第一は、国籍を基準に公立学校教員の任用の職に違いを設ける措置が、日本では
はなぜ「合理的」なこととして受け入れられているのかという点である。端的に
換言すれば、国籍による排除が正当化されるのはなぜなのか、それは日本社会の
いかなる特質を表しているのかという問題である。国内のさまざまな民族的・文
化的な背景をもつ多様な人びとの存在を認めている国では、国籍は大きな障壁と
はならず、市民権や在留資格など、国籍以外の指標が場合毎に勘案されることは、
くり返し見てきたとおりである。

　「権利を得るための権利」（国籍問題研究会編 2019）ともいわれる国籍は、近代国
家の統治システムの根幹の一つである。国民国家体制が続く以上、国籍に基づく
人びとの差異化や、権利の付与および制限は、今後も続いていくことだろう[2]。と
はいえ、国際法学者の大沼保昭によれば、そもそも「国家中心主義が興隆をきわ
めた 19 世紀から 20 世紀前半でさえ、人の義務権利関係が国籍によって規定さ
れてきたわけではない」という（大沼 2018）。両者の対応関係は必ずしも自明で
はないのであり、また権利の獲得と国民化（帰化）も同義ではない[3]。ましてや 21
世紀の今日、グローバル化の進展に伴い、少なからぬ人びとが国境を越えた移動
を経験し、国籍保有国の外部での生活も珍しいことではなくなった。実際、日本
の社会保障制度の適用条件も、「国籍＋居住」から「居住」のみへと転換されて
きた。

　しかし日本ではなお、国民教育を担う公立小中高校等──この性格付けへの評
価は一旦置こう──の教諭に外国籍者はなれない。無論これは制度だけの問題で
はない。それは合理的ではないという認識が日本社会に広がっているといえるだ
ろうか。外国籍教員の問題を話した際、日本人大学生から「ちゃんと国語教育を
行えるのか心配」、「日本の伝統や文化についてきちんと教えられるのか」といっ
た質問が、素朴に発せられることがある。そこには、国籍がすなわち文化やエス
ニシティを示すという、極めて平板な人間観が見て取れる。同時に、日本国籍保
持者ならば、日本語を話せて日本の伝統や文化に詳しいはずだという想定と、そ

2　セイラ・ベンハビブ（2006）は、哲学者・思想家のハンナ・アレントによる無国籍であること
　　の考察を踏まえ、「無国籍であること、すなわち国籍上の地位の喪失は、あらゆる権利の喪失
　　に等しい。無国籍者たちは市民権を奪われているだけではない。彼らはいっさいの人権を奪わ
　　れている」と述べた。

3　一方、世界史を見渡せば、国籍を取得し形式的・制度的な平等が保障されても、人種差別の対
　　象となり、また戦争や紛争時、あるいは経済的に困難な時代に、特定のエスニック集団があぶ
　　り出され、権利が剥奪されたり迫害の対象となったりした事実がある。その意味でも、権利の
　　獲得と国民化は強く結び付けられているものの、同義ではない（伊豫谷 2001）。

うした者こそが、公立学校の教壇に立ってしかるべきという認識も垣間見える。日本で生まれ育った外国籍者や、日本国籍を取得した外国人がいるという実態を掻き消すほど、「国籍≒文化、エスニシティ」という観念は日本社会に強固に存在するように思われる[4]。

　国籍をただ一つの指標に、社会に暮らす人びとを区分する制度の仕組みや人びとの認識がどのように生じ、維持され、正当化されているのか。またそれらが不可視化される中で何が損なわれているのか。外国籍教員の問題は、日本における国籍のもつ意味と機能を解明していく作業と連なっていくことだろう。

　いま一つは、国籍の問題とも密接に関わる「公」の問題である。公務員に関する「当然の法理」は、国家意思の形成→地方自治体の意思形成→公の意思形成と、その裾野を広げながら、それらへの外国籍者の参画を排除してきた。また、一貫して外国籍者は公権力を行使する公務員にはなれないとしてきた。しかしそもそも「公」とは何か。国家や地方自治体のみを、すなわち「公」と読み替えて良いのだろうか[5]。

　こうした問いへのアプローチは法学や政治哲学、あるいは規範的なそれに限られない。外国籍教員の場合に即すならば、公立学校の教員は公務員であるから外国籍者は教諭任用されない、ではなく、教諭と同じく教育を担う外国籍教員がいるという事実から、公立学校や公務員の意味を問うていけるのではないか。2020年現在、日本で生活する外国籍者は日本の人口のおよそ2％であり、公立学校で働く外国籍教員は数百人に過ぎない。だが数の問題ではなく、日本社会で生活する外国籍者や、公立学校で教鞭を執る外国籍教員が紛れもなく存在するということから、公教育や「公」を脱構築していくことが可能であろうし、また必要でもあろう。本書はこうした課題を外国籍教員に即して考究していくための基礎的作業とも位置付けられるだろう。

3　外国籍教員問題を継続して考えていくために

　私たちは「自分と同じような立場の外国籍やルーツ教員と出会う機会や場が欲しい」という、聞き取り調査の過程で多く聞こえた当事者たちの要望を踏まえ、2014年2月と2018年12月にシンポジウムを開いた。研究の成果を調査協力者や社会に還元・発信していこうという、発足以来の私たち研究会の総意でもあった。

　1回目の「外国籍（ルーツ）教員研究報告＆交流会」（於大阪）には定員を超え

る80人以上が参加し、そのうち約半数が外国籍（ルーツ）教員であった。全国自治体調査や聞き取り調査の結果報告、当事者3名によるパネルディスカッション、そして研究会メンバーを含む87人を11のグループに分けた交流会を行った。

　参加者たちからは、「なかなか同じ立場の人と出会ったり話すことがないので、こんな違いがあるんだと大変驚きました。地域、自治体、学校によってもそれぞれ違い、「知らない」「どうせ」ではなく多くの発見があり世界が広がったように感じました」、「普段教員として働くなかで、制度のことを考えることはほとんどありませんが、たとえば管理職に「ならない」と「なれない」では大きく違うこと、その違いが外国人の見られ方になってくる、そんなことに気づきました」、「当事者——みんな当事者。そうだと思いました。子どもの未来をつくっているということを忘れずに行きたいと改めて思いました」、「このようなネットワークをつくって、広げることが大事なんじゃないかなということを話し合いました。実態調査を見て思った意見で、地域によってすごい偏りがあるので、このこと自体も知らない人がたくさんいるので、当事者じゃない人にもネットワークを広げて知ってもらうことが大事だ」など、さまざまな声が寄せられた。

　また当事者といえども、自身が置かれた「任用の期限を附さない常勤講師」の制度的地位について、必ずしも正確に理解しているわけではないことが見て取れた。教員養成教育においてこの問題が詳細に扱われることは殆どないと推察されるため、これはある意味当然ともいえる。管理職を含む多くの教員たちにとって知られていない「任用の期限を附さない常勤講師」がつくられた経緯や、当事者たちとの交流を経て、日本人参加者からは以下のような感想が寄せられた。

・さまざまな立場の人の意見を聞く事ができ、教員という職はルーツや国籍に関係なく目の前のこどものことを大切に思える素敵な職だと再認識しました。在日の多様性についても考えさせられました。

4　本書は、外国籍であることを唯一の基準として、外国籍者の任用の職が「任用の期限を附さない常勤講師」となることを問題化するため外国籍の教員に焦点を当てたが、当然、日本国籍を取得した外国人教員や外国にルーツのある教員、エスニックマイノリティの教員が、学校で直面する固有の問題もある。日本の学校における教員のエスニシティに着目した研究が取り組まれる必要があろう。

5　ちなみにではあるが、憲法8章の地方自治に関する規定は「住民」を地方自治の担い手として位置づけ、これを受けた地方自治法10条は、「住民」が地方自治の運営上の主体であると定めている。無論、地方公共団体の議会の議員及び長の選挙権・被選挙権（11、18、19条）、条例制定改廃請求権（12条）等、地方参政権の中核的な権利については日本国籍者に限定しているが、原則的には外国籍者を含めた住民一般を地方自治運営の主体として位置づけている（後藤2013）。

238

・「日本人であろうと外国人であろうとこの仕事をしていくのに関係ない」、
このことばが印象に残りました。中身で勝負できる教師になってください。

　会には国籍はもちろん、年齢、性別、校種、地域、名乗りのあり方など、実に
多様な人びとが参加していた。その中で改めて確認されたのは、教員の多様性で
あり、そして多様性を前提としたうえでの教員という仕事についてである。教員
がみな同じなのではない。教員はそれぞれ異なるが、その職務内容に大きな違い
はないのである。公務員に関する「当然の法理」という不可侵の神話に基づき、
国籍という一つの指標のみをもって任用の職に違いを設けることが、合理的で
あるとは言えないことが、会の参加者たちには実感として共有されたのであった。
一時であれ共有されたこうした実感をより多くの人びとに広げ、外国籍教員をめ
ぐる問題の解決に向けた議論と行動を継続していかなければならない。
　2回目のシンポジウム「公立学校の外国籍教員——歴史的経緯と諸外国事情の
交差」(於大阪)にも80名の参加があった。ここで研究会メンバーの広瀬義徳が、
諸外国調査の成果を踏まえ、外国籍教員問題の解決に向けて、日本が選択可能な
5つの将来シナリオを提案した。以下にその5つのシナリオを示そう。

①個別の国際協定・国際条約に基づく任用方針の転換
　第1のシナリオは、「91年協議」の結果生まれた「日韓覚書」と「91年通知」
の間に生じる矛盾を解消する手段として、第一段階として、韓国政府・機関との
間に日本政府・機関が個別の国際協定・国際条約を新たに取り結ぶ。第二段階と
して、それ受けた文部科学省が、「91年通知」に代わって、韓国籍者のみならず
国籍を問わないかたちで外国籍者一般に公立学校の教諭採用を認める新たな任用
方針に転換し、将来的に他分野における公務への制約をも解除していきながら、
任用に際し国籍を問わない「開放型」へと漸近させていくシナリオである。
　在留外国人はすでに多数に上っており、将来的に日本社会の中で就学、就職し、
家族形成をしながら定住する者が不可避的に増えるだろうことは容易に予想され
る。その中には国際結婚をする者や日本国籍を取得する者も出て、外国籍者と同
時に日本国籍者の中のエスニシティの多様性がより高まるだろう。それでも外国
籍のまま日本での生活基盤を築いていく者がいるならば、国籍を要件化しない形
で、民間だけでなく公的部門への就労参加を広く実現していくことは重要な課題
となる。

②国際的な広域共同体の構築による公務就労の域内自由化

　第2のシナリオは、ヨーロッパにおけるEUやEEAのようなレベルで、政治的・経済的な協力関係を結ぶ国際的な広域共同体をアジアにも構築し、その共同体域内ではいずれの国の国籍保持者であっても公務就労を本国国民と同じく自由に認めていくというシナリオである。

　ただし、このシナリオが実現したとしても重要な課題は残る。それは広域共同体の関係国以外の外国籍教員にあっては、日本国籍を有する者とは異なる職に、現状では「任用の期限を附さない常勤講師」の職にとどめ置かれるということである。国際条約・協定や国際的な広域共同体の加盟国と加盟国以外の国籍保持者の間で、外国籍者の公務員任用や処遇に関する差異を一切設けないことを目指すならば、これを段階的に拡張していくにしても、それが世界大になるまでの過渡期には特定国の外国籍者に不利な制約が残る。

③永住者に限定した公務就任権の法令化

　第3のシナリオとしては、日本国籍を有しなくても、永住者（一般永住者、特別永住者）について、公立学校教員を含めて法令に特別の定めがある場合を除いて、公務就労の分野・部署や職階・職位の別を問わず、原則的に認める法整備を行うことである。

　これは外国籍者のうち、永住者とそれ以外の在留外国人との間で公務就労のあり方について異なる取扱いをするものであり論争的でありうるが、一つの選択可能なシナリオである。具体的に、「91年通知」では、国籍の別を問わずに外国籍者に対しても教員採用への道を一般的に開放しているが、その一方で「任用の期限を附さない常勤講師」という任用可能な職に制約を設けた。この任用可能な職を永住者の場合にかぎり、日本国籍を有する教員と同じく教諭としての正式採用を認め、それ以外の任用（降任、昇任、転任）行為や給与、休暇等の処遇についても全く同じにするのである。これを実現する上では、「91年通知」からの方針転換に加え、関連法規にこれらを可能とする特例の条文を設ける必要がある。

④外国籍者への地方参政権付与との連動

　第4のシナリオは、日本国内における外国籍住民への地方参政権の立法化による問題解決である。憲法学にいう「地方許容説」ないし「憲法要請説」に立てば、この解決が理論上可能となる。

　EU加盟各国は独立した「主権国家」であるが、その「主権」の一部を国際的

機構である EU に譲るという仕組みであり、すでに「主権」の不可侵性や分割不可能性、至高の権威といった近代的な「主権」観念の絶対性には揺らぎがもたらされている。国境横断的な移住が増大する時代にあっては、民主的な「主権」国家を構成する成員資格の正統性は、当該国籍の保有者か否かによってよりも、そこに実際に居住する者総体を包摂した形での「自己統治」に由来するという考えの方が説得性を増してくる（ベンハビブ 2006）。外国籍住民に対して地方参政権を付与するといった立法政策は、そうしたグローバル化時代における民主的「自己統治」体制再編の一環ということになる。

　こうして外国籍住民にも地方参政権が付与されれば、公務就労の多くがそれと連動して解禁される。関連法規を合わせて改正し、公立学校教員をはじめとする地方公務員への外国籍者の就労権を明記すれば、直接的に統治権力を行使するような一部の特別な公務職を除いて、多くの分野や部署で外国籍者の任用が実現する。ここには、教育長や教育委員に外国籍者が任用されることも含まれる。

⑤公務員に関する「当然の法理」の解釈変更

　第5のシナリオは、「91年通知」の国籍を問わず外国籍者にも教員採用を認めるという方針を生かして、それを法的見解の変更という国内処理でもって発展させる選択肢である。その発展のさせ方は、現行法の下でも、公立学校の教諭等が、公務員に関する「当然の法理」によって制約される職ではないという形に、行政・司法の法解釈を変更するものである。

　同「法理」を保持しながらも、それが及ぶとされる適用範囲・対象を国・自治体の長など直接的な統治権力を行使し、または統治機関の中枢的な意思決定に携わる職で、かつ警察や軍隊といった物理的な統治権力を行使する分野の公務に限定的に解釈変更する。そこで、教諭はもちろんのこと学校管理職であっても、その制約基準が適用される職ではなく、日本国籍を有しない者であっても任用上の制約を受けないことが、当該「法理」からも導かれる。

　外国籍者の公務就労に関する制約となる固有な論理を有しながらも、その制約の範囲や対象を国益決定や外交・国家安全に関わる公務分野に厳格に限定し、教育関係の職は制約外とする見解がある。同じアジアの国では、シンガポールの事例がこの意味でのモデルケースであることが研究上の知見として提示されている。こうした知見をふまえた法的見解に立てれば、学校の管理職であっても外国籍者に昇任の機会を開くことが合理的に認められる。フランスやドイツの例のような国際条約がない条件下であっても、グローバル化の進展に対応することが可能で

ある。グローバル立憲主義に立つ法学的な視野から、このような知見に依拠して公務員に関する「当然の法理」の解釈変更をすることで、日本で現行法の改正や新たな立法措置を待たずに、状況を変えることができる。現行法の改正や新たな立法と比較すれば、技術的・政治的コストの負担も相対的に高くない。それには、法的思考を柔軟にする同「法理」の脱ナショナル化が必要である。

　広瀬自身が述べるように、以上の5つのシナリオの実現可能性が高いとはいえない。日本では保守政権が長期的に続いているし、日韓関係をはじめアジア諸国との広域共同体を構築するためには、歴史的・外交的なさまざまな問題が解決されなければならない。永住者や外国籍者への地方参政権付与に関し前向きな議論が展開されているとはいえないし、堅牢な公務員に関する「当然の法理」は未ださまざまな公務就労に制約を課している。加えていえば、日本のみならず今日の世界では、グローバル化の進展の裏面として、排他的なナショナリズムが強化されており、深刻で根深い人種的・民族的・宗教的な対立と葛藤が存在している。外国人の人権を保障していく前途は、順風満帆とは決していえない状況にある。

　だがくり返しとなるが、重要なのは議論を継続していくことであろう。環境や条件を理由に、解決に向けた歩みを止めてはならないし、ましてやこの問題を忘却することがあってはならない。本章冒頭で示したように、日本国籍を取得することによってこの問題の「解決」を見ようとする者や、「任用の期限を附さない常勤講師」のまま退職する者、あるいは新たにその職に就く外国籍者が、今この瞬間にも存在しているのである。

　当事者たちが発し続けてきた声、紡いできた思いを中軸に、外国籍教員問題の解決に向けた議論を継続していく。本書がそうした問題意識を広げ、人びとのつながりをつくり、そして具体的な議論を展開していくための一つの礎となれば幸いである。

〈参考文献〉

有間梨絵・植松千喜・石塚悠・志津田萌（2019）「性の多様性に向けた教育実践の諸相
　　──セクシュアル・マイノリティの教師の語りの分析」『日本教師教育学会年報』
　　第28号
伊豫谷登士翁（2001）『グローバリゼーションと移民』有信堂
大沼保昭（1993）『単一民族社会の神話を超えて──在日韓国・朝鮮人と出入国管理体制』

東信堂

大沼保昭（2018）『国際法』ちくま新書

大橋春美（2011）「文化間移動とキャリア形成――中国帰国者二世という経験から」『異文化間教育』33　号

岡崎勝彦（1978）「外国人の法的地位に関する一考察――国公立大学教員任用問題に即して」名古屋大学法学部編『法政論集』第 75 巻

岡崎勝彦（1998）『外国人の公務員就任権――「当然の法理」の形成と崩壊』地方自治総合研究所

近藤敦（2001）『外国人の人権と市民権』明石書店

岡義昭・水野精之編（1989）『外国人が公務員になったっていいじゃないかという本――在日外国人の地方公務員・教員就職マニュアル』ポット出版

金亜民・渋谷真樹（2012）「日本の学校における在日教員の実践と意義――在日教員のライフストーリーから」奈良教育大学教育実践開発研究センター編『教育実践開発研究センター研究紀要』第 21 号

金賛汀（1987）『異邦人教師――公立校の朝鮮人教師たち』講談社

行政改革推進本部（2006）『諸外国の地方公務員制度の概要』第 5 回行政改革推進本部専門調査会

権瞳（2004）「『在日』教師の現状と認識――実践報告からの素描」『1970 年代以降の在日韓国・朝鮮人教育研究と実践の体系的研究』（平成 13 ～ 15 年度科学研究費補助金基盤研究(c)研究成果報告書、研究代表者：中島智子）

後藤光男（2013）「外国人の公務就任権をめぐる一般永住者と特別永住者」『早稲田社会科学総合研究』第 14 巻第 1 号

国籍問題研究会編（2019）『二重国籍と日本』ちくま新書

人事院（2015）『諸外国の国家公務員制度の概要』

セイラ・ベンハビブ著、向山恭一訳（2006）『他者の権利――外国人・居留民・市民』法政大学出版局

徐龍達（1979）「国公立大学外国人教授任用運動と特別措置法（案）をめぐる諸問題」桃山学院大学経済経営学会編『桃山学院大学経済経営論集　経営編』創立 20 周年記念号

徐龍達編（1992）『定住外国人の地方参政権――開かれた日本社会をめざして』日本評論社

田中宏（1981）「『教員と国籍』問題の現状と課題」『季刊三千里』28 号

田中宏（1982）「外国人教員任用法をめぐる諸問題――国公立大学外国人教員任用法と小・中・高の教員」『季刊教育法』第 46 号

田中宏（1985）「外国人の教育公務員資格、その問題と背景――長野顕の梁弘子事件を手がかりに」『法律時報』4 月号

中井清美（1989）『定住外国人と公務就任権―七〇万人を締め出す論理』柘植書房新社

仲原良二編（1992）『国際都市の異邦人――神戸市職員採用国籍差別違憲訴訟の記録』神戸学生青年センター出版部

仲原良二（1992）「外国籍の『常勤講師』は『教諭』とどこがちがうのか？上」『Sai』Vol.5.

仲原良二（1993）「外国籍の『常勤講師』は『教諭』とどこがちがうのか？下」『Sai』Vol.7.

羽田野真帆・照山絢子・松波めぐみ編（2018）『障害のある先生たち――「障害」と「教員」が交錯する場所で』生活書院

浜田麻里・伊藤悦子（2014）「ニューカマー教員が学校の多文化化に果たす役割とその認識」『京都教育大学紀要』No.124

浜田麻里・伊藤悦子（2015）「ニューカマー集住校におけるニューカマー教員の役割と国際理解教育」『京都教育大学紀要』No.126

日高六郎・徐龍達編（1980）『大学の国際化と外国人教員』第三文明社

兵庫在日外国人人権協会・兵庫在日韓国朝鮮人教育を考える会（2010）『外国籍教員の任用（常勤講師）問題の解決へ向けて――知っていますか？ 外国籍教員差別を！』兵庫在日外国人人権協会

藤川正夫（2013）「国家主義と排外の論理――外国籍者の公務就任」全国在日外国人教育研究所『在日外国人教育　研究紀要』第 5 号

おわりに（謝辞）

　本書は、外国籍（ルーツ）教員研究会（通称「ルーツ研」、代表中島智子、2012年〜現在休会中）のこれまでの研究成果をまとめたものである。2011年に、榎井縁と中島が参加するある研究会で、外国籍教員を対象とした調査を行うことがもち上がり、早速二人で大阪市内の小学校に勤務する外国籍教員に聞き取りを行った。その内容に大いに刺激を受け、聞き取り調査を組織的に実施していくために科研費の申請をした結果、採択された。そこで、外国籍教員問題に関心をもつ人たちに声をかけて、「ルーツ研」が始まった。

　メンバーは、本書執筆陣の権瞳、呉永鎬、榎井縁、中島の他、広瀬義徳、李月順、金侖貞、棚田洋平、たてなほこ、薮田直子という大学教員や大学院生（当時、敬称略）に加えて、元兵庫県立高校教員の藤川正夫さんと元大阪市立小学校教員の金相文さんにも入っていただいた。お二人は、外国籍教員の当事者または支援者として外国籍教員問題に詳しく、兵庫県や大阪府内の外国籍（ルーツ）教員の情報をおもちだったことから、「顧問」的にお招きしたはずが、実際には実働メンバーとして調査の推進力となっていただいた。

　お二人以外のメンバーの「公立学校の外国籍教員」に関する知識や理解は、ばらばらだった。しかし、最初の2年間に集中的に実施した聞き取り調査に全員が参加することで、外国籍（ルーツ）教員当事者に出会い、その語りを聞いたことが大きな刺激となって、2か月毎の研究会での報告や議論を通して必要な知識を身につけ、問題意識を育んでいった。このプロセスがよかったのではないかと、今ふり返って実感する。本書に収めたように、外国籍教員をめぐる戦後の歴史は長く複雑で、ふだん馴染みのない教育行政用語も頻出する。幸か不幸か、外国籍教員に関する先行研究がほとんどなかったために、文献調査からスタートするという「頭でっかち」にならずに、当事者の存在そのものを中心に置いた研究というスタンスを大切にできた。だからこそ、2年間に50人もの聞き取り調査が可能だったのだと思う。

　また、外国籍教員の実態把握を目的とした全国都道府県・指定都市教育委員会対象の郵送調査は、広瀬が担当した。その中から抽出した教育委員会への訪問調査は、広瀬と中島が行った。全国都道府県・指定都市教育委員会教員採用選考実

施要項の収集は、メンバー全員で手分けした。

　1年の空白を置いて次の科研費を受けた4年間は、日韓協議関連や1970年代以降の全国各地での外国籍教員採用に関する情報収集を目的に、日本の日刊紙4紙と韓国系新聞のデータベースをつくることや、諸外国の外国籍教員の任用・雇用状況の調査なども全員で分担したが、一転して「地味」で根気のいる作業になった。その間も、追加の聞き取り調査を行い、話が聞けるとなったら全国どこにでも飛んでいった。

　また、2度の報告書作成とシンポジウムの開催にも、メンバー全員が協力してあたった。

　2回目のシンポジウムの際に、私は代表者として「ルーツ研」の終了を告げたが、それを惜しむ声が出たこともあり、情報交換などの場として残し、活動は休会とした。そして、これまでの研究の成果を広く世に出そうということで、編集委員会を立ち上げた。2冊の報告書の内容を基に構成を立てて原稿を分担執筆していったが、メンバーによっては本務の多忙や体調を崩す場合もあり、さらに新型コロナ感染の蔓延という予期せぬ事態で作業は滞った。作業の再開後も執筆者の変更があり、構成を何度も変更して、ようやくこのような形で整った次第である。

　「ルーツ研」のメンバーには、まず、これまでの感謝と本の刊行が遅れたことのお詫びを伝えたい。お一人お一人がいなくては、この大変な共同研究は不可能だった。なお、金相文さんが本年5月31日に逝去された。誰よりもこの本の刊行を待っておられたであろうに、お手元に届けることができなかったことが悔やまれる。心からご冥福をお祈りします。

　次に、2回のシンポジウムの参加者にも感謝している。どちらも定員をオーバーする参加者数で、懇親会も含めた活発な意見交換とともに、どれほど私たちが勇気づけられたであろうか。

　また、調査に協力いただいたすべての方に心からお礼を申し上げたい。長時間の聞き取りに応じて下さった教員の方々、郵送調査や訪問調査にご協力いただいた教育委員会の方々、その他本当に多くの方のお世話になった。諸外国における当該国籍を有しない教員に関する調査では、国内外から情報提供をいただいた。以上、お名前は割愛させていただくが、私どもの研究の意義を認めて惜しみなく協力して下さったことが、調査研究の推進力になった。

　田中宏先生と岡崎勝彦先生には、法制度の解釈や行政用語の使用等についてチェックしていただいた。諸事情から筆者が専門外の章まで書くことになり心許

なかったが、お二人に見ていただいたおかげで完成することができ、深甚なる謝意を改めて記したい。また、田中先生には「刊行に寄せて」を寄稿いただき、すべての原稿に目を通していただいた。感謝しつくせないほどの御恩に御礼のことばもない。

　なお、徐龍達先生には国公立大学外国人教員任用に関する原稿をお願いしたが、私どもの都合で掲載に至らなかった。無礼をお許しいただいたばかりか、貴重な資料を惜しげもなく送ってくださったことに、深謝申し上げる。

　最後に、コロナ禍によってますます厳しい出版事情の中、意義あるテーマだとして本書の刊行を引き受けていただいた明石書店の大江道雅社長と、編集担当の黒田貴史さんに心より感謝申し上げる。筆者が初めて自身の名で本を出したのが、『多文化教育──多様性の教育学』（1998 年）で、同書店のお世話になった。思い返せば、筆者が編者や共著者となった出版物はほぼすべて明石書店によるものだ。筆者のような学界の端っこの研究を続ける者にとって、明石書店は灯台のように心強い存在である。

　以上の御恩を受けた本書の刊行が、外国籍（ルーツ）教員問題への認知を高め、その解決への一歩となることを願う。

　　2021 年秋

　　　　　　　　　　　　　　　　執筆者を代表して　　　中島智子

【資料①】

日韓法的地位協定に基づく協議の結果に関する覚書

　日本国政府及び大韓民国政府は、1965 年 6 月 22 日に東京で署名された日本国に居住する大韓民国国民の法的地位及び待遇に関する日本国と大韓民国との間の協定（以下「法的地位協定」という）第 2 条 1 の規定に基づき、法的地位協定第 1 条の規定に従い日本国で永住することを許可されている者（以下「在日韓国人一世及び二世」という）の直系卑属として日本国で出生した大韓民国国民（以下「在日韓国人三世以下の子孫」という）の日本国における居住について、1988 年 12 月 23 日の第 1 回公式協議以来累次にわたり協議を重ねてきた。

　また、大韓民国政府は、1990 年 5 月 24 日の盧泰愚大統領と海部俊樹総理大臣との間で行われた首脳会談等累次の機会において、1990 年 4 月 30 日の日韓外相定期協議の際に日本政府が明らかにした「対処方針」（以下「1990 年 4 月 30 日の対処方針」という）の中で示された在日韓国人三世以下の子孫についての解決の方向性を、在日韓国人一世及び二世に対しても適用してほしいとの要望を表明し、日本国政府は、第 15 回日韓定期閣僚会議等の場において、かかる要望に対しても適切な対応を行うことを表明した。

　1991 年 1 月 9 日及び 10 日の海部俊樹日本国内閣総理大臣の大韓民国訪問の際、日本側は、在日韓国人の有する歴史的経緯及び定住性を考慮し、これらの在日韓国人が日本国でより安定した生活を営むことができるようにすることが重要であるという認識に立ち、かつ、これまでの協議の結果を踏まえ、日本国政府として今後本件については下記の方針で対処する旨を表明した。なお、双方は、これをもって法的地位協定第 2 条の 1 の規定に基づく協議を終了させ、今後は本協議の開始に伴い開催を見合わせていた両国外交当局間の局長レベルの協議を年 1 回程度を目途に再開し、在日韓国人の法的地位及び待遇について両政府間で協議すべき事項のある場合は、同協議の場で取り上げていくことを確認した。

記

1　入管法関係の各事項については、1990 年 4 月 30 日の対処方針を踏まえ、在日韓国人三世以下の子孫に対し日本国政府として次の措置をとるため、所要の改正法案を今通常国会に提出するよう最大限努力する。この場合、(2)及び(3)については、在日韓国人一世及び二世に対しても在日韓国人三世以下の子孫と同様の措置を講ずることとする。

(1) 簡素化した手続きで覊束的に永住を認める。

(2) 退去強制事由は、内乱・外患の罪、国交・外交上の利益に係る罪及びこれに準ずる重大な犯罪に限定する。

(3) 再入国許可については、出国期間を最大限 5 年とする。

2　外国人登録法関係の各事項については、1990 年 4 月 30 日の対処方針を踏まえ、次の措置をとることとする。

(1) 指紋押捺については指紋押捺に代わる手段を出来る限り早期に開発し、これによって在日韓国人三世以下の子孫はもとより、在日韓国人一世及び二世についても指紋押捺を行わないこととする。このため、今後 2 年以内に指紋押捺に代わる措置を実施することができるよう所要の改正法案を次期通常国会に提出することに最大限努力する。指紋押捺に代わる手段については、写真、署名及び外国人登録に家族事項を加味することを中心に検討する。

(2) 外国人登録証の携帯制度については、運用の在り方も含め適切な解決策について引き続き検討する。同制度の運用については、今後とも、在日韓国人の立場に配慮した、常識的かつ弾力的な運用をより徹底するよう努力する。

3　教育問題については次の方向で対処する。

(1) 日本社会において韓国語等の民族の伝統及び文化を保持したいとの在日韓国人社会の希望を理解し、現在、地方自治体の判断により学校の課外で行われている韓国語や韓国文化等の学習が今後も支障なく行われるよう日本国政府として配慮する。

(2) 日本人と同様の教育機会を確保するため、保護者に対し就学案内を発給することについて、全国的な指導を行うこととする。

4　公立学校の教員への採用については、その途をひらき、日本人と同じ一般の教員採用試験の受験を認めるよう各都道府県を指導する。この場合において、公務員任用に関する国籍による合理的な差異を踏まえた日本国政府の法的見解を前提としつつ、身分の安定や待遇についても配慮する。

5　地方公務員への採用については、公務員任用に関する国籍による合理的な差異を踏まえた日本国政府の法的見解を前提としつつ、採用機会の拡大が図られるよう地方公共団体を指導していく。

なお、地方自治体選挙権については、大韓民国政府より要望が表明された。

（署名）　　　　　　　（署名）
中山太郎　　　　　　　李 相 玉
日本国外務大臣　　　　大韓民国外務部長官
1991 年 1 月 10 日　ソウル

【資料②】

平成 3 年 3 月 22 日

各都道府県・指定都市教育委員会殿

文部省教育助成局長　菴谷利夫

　在日韓国人など日本国籍を有しない者の公立学校の教員への任用について（通知）

　「日本国に居住する大韓民国国民の法的地位及び待遇に関する日本国と大韓民国との間の協定」（昭和 41 年 1 月 17 日発効）第 2 条 1 の規定に基づく日本国に居住する大韓民国国民（以下「在日韓国人」という。）の法的地位及び待遇に関する協議（いわゆる日韓三世協議）は、本年 1 月 10 日別紙 1 のとおり両国外務大臣が「覚書」に署名し、決着したことであります。

　公立学校の教員採用については、覚書の記の 4 にあるとおり、在日韓国人について、教員採用への途をひらき、日本人と同じ一般の教員採用試験の受験を認めることとするとともに、公務員任用に関する国籍による合理的な差異を踏まえた日本国政府の法的見解を前提としつつ、身分の安定や待遇についても配慮することとされています。

　ついては、貴教育委員会におかれては、下記事項に留意しつつ、在日韓国人など日本国籍を有しない者について、平成 4 年度教員採用選考試験から公立の小学校、中学校、高等学校、盲学校、聾学校、養護学校及び幼稚園（以下「公立学校」という。）の教員への採用選考試験の受験を認めるとともに、選考に合格した者については、任用の期限を附さない常勤講師（以下「この常勤講師」という。）として任用するための所要の措置を講ずるよう適切に対処願います。

　おって、貴管下市町村教育委員会に対しても周知方お願いします。

記

1　公立学校教員採用選考試験について

　今回新たに日本国籍を有しない者について受験を認めることとする教員採用選考試験は、各教育委員会において例年実施している通常の公立学校の教員（一般職の地方公務員として正式任用される教員）の採用選考試験として、日本人と同一の基準で行うものであり、日本国籍を有しない者について別途特別の採用選考試験を実施するものではないこと。

　なお、従来、これらの採用選考試験を教諭のみの採用を目的として実施してきている

教育委員会にあっては、この常勤講師への採用を含めた教員採用選考試験と改められたいこと。

2　任用する職について

　政府は、従来から、「公務員に関する当然の法理」として「公権力の行使又は公の意思の形成への参画に携わる公務員となるためには日本国籍を必要とする」ものと解しており、公立学校の教諭については、校長の行う校務の運営に参画することにより公の意思の形成への参画に携わることを職務としていると認められることから、「公務員に関する当然の法理」の適用があり、日本国籍を有しない者を任用することはできないものとされている。（昭和58年4月1日付け外国人の公立小・中・高等学校教員任用にする質問に対する答弁書…別紙2参照）

　覚書の記の4の「公務員任用に関する国籍による合理的な差異を踏まえた日本国政府の法的見解」は、上記の我が国の政府見解である「公務員に関する当然の法理」を意味するものであること。

　しかしながら、公立学校のこの常勤講師は3で述べるように「公務員に関する当然の法理」の適用がある職とは解されないので、在日韓国人など日本国籍を有しないものを任用することが可能であること。

3　講師の職務について

　講師は学校教育法第28条第10項で教諭（又は助教諭）に準ずる職務に従事するとされている。教諭の主たる職務は同条第6項で「教諭は児童の教育をつかさどる」とされているが、一般的に教諭の職務を大別すれば主として児童・生徒の教育指導に従事することと校長の行う校務運営に参画することの二つの要素があると考えられる。このうち、講師（教諭に準ずる講師）は、普通免許状を有しており、授業の実施など児童・生徒に対する教育指導面においては教諭とほぼ同等の役割を担うものと考えられるが、校長の行う校務の運営に関しては、常に教務主任や学年主任等の主任の指導・助言を受けながら補助的に関与するにとどまるものであり、校務の運営に「参画」する職ではないと解される。

　したがって、講師は「公務員に関する当然の法理」の適用のある職とは解されないものであること。

　なお、このことは、この常勤講師が、学級担任や教科の担任となることなどを妨げるものではない。

　また、講師は主任に充てることはできない（学校教育法施行規則第22条の3第2項等）。

4　身分の安定等について

　日本国籍を有しない者で選考に合格したものについては、できるだけ安定した身分となるよう、一般職の地方公務員として任用の制限を附さずに正式任用される。すなわち定年まで働けるこの常勤講師に任用すること。なお、この常勤講師は、日本国籍を有しない者に限ること。

　また、給与その他の待遇についても、今回の覚書による決着の趣旨を踏まえ、可能な限り教諭とこの常勤講師との差が少なくなるよう、配慮されたいこと。

5　その他

　上記1から4までの取扱いは、所要の教員免許状を所持している者であれば在日韓国人を含めたすべての日本国籍を有しない者に対してもその効果は及ぶものであること。

【資料③】

　平成3年6月4日

　各都道府県・指定都市教育委員会殿

　　　　　　　　　　　　　　　　　文部省教育助成局地方課長　小野元之

　日本国籍を有しない者を任用の期限を附さない常勤講師に任用した場合の教育職給
　料表の格付について（通知）

　標記の件について、平成3年3月22日付け文部省教育助成局長通知「在日韓国人など日本国籍を有しない者の公立学校の教員への任用について」（文教地第80号）に基づき、日本国籍を有しない者を公立学校の任用の期限を附さない常勤講師（以下「この常勤講師」という。）に任用した場合には、下記のような職務の実態等を考慮し、採用の時点で教諭と同様に教育職給料表の二級として格付して差支えないと考えるので、各都道府県・指定都市教育委員会の実情を踏まえ適切に対処願います。

　なお、このことについては、人事院の了解を得ていることを申し添えます。

　また、この措置は、日本国籍を有しない者をこの常勤講師に任用した場合に限るものであり、通常のいわゆる期限付講師については、これまでどおり一級格付となることを、念のため申し添えます。

　おって、貴管下市町村教育委員会に対しても周知方お願いします。

記

　この常勤講師の職務内容等は、次のとおり、通常のいわゆる期限付講師とは異なるものであること。

1　この常勤講師は、日本人の教諭と同じ通常の教員採用選考試験を受験し、同一の基準で選考を行い、合格した場合に採用される。

2　この常勤講師は、定年まで継続的に勤務し、その教職生活の中で、日本人の教諭と同様に、初任者研修をはじめとして各種の研修を受け、資質能力の向上を図っていくものである。

3　この常勤講師は定年まで継続的に勤務することから、日本人の教諭と同様の基準に基づき、広範な範囲で学校間や市町村間の転任等の人事異動が行われ、幅広い経験を積ませ、資質能力の向上にもつながるものである。

4　この常勤講師は、校長の行う校務運営に参画しない点は日本人の教諭と異なるものの、児童・生徒に対する教育指導面や各種の通常の業務の分担面では、任用の期限が附せられず継続的に勤務することから、日本人の教諭とほぼ同様であり、その職務の範囲が広い。

〈著者紹介〉

中島智子（なかじま・ともこ）
元プール学院大学教授。退職後は研究活動に専念。
関心領域は、在日外国人教育。
主な著書に、『小さな地域と小さな学校——離島、廃校、移住者受け入れから考える』（共編著、明石書店、2020年）、『日本の外国人学校——トランスナショナリティをめぐる教育政策の課題』（共編著、明石書店、2014年）。

権瞳（くぉん・ひとみ）
阪南大学国際コミュニケーション学部教授。
関心領域は、英語教育、日米のマイノリティの教育関係。
主な著書に、『英語学習者はe-learningをどう使っているのか——自律学習におけるメタ認知ストラテジー能力の養成に向けて』（共編著、渓水社、2014年）、「多文化社会アメリカの葛藤と共生——黒人大学をめぐって」（『異文化間協働—国際文化学の展開』所収、アカデミア出版会、2011年）。

呉永鎬（お・よんほ）
鳥取大学地域学部准教授。朝鮮学校を対象に、脱植民地化、多文化共生について研究している。主な著書に、『朝鮮学校の教育史——脱植民地化への闘争と創造』（単著、明石書店、2019年）、『境界線の学校史——戦後日本の学校化社会の周縁と周辺』（共著、東京大学出版会、2020年）、『生活綴方で編む「戦後史」——〈冷戦〉と〈越境〉の1950年代』（共著、岩波書店、2020年）。

榎井縁（えのい・ゆかり）
大阪大学大学院人間科学研究科附属未来共創センター特任教授。外国につながる子どもの教育や地域の多文化共生に関して研究している。主な著書に、『移民政策とは何か——日本の現実から考える』（共著、人文書院、2019年）、『外国人と共生する地域づくり——大阪・豊中の実践から見えてきたもの』（共著、明石書店、2019年）、『外国人の子ども白書——権利・貧困・教育・文化・国籍と共生の視点から』（共編著、明石書店、2017年）。

公立学校の外国籍教員
──教員の生（ライヴズ）、「法理」という壁

2021 年 11 月 30 日　初版第 1 刷発行

著　者	中	島	智	子
	権			瞳
	呉	永		鎬
	榎	井		縁
発行者	大	江	道	雅
発行所	株式会社 明 石 書 店			

〒 101-0021 東京都千代田区外神田 6-9-5
電　話　03（5818）1171
ＦＡＸ　03（5818）1174
振　替　00100-7-24505
http://www.akashi.co.jp

装丁　　金子裕
印刷　　株式会社文化カラー印刷
製本　　協栄製本株式会社

（定価はカバーに表示してあります。）　　　　　ISBN978-4-7503-5227-5